人邮普华
PUHUA BOOK

我们一起解决问题

6S推行手册系列

物业管理6S
推行手册

邵小云 ◎ 编著

人民邮电出版社

北　京

图书在版编目（CIP）数据

物业管理 6S 推行手册 / 邵小云编著. -- 北京 : 人
民邮电出版社, 2025. --（6S 推行手册系列）. -- ISBN
978-7-115-66367-2

Ⅰ. F293.347-62

中国国家版本馆 CIP 数据核字第 2025JH0284 号

内 容 提 要

在物业管理工作中推行 6S 是提升管理精细化水平、增强管理实效的有效手段。为了帮助物业管理
从业人员更加有效地推行 6S，本书从物业企业的实际出发，用大量清晰的实景图片演示并讲解了 6S 的
基础知识、6S 的具体实施过程和方法、6S 在物业管理领域的实际应用，以及在物业管理中推行 6S 的
要点和实际案例等内容。书中提供了大量的表格和管理制度范本，读者可以结合自身实际情况参照使用。
另外，本书还配有视频课程，对物业管理 6S 推行的相关内容做了更为形象、直观的解读。

本书适合物业企业各级管理人员及一线工作人员阅读使用，也可以作为相关培训、咨询人员的参
考读物。

◆ 编　　著　邵小云

　　责任编辑　陈　宏

　　责任印制　彭志环

◆ 人民邮电出版社出版发行　　　北京市丰台区成寿寺路 11 号

　　邮编　100164　电子邮件　315@ptpress.com.cn

　　网址　https://www.ptpress.com.cn

　　北京瑞禾彩色印刷有限公司印刷

◆ 开本：787×1092　1/16

　　印张：18　　　　　　　　　　　2025 年 3 月第 1 版

　　字数：150 千字　　　　　　　　2025 年 3 月北京第 1 次印刷

定　价：89.00 元

读者服务热线：(010) 81055656　印装质量热线：(010) 81055316

反盗版热线：(010) 81055315

前言
Preface

6S 管理作为企业基础管理的重要手段，已在各行各业被广泛地推广应用，特别是制造业、物业服务业、酒店服务业、餐饮服务业等行业，已经充分显示出 6S 管理的效能。

6S 管理是在 5S 管理的基础上发展而来的，5S 管理是指整理（Seiri）、整顿（Seiton）、清扫（Seiso）、清洁（Seiketsu）、素养（Shitsuke）。因为这五个词在日语中的罗马拼音的第一个字母都是 S，所以简称为 5S。再加上安全（Safety）的英文首字母也是 S，所以，人们将其统称为 6S。

6S 管理的内容广泛，侧重点各不相同，整理、整顿、清扫、清洁这四大要素是企业 6S 管理的基础环节，其最终目标则是提升员工的素养和安全意识。通过 6S 管理，使员工形成自我约束、自我管理、自我激励、自我学习的习惯，那么企业的现场管理和安全水平就一定能获得提升。

企业引入 6S 管理，可以提高生产和服务效率、降低运营成本。6S 要求严守标准，通过规范现场营造整洁的环境，培养员工良好的工作习惯，强调团队精神，这些对于提升企业的生产和服务品质及客户满意度具有重要的意义。

企业通过实施 6S 活动，对内可以创造安全整洁的环境、消除各种浪费，使得生产过程简单化、生产作业标准化、现场管理可视化、管理活动高效化；对外可以树立良好的企业形象，进而给企业带来长远的经济效益。

6S 管理是基础性的管理手段，开展起来比较容易，并且能在短时间内取得一定的效果。正因为这个特性，6S 管理在取得一定效果后，容易流于表面形式，无法做到不断优化。所以，企业必须把 6S 管理当作日常工作的一部分，持之以恒地做下去。

基于此，我们组织相关专家开发了"6S 推行手册系列"图书，重点挑选了工厂、酒店、餐饮、物业四个行业进行推广。

其中，《物业管理 6S 推行手册》一书由三部分组成：第一部分为基础篇，包括 6S 概述、6S 活动的推进关键和 6S 推进的常用手法等内容；第二部分为实施篇，包括整理的实施、整顿的实施、清扫的实施、清洁的实施、安全的实施和素养的实施等内容；第三部分为应用篇，包括物业区域各房间 6S 应用、物业设施设备管理 6S

应用、各部门 6S 应用和物业服务礼仪规范等内容。

　　本书图文并茂，用浅显的语言加上生动的图片，将各种管理方法、操作技巧形象地讲解出来，让读者读完后可以轻松、快速地掌握。同时，本书配有视频课程，对物业管理 6S 推行的相关内容进行了详细解读，可帮助物业企业各级管理人员和一线员工快速掌握推行 6S 管理的有效方法。

　　由于编者水平有限，书中难免存在疏漏与不妥之处，敬请读者批评指正。

目录
Contents

第一部分　基础篇

第1章　6S 概述 2

  1.1　6S 的定义和起源 2

  1.2　6S 活动的内容 2

  1.3　6S 在物业管理中的适用范围 4

  1.4　6S 之间的关系 4

  1.5　物业企业实施 6S 的好处 5

第2章　6S 活动的推进关键 9

  2.1　6S 的推进要点 9

  2.2　6S 推行的四个阶段 9

  2.3　成立 6S 推进组织 12

    【范本1】6S管理推行承诺书（部门负责人） 13

    【范本2】6S管理推行承诺书（推行小组成员） 13

    【范本3】6S管理项目推行责任状（项目负责人） 14

  2.4　制订 6S 推行计划 15

    【范本4】6S管理体系持续推行计划表 15

    【范本5】某公司6S推行进度计划（甘特图） 16

  2.5　实施 6S 教育培训 17

    【范本6】某物业企业的6S培训计划 18

    【范本7】6S管理培训测试题 21

    【范本8】6S培训测试卷 23

  2.6　活动前宣传造势 25

  2.7　示范区的 6S 活动 29

  2.8　6S 活动的全面推进 31

2.9　6S 活动的评比与考核 33

2.10　6S 活动内部审核 38

　　【范本9】办公区6S内审评分标准 38

　　【范本10】设备间6S内审评分标准 41

　　【范本11】纠正及预防措施通知 48

　　【范本12】6S跟踪检查报告示例 50

2.11　定期调查以调整方向 50

　　【范本13】6S推行调查问卷 51

　　【范本14】6S推行调查问卷统计分析报告（模板） 52

第 3 章　6S 推进的常用手法 **54**

3.1　寻宝活动 54

3.2　定点摄影法 56

3.3　定置管理 58

3.4　油漆作战 59

3.5　标识大行动 61

　　【范本1】物业项目标识应用管理规程 80

　　【范本2】某物业公司消防设施设备的标识要求 83

第二部分　实施篇

第 4 章　整理的实施 **94**

4.1　制定整理三大基准 95

4.2　进行现场检查 97

4.3　非必需品的清理与判定 98

4.4　非必需品的处理 101

4.5　对整理进行评估 102

4.6　每天循环整理 105

4.7　设置固定整理日 105

第 5 章　整顿的实施 **106**

5.1　整顿的作用 106

5.2　整顿的执行流程 107

5.3 整顿的关键在三定 108

5.4 识别工作区域 113

第6章 清扫的实施 119

6.1 清扫实施的工作程序 119

6.2 确定清扫的对象 120

6.3 清扫前的准备工作要做足 120

6.4 实施清扫工作 123

6.5 检查清扫结果 126

第7章 清洁的实施 129

7.1 前3S检查 130

7.2 设定"责任者",加强管理 131

7.3 坚持实施5分钟3S活动 132

7.4 目视化 133

7.5 适时深入培训 135

7.6 前3S活动标准化 135

【范本】保安岗亭6S管理标准 137

第8章 安全的实施 146

8.1 将安全责任落实到位 146

【范本1】物业公司安全生产第一责任人任命书 146

【范本2】小区物业安全生产第一责任人责任书 147

【范本3】设备运营与维修主管责任书 148

【范本4】安保消防主管安全生产责任书 149

【范本5】库管员安全生产责任书 149

【范本6】设备维修工岗位安全生产责任书 150

【范本7】安保消防岗位安全生产责任书 151

【范本8】小区物业岗位安全生产责任书 151

【范本9】单元楼管家岗位安全生产责任书 152

【范本10】监控、消控人员安全生产责任书 153

8.2 开展安全教育 154

8.3 识别物业管理中的危险源 156

8.4 做好安全标识 161

【范本11】各岗位安全提示项及操作标识 166

8.5 加强应急物资的管理 168

8.6 定期开展应急演练 171

第9章 素养的实施 174

9.1 素养活动推行过程 174

9.2 继续推动前 5S 活动 175

9.3 用规章制度来加强素养 175

9.4 加强员工教育培训 176

9.5 开展各种提升素养的活动 177

【范本1】某物业服务中心早会制度 178

【范本2】关于开展6S征文大赛的通知 180

【范本3】6S知识竞赛活动方案 181

【范本4】"6S之星"评选方案 183

第三部分 应用篇

第10章 物业区域各房间 6S 应用 186

10.1 设备房 6S 通用管理标准 186

10.2 保洁工具房 6S 管理标准 202

10.3 垃圾房 6S 应用 208

10.4 仓库 6S 应用 211

10.5 监控中心（室）6S 应用 215

第11章 物业设施设备管理 6S 应用 220

11.1 供配电系统 6S 应用 220

11.2 给排水系统 6S 应用 227

11.3 中央空调系统 6S 应用 238

11.4 电梯系统 6S 应用 243

第12章 各部门 6S 应用 252

12.1 办公区域 6S 应用 252

12.2 员工宿舍 6S 应用 257

12.3　员工食堂 6S 应用 262

第 13 章　物业服务礼仪规范 269

13.1　仪容仪表规范 269

13.2　行为举止规范 271

第一部分

基础篇

第1章 6S 概述

1.1 6S 的定义和起源

6S 是整理（Seiri）、整顿（Seiton）、清扫（Seiso）、清洁（Seiketsu）、素养（Shitsuke）、安全（Safety）这六个词的缩写。因为这六个词中前五个词的日语的罗马拼音的第一个字母都是 S，再加上安全的第一个英文字母也是 S，所以我们把它们简称为 6S，同时把开展以整理、整顿、清扫、清洁、素养、安全为内容的活动称为 6S 活动。具体如表 1-1 所示。

表 1-1　6S 的定义

中文	日文的罗马拼音	英文	一般解释	精简要义
整理	SEIRI	Organization	清除	分开处理、进行组合
整顿	SEITON	Neatness	整理	定量定位、进行处理
清扫	SEISO	Cleaning	清理	清理扫除、干净卫生
清洁	SEIKETSU	Standardisation	标准化	擦洗擦拭、标准规范
素养	SHITSUKE	Discipline and Training	修养	提升素质、自强自律
安全		Safety	保持安全	安全预防、珍惜生命

5S 活动最早在日本开始实施，日本企业将 5S 活动作为管理工作的基础，推行各种品质管理方法。第二次世界大战后，日本产品品质迅速提升，也由此奠定了其经济强国的地位。而在丰田公司的倡导推行下，5S 在塑造企业形象、降低成本、准时交货、安全生产、作业标准化、工作场所及现场改善等方面发挥了巨大作用，它也逐渐被各国的管理界所熟知。随着世界经济的发展，5S 已经成为工厂管理的一种常规手段。

根据企业发展的进一步需要，有的公司在 5S（整理、整顿、清扫、清洁、素养）的基础上又增加了安全的要素，由此形成了 6S 管理。

1.2 6S 活动的内容

1.2.1 整理

把要与不要的人、事、物分开，再将不需要的人、事、物加以处理，这是开始改善物业服务现场的第一步。其要点如下。

（1）对物业服务现场摆放和停滞的各种物品进行分类，区分什么是现场需要的、什么是现场不需要的。

（2）对于现场不需要的物品，诸如用剩的材料、垃圾、废品、多余的工具、报废的设备、工人的个人生活用品等，要坚决清理出物业服务现场。

（3）对于物业服务现场里各设备的前后左右、通道、设备间（机房）内外、工具箱内外，以及设备间（机房）的各个死角，都要彻底搜寻和清理，达到物业服务现场无不用之物的标准。坚决做好这一步，是树立好作风的开始。

1.2.2 整顿

通过前一步的整理后，还要对物业服务现场需要留下的物品进行科学合理的布置和摆放，以便使用者可以最快的速度取得所需之物，在合理的规章、制度和尽可能简捷的流程下完成服务。图1-1为整顿之后的配电房。

图1-1 整顿活动之后的配电房

1.2.3 清扫

物业服务现场会产生灰尘、油污、铁屑、垃圾等，从而使现场变脏。脏的现场会使设施设备精度降低，故障多发，影响服务质量，使安全事故防不胜防；脏的现场更会影响物业服务人员的工作情绪，也会影响业主的满意度。因此，必须通过清扫活动来清除那些脏物，创建一个明快、舒适的工作环境。

1.2.4 清洁

整理、整顿、清扫之后要认真维护,使物业服务现场保持完美和最佳状态。清洁是前三项活动的持续与深化,其目的是消除发生安全事故的根源,创造一个良好的工作环境,使物业服务人员能身心愉悦地开展工作。

1.2.5 安全

安全,也就是清除隐患、排除险情、预防事故的发生,以保障业主、用户和员工的人身安全,保证物业服务、业主居家办公生活的安全、正常进行,同时减少因安全事故而带来的经济损失。

1.2.6 素养

素养即教养,是指努力提高物业服务人员的综合素质,使他们养成严格遵守规章制度的习惯和作风,这是 6S 活动的核心。如果物业服务人员素质不提高,各项活动就不能顺利开展,即使开展了也不能持久。所以,要想顺利开展 6S 活动,要始终着眼于提高物业服务人员的综合素质。

1.3 6S 在物业管理中的适用范围

6S 在物业管理中的适用范围如下。
(1)设备设施管理。
(2)仓库管理。
(3)办公管理。
(4)文件资料管理。
(5)车场管理。
(6)安全消防管理。
(7)宿舍管理、工作间和储物间管理。
(8)员工服务意识、行为习惯管理。

1.4 6S 之间的关系

6S 各要素之间彼此相互关联。其中,整理、整顿、清扫是日常 6S 活动的具体内容;清洁则是对整理、整顿、清扫工作的规范化和制度化管理;素养是要求员工培养自律精神,形成坚持推行 6S 活动的良好习惯;安全则强调员工在前 5S 活动的基础上实现安全化作业。6S 各要素之间的关系如图 1-2 所示。

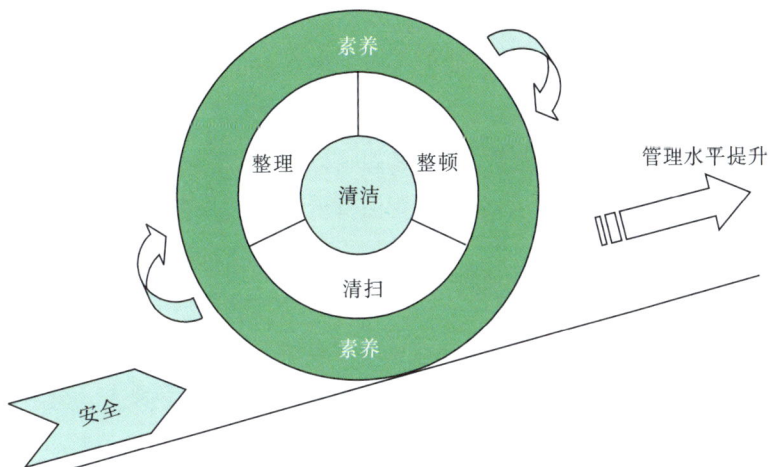

图 1-2 6S 各要素之间的关系

1.5 物业企业实施 6S 的好处

企业推行实施 6S 活动，能得到很多意想不到的好处，提升自身的竞争力，具体如图 1-3 所示。

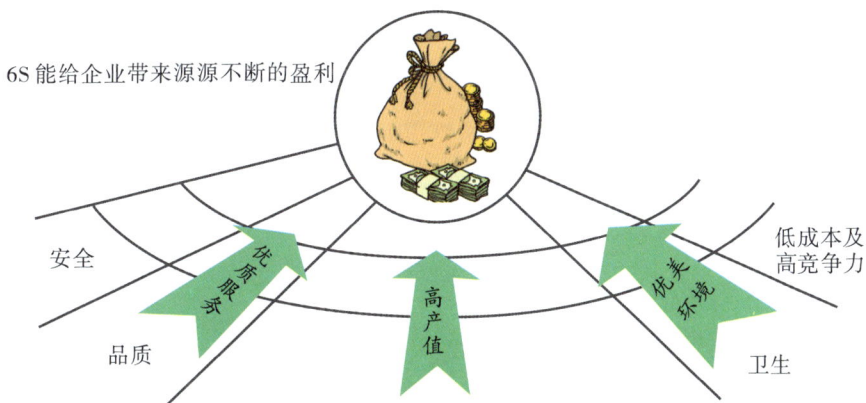

图 1-3 实施 6S 的好处

随着 6S 理念在世界各地的迅速传播，6S 管理在各行各业被广泛运用，其中也包括物业行业。在物业服务中，现场就是物业企业所管项目，通过引入 6S 管理办法，企业可以提高对物业项目的服务效率，降低成本，这也是企业推行 6S 管理的直接目标。6S 管理要求严守标准，通过规范现场营造整洁的环境，培养员工良好的工作习惯，这些对于提升物业服务品质和客户满意度具有重要意义。

1.5.1 降低经营风险

物业服务具有 24 小时全天候不间断运营与服务的特点，事情烦琐且突发事件多，常常会有垃圾被随意堆放、消防安全设施被随意挪用、电梯等设施设备出现故障或因不合规使用导致被人为损坏等状况发生。在突发事件发生后，物业企业常常被要求担责，因此很多企业疲于应对这些无时不在、无处不在的风险。其实，风险管理重在预防，6S管理就是基于日常持续的、事先制定的标准规范来规避潜在的诸如服务质量、管理成效、安全运营等方面的管理风险。所以，从这个角度而言，6S管理尽管出身于制造业，但是对服务业同样适用。

某物业公司两个高度智能化产业园区进入创优阶段，由于施工改造的工程量很大，时间非常紧急，且项目体量较大，这使得项目团队压力巨大。他们把6S管理应用到项目现场整改和创优推进中，按照创优评价标准，建立简要的6S管理标准和要求，采取先建样板房和样板文件再改进、优化、推广的以点带面的办法，较为迅速地完成了水泵房、配电房、电梯机房等设备机房的环境改进，完成各类整改内容数千项，创建了统一、完备的100多个相关的文件资料夹。项目最终成功获得了市优项目称号，在这个过程中，6S管理的确起到了非常关键的作用。

1.5.2 改善工作环境、提高工作效率

6S工作的推进包括定位摆放、标识标牌的目视化。这样可以使各类资源发挥出应有的作用，通过资源的有效整合降低了工作成本，同时也提高了公司知名度，增加了业主、住户对物业公司的认可度。

1.5.3 提高公司知名度、增加公司认知度和效益

6S工作的有序推进，使企业有了更多的自信邀请客户和相关客人通过参观企业来了解其生产实力和管理水平（见图1-4）。如果我们做得足够好，就得到了免费宣传的机会，从而提升了公司的知名度。加上对于质量的严格把控，客户对我们产品的满意感和认同度也会提高，自然会增加企业的利润。

图1-4　可以邀请业主参观企业工作现场，从而提高业主满意度

1.5.4 提高了员工素质

6S 工作使员工在日常生活中更加注重对环境的维持，避免了乱丢乱放现象的发生，同时在某种程度上也起到了促使员工相互监督的作用，使一些人不敢乱丢乱放。通过对 6S 工作的长抓不懈，可以使员工养成爱护工作环境的习惯，而且增加了他们对公司的归属感和认同感。

1.5.5 提高了管理人员的能力

6S 不是特指某一项单纯的工作，而是集绩效考核、质量管理、机器设备维护管理、员工日常管理等于一体的一系列工作，因此需要管理人员不断地进行探索和摸索。通过 6S 工作的推行，管理人员可以加强对这些工作的认识和理解，再结合经验的积累，管理人员的工作方式和方法可以得到不断改进。

物业企业实施 6S 的前后对比如图 1-5 至图 1-14 所示。

图 1-5　电梯机房（实施 6S 前）

图 1-6　电梯机房（实施 6S 后）

图 1-7　配电房（实施 6S 前）

图 1-8　配电房（实施 6S 后）

图1-9　高压变电室（实施6S前）

图1-10　高压变电室（实施6S后）

图1-11　生活水泵房（实施6S前）

图1-12　生活水泵房（实施6S后）

图1-13　保洁工具房（实施6S前）

图1-14　保洁工具房（实施6S后）

第2章　6S 活动的推进关键

2.1　6S 的推进要点

6S 的推进要点如图 2-1 所示。

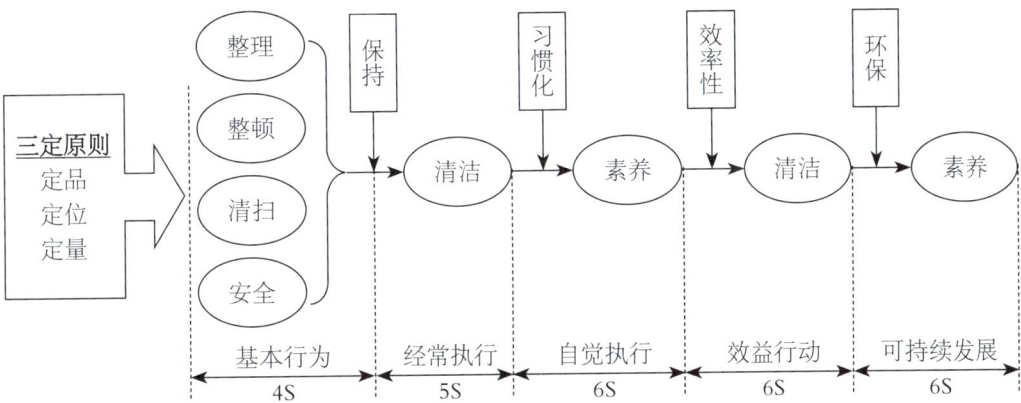

图 2-1　6S 的推进要点

2.2　6S 推行的四个阶段

6S 推行的基本过程如图 2-2 所示。

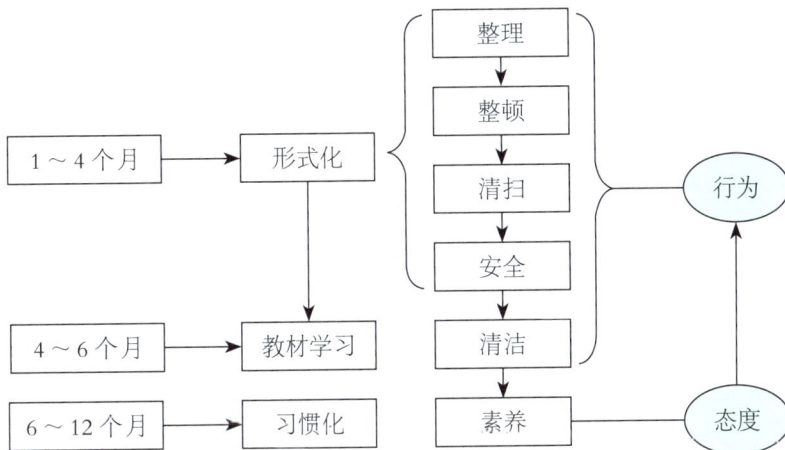

图 2-2　6S 推行的基本过程

6S推行可分为以下四个阶段。

第一阶段：启动阶段（现场诊断、制订推行计划、6S培训、建立体制等）。

第二阶段：执行实施阶段（样板工程的建立和推广、开展基层培训等）。

第三阶段：自主改善阶段（量身定做审核表及现场审核机制等）。

第四阶段：标准化阶段（管理工作文件化、定期举行一些活动等）。

6S推行四个阶段的具体工作内容如表2-1所示。

表2-1　6S推行四个阶段的工作内容

序号	推行阶段	具体项目	主要工作内容
1	启动阶段	现场诊断、制订推行计划、6S培训、建立体制等	（1）对公司现有体系及整体实际运作情况进行详细了解和诊断； （2）了解高、中、基层管理人员的期望； （3）同公司最高管理者讨论6S推进事宜； （4）制定推行的全面计划及时间表； （5）明确组织架构，成立推行小组（每个部门至少一名人员），选拔主导人员； （6）明确推行小组成员和主导人员的职责； （7）确定安全管理组织及组织人员的角色与职责； （8）召开动员大会（公司最高管理者主持）； （9）活动开始前的宣传造势； （10）各部门责任人签订责任状； （11）就6S内容进行管理层培训； （12）订立总体目标； （13）制定各部门的执行标准，并全员宣导； （14）制定区域划分的划线和标识标准； （15）黄牌＋红牌作战技巧运用； （16）油漆作战技巧运用； （17）明确责任区域，实行承包责任制； （18）策划划线标准、区域标准、标识标准、颜色标准、设备管理标准
2	执行实施阶段	样板工程的建立和推广、开展基层培训等	（1）与6S工作小组召开会议及安排各项6S活动； （2）制作宣传栏或期刊； （3）制定各部门6S看板管理制度； （4）专项辅导一个部门成为6S样板工程； （5）确定6S责任区及责任人； （6）沟通仓库物流及区域规划标准； （7）在各部门全面推行6S的整理、整顿内容； （8）制定废弃物品处理指引； （9）各部门比照开展"洗澡"活动； （10）实施目视管理； （11）实施晨会制度； （12）制定现场各区域的安全警示标准，并要求各部门执行； （13）沟通地面及灰尘的改善方案；

（续表）

序号	推行阶段	具体项目	主要工作内容
2	执行实施阶段	样板工程的建立和推广、开展基层培训等	（14）在各部门全面推行 6S 的清扫、清洁、安全和素养工作； （15）制定日常清扫计划表并执行； （16）各部门识别各工序的危险源及评估风险； （17）制定各项风险的控制措施； （18）策划各项重大危险源的应急管理方案； （19）各部门制作一个样板工程； （20）进行全面的培训，充分调动全员参与的积极性； （21）现场确定难点的改善方案，例如，地面灰尘太大及易损坏、区域线易损坏等； （22）策划设备管理要求及标准； （23）所有推行成员集体对每个样板工程进行评比和总结； （24）各部门实行 6S 目标管理，并订立月目标； （25）利用拍摄的手段来比对 6S 推行前后的效果； （26）制定提案奖励制度； （27）制定培训机制及考核机制； （28）安排应急方案的演习； （29）制定消防管理制度及执行要求； （30）分析现场的浪费现象，并制定改善的方案
3	自主改善阶段	量身定做审核表及现场审核机制等	（1）制定每人每天 5 分钟自我检查的检查表； （2）各部门制作本部门内部审核检查表； （3）公司统一制定一份适用的审核检查表； （4）制定周检查制度及月评比制度； （5）与 6S 工作小组召开会议及安排各项 6S 活动； （6）制定 6S 不符合项目分类基本准则； （7）建立 6S 审核评分机制； （8）建立监察机制； （9）建立信息交流和信息反馈机制； （10）小组成员全部参与执行一次全面而正式的内部审核； （11）确定问题点的改善要求和责任部门及具体改善措施
4	标准化阶段	管理工作文件化、定期举行一些活动	（1）召开集体会议，分析 6S 推行及运作的有效性； （2）调整目标及运作方案； （3）制作 6S 管理手册； （4）制定员工礼仪手册，开展内部全面培训； （5）制定执行标准及奖惩机制； （6）发行 6S 管理手册并全面执行； （7）举行成果发布会，奖励先进单位及个人； （8）定期心得交流； （9）开展 6S 宣传画、标语、口号等的征集活动及表彰会； （10）利用节假日开展 6S 知识竞赛活动； （11）定期收集调查问卷并进行方向调整； （12）定期召开总结会，检查目标达成情况并执行改善方案

2.3　成立 6S 推进组织

为了有效推进 6S 活动，企业需要建立一个符合自身条件的推进组织，用以指导整个 6S 活动的开展。企业可成立 6S 推行委员会，委员会设主任委员、副主任委员、干事、执行秘书各一名，委员及代理委员若干名，各成员必须明确其具体的工作职责及责任区域。

6S 推行委员会架构及职责如图 2-3 所示。

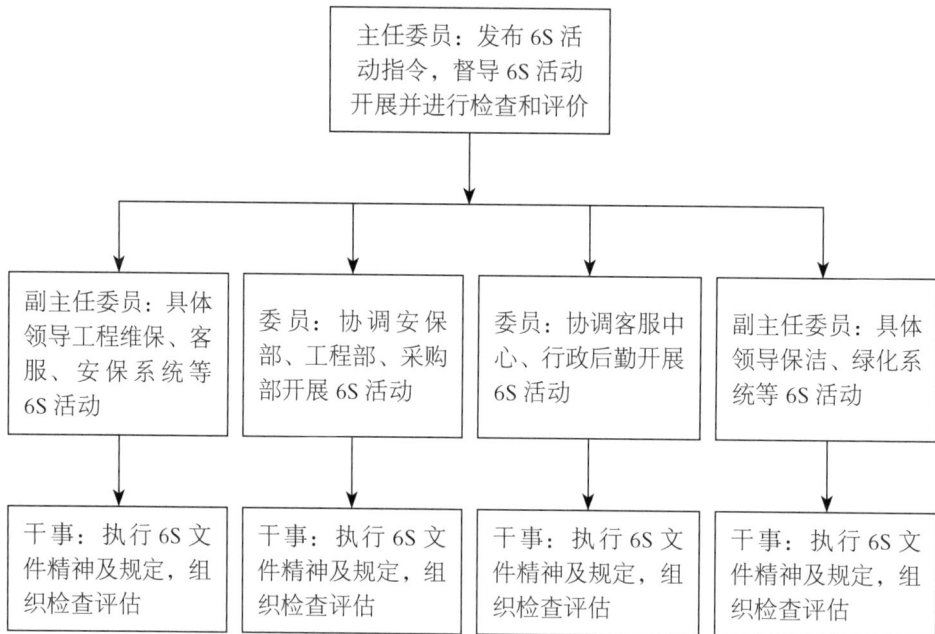

图 2-3　6S 推行委员会架构及职责

建立推进组织的注意事项如下。

（1）层次不能过多，可以分为 3～4 层。

（2）组织成员一定要精挑细选，要有主见和热情，最好具有一定的影响力或号召力。

（3）活动过少达不到预期的效果，过多又会影响正常工作，最好是一周进行一次汇总或召开一次会议。

（4）责任明确，分工协作，各展所长。

（5）领导者要赋予该组织相应的权利，配备足够的资源，比方说经费、办公文具、办公场所等。

为明确各人的责任，可以将明确责任的活动办得正式一点，比如召开一个 6S 活动宣誓大会，同时，要求各责任人签署责任状（承诺书），其范本如下。

·····【范本1】▶▶ ···

6S 管理推行承诺书（部门负责人）

我是 ×× 物业公司部门负责人。

为推动公司现场 6S 管理，提高公司的内部现场管理水平，在今后的 6S 管理活动中，本人承诺如下：

1. 我将带领部门全体员工，从工作中的每一件小事做起，持之以恒，以达到公司期望的 6S 在 96 分以上的要求。

2. 我将组织本部门主动配合和协助其他部门开展 6S 工作，与其共同发展。

3. 认真遵守和执行公司推行 6S 管理项目的所有要求，全力配合和支持咨询顾问组及推行小组的各项工作。

4. 严格认真执行公司 6S 管理的各项制度，全力配合和执行推行小组和 6S 管理专员的各项要求及命令。

5. 每天按要求和标准对 6S 工作自查一次，并做好记录和通报工作。

6. 每周对部门 6S 工作自我总结一次，并向全体部门员工宣导。

7. 积极找方法解决 6S 推行过程中存在的困难，绝对不为失败找借口。

8. 如因本部门的 6S 推行进度而影响全公司的 6S 管理项目进度，本人将自请处分。

9. 如未遵守 6S 制度和未按 6S 推行小组的要求开展工作，愿意无条件接受公司的处分。

为塑造一个有 ××（公司简称）特色、洋溢 ××6S 文化的企业形象而携手努力！

承诺人（签字）：

年 月 日

·····【范本2】▶▶ ···

6S 管理推行承诺书（推行小组成员）

我是 ×× 物业公司现场 6S 项目推行小组成员。

为推动公司现场 6S 管理工作，提高公司的内部现场管理水平，在今后的 6S 管理活动中，本人承诺如下：

1. 我将带动全公司和部门上下，从工作中的每一件小事做起，持之以恒，以达到公司期望的 6S 在 96 分以上的要求。

2. 按时按质推动和执行 6S 管理项目的各项计划。

3. 遵守和执行公司推行 6S 管理项目的所有要求，全力配合和支持咨询顾问组的推行工作。

4. 严格认真执行公司 6S 管理的各项制度。

5. 每周对公司 6S 工作进行一次检查和总结，并向全体员工宣导。

6. 积极找方法解决 6S 推行过程中存在的困难，绝对不为失败找借口。

7. 如因本人的 6S 推行进度而影响全公司的 6S 管理项目进度，本人将自请处分。

8. 如未遵守 6S 制度和未按 6S 推行小组的要求开展工作，愿意无条件接受公司的处分。

为塑造一个有 ×× 公司特色、洋溢 ×× 公司 6S 文化的企业形象而携手努力！

承诺人（签字）：

年　　月　　日

....【范本 3】▶▶▶..

6S 管理项目推行责任状（项目负责人）

我是 ×× 物业项目负责人。

为规范内部管理行为，促进 ×× 物业项目内的 6S 管理工作的全面有力推行，杜绝推行过程中各部门配合和支持行为的随意性和盲目性，提高公司的内部现场管理水平，保证 6S 管理活动的各项要求得以全面正确实施，履行好各部门的职责，根据公司最高管理层订下的本年度内部改善的目标和有关要求，特制定本责任状。本人承诺如下：

1. 我将带动 ×× 物业项目部门上下，从工作中的每一件小事做起，持之以恒，以达到公司期望的 6S 在 96 分以上的要求。

2. 我将组织 ×× 物业项目各部门主动配合和协助其他部门开展 6S 工作，大家共同发展。

3. 认真遵守和执行公司推行 6S 管理活动的所有要求，全力配合和支持咨询顾问组及推行小组的推行工作。

4. 严格认真执行公司 6S 管理的各项制度，全力配合和执行推行小组与 6S 管理专员的各项要求及命令。

5. 每天按要求和标准对 6S 工作自查一次，并做好记录和通报。

6. 每周对项目组 6S 工作自我总结一次，并向项目组全体员工宣导。

7 积极找方法解决 6S 推行过程中存在的困难，绝对不为失败找借口。

8. 如因 ×× 物业项目的 6S 推行进度而影响全公司的 6S 管理项目进度，本人将自请处分。

9. 如未遵守 6S 制度和未按 6S 推行小组的要求开展工作，愿意无条件接受公司的处分。

总经理（签字）：　　　　　　　　　项目责任人（签字）：

年　月　日　　　　　　　　　　　　年　月　日

2.4　制订 6S 推行计划

所谓计划就是预先决定 5W1H——做什么（What）、为什么做（Why）、什么时候做（When）、在哪做（Where）、由谁做（Who）、怎么做（How）等。计划是在各式各样的预测基础上订立的，所以并不是所有事情都会按照计划发展。但如果不订立计划，所有的事情就会杂乱无章。因此，如果事情并没有按照计划发展，将来的事态就会与计划的结果相去甚远。

以下提供两个范本供读者参考。

····【范本 4】▶▶▶

6S 管理体系持续推行计划表

步骤	项目	推行计划											
		1 周	2 周	3 周	4 周	5 周	6 周	7 周	8 周	9 周	10 周	11 周	后续
1. 6S 管理推行准备	1.1 确定 6S 管理推行负责人和小组，并修改相关的 6S 实施文件	■											
	1.2 各副主任负责提交各小组的责任区域图，并提交所有待其他部门或者上级部门解决的问题清单		■										
	1.3 新员工培训及培训测试；6S 宣传		■										

步骤	项目	推行计划											
		1周	2周	3周	4周	5周	6周	7周	8周	9周	10周	11周	后续
2. 6S管理推行	2.1 各部门开始实施整理，并提交整理清单			■									
	2.2 各部门确定清扫责任区，具体落实到每一个人，并实施清扫			■									
	2.3 各部门实施整顿(目视管理)			■									
	2.4 各部门实施清洁				■								
	2.5 物业项目6S管理开始实施评比				■								
3. 6S管理的维持	3.1 每月由6S管理委员会主任抽取部分设备间或部门进行评比，前两名给予奖励						■	■	■	■	■	■	■
	3.2 由行政部将6S培训内容纳入新员工培训项目之中，每个月对新员工进行一次培训						■	■	■	■	■	■	■

【范本5】▶▶▶

某公司 6S 推行进度计划（甘特图）

编制：　　　　　　　批准：

序号	阶段	工作内容	1月	2月	3月	4月	5月	6月	7月	8月	9月	10月	11月	12月
1	组织策划	6S现状诊断	■											
		组建6S推行委员会和推行小组，明确各自岗位职责	■											
		6S骨干培训	■	■										
		制订6S推行计划	■											
		开展6S宣传工作		■	■	■	■	■	■	■	■	■	■	■

（续表）

序号	阶段	工作内容	1月	2月	3月	4月	5月	6月	7月	8月	9月	10月	11月	12月
2	体系设计	全员6S培训		■	■									
		6S骨干外训			■									
		确定6S方针、目标			■									
3	6S体系建立	编写6S手册			■									
		制定整理、整顿、清扫、清洁、素养、安全程序文件及表格			■									
		示范部门开始整理、整顿				■								
		制定6S评分标准及6S竞赛办法				■								
4	6S运行	召开6S知识竞赛（晚会）、6S实施动员大会				■								
		整理				■								
		整顿				■								
		清扫				■								
		6S审核					■							
		清洁					■	■	■	■	■	■	■	■
		管理层6S评审					■							

2.5 实施 6S 教育培训

6S 推行组织的首要任务是培训和教育好全体成员，领导全员同心协力，共同推进 6S 活动。作为消除浪费和推行持续改善活动的组织，要想把活动维持在一个较为理想的水平，教育培训是一个关键的因素。

2.5.1 制订培训计划

（1）可依据实际情况编制年度、月度或临时项目培训计划。

（2）根据管理人员、作业人员、新员工等的不同情况"量身定做"培训内容。

（3）准备好教材教具。

（4）选择合适的学习环境。

以下为某物业企业的 6S 培训计划范例。

.....【范本 6】▶▶▶ ···

某物业企业的 6S 培训计划

第一课时：全员理念性培训
培训对象：物业公司全体员工 培训时间：2 课时 培训目的： （1）加强全体员工对 6S 现场管理的概念认识，确保每个人都知晓什么是 6S； （2）了解 6S 现场精细化管理对管理品质提升的必要性及重要性。
第二课时：PPT 短片的观看与讲解
培训对象：物业公司全体员工 培训时间：3 课时 培训目的： （1）回顾第一课时，强化大家对 6S 概念的认识； （2）让全体员工对 6S 的本质有更深刻的了解，清楚在实施过程中可能碰到的问题及其处理方法； （3）给所有员工一个心理缓冲时间，使其做好角色转换。
第三课时：服务区现场问题具体剖析
培训对象：物业公司全体员工 培训时间：1.5 课时，分区分组进行（2 天内完成） 培训目的： （1）让各部门员工自己发现存在的问题并对其进行总结分析； （2）发挥员工的主观能动性，针对存在的问题提出解决方案并进行可行性分析； （3）让所有员工认识到自己才是 6S 推行的主体，以便能以主人翁的姿态来发现或解决问题。
第四课时：礼仪礼节培训（理论）
培训对象：物业公司全体员工 培训时间：1.5 课时 培训目的： （1）让参与培训的员工对一些基本的礼仪礼节有所了解，明白服务礼节的重要性； （2）让所有员工对照培训内容进行自我评价，以便发现不足并及时改进。
第五课时：礼仪礼节培训（现场）
培训对象：物业公司全体员工 培训时间：3 课时（分上、下午） 培训目的： （1）通过现场实践，让参与培训的员工了解到自己在按照理论执行后与实际要求之间的差距； （2）对参与员工进行一对一的指导、纠正。
第六课时：成本控制及分析
培训对象：物业公司全体员工 培训时间：2 课时，分区分组进行（2 天内完成） 培训目的：

（1）使全体员工更有主人翁意识，充满责任感；
（2）了解日常浪费现象的根源及控制方法；
（3）使员工对物业服务成本的控制更得心应手。

第七课时：现场操作培训
培训对象：物业公司全体员工
培训时间：全天全程跟进（4天完成）
培训目的：
（1）发现各部门及个人所存在的问题，让每个人都能认识到自己的不足；
（2）指正员工的行为举止，发现并解决各岗位所存在的问题。

第八课时：现场操作改进培训
培训对象：物业公司全体员工
培训时间：全天全程跟进（4天完成）
培训目的：
（1）通过前期7次课程的培训，跟进员工思想及工作习惯的改进进度；
（2）增强员工的自控意识；
（3）培养员工的自我管理能力。

第九课时：安全意识及安全预案的讲解
培训对象：物业公司全体员工
培训时间：2课时
培训目的：
（1）增强全体员工的安全意识；
（2）力争让所有员工可以对突发安全事件进行冷静处理。

第十课时：综合性考核
培训对象：物业公司全体员工
培训时间：2课时
培训目的：
检测全体员工对培训内容的掌握程度。

第十一课时：制度标准化
培训对象：物业公司全体员工
培训时间：考核结束后2天内
培训目的：
对培训期间取得的成绩、心得进行汇总，整编成册，作为标准化的规定，给后续新员工培训一个参照标准。

第十二课时：总结
培训对象：物业公司全体员工
培训时间：2课时
培训目的：
对培训期间所取得的成绩及所碰到的问题进行总结，表达对全体员工的期望。

2.5.2 开展教育培训

1. 培训骨干人员

6S 是全体员工共同参与的活动，为了使 6S 活动能全面、持续地开展，需要由推行组织进行指导，制定活动方案及各种标准和规定，并通过一些看板、评比、竞赛等活动来制造高潮（见图 2-4），以激发员工的参与热情。企业应选拔骨干人员组成强有力的推行组织，这些人应该对 6S 的基本知识和推行要领有较好的认识。所以，在活动发起前，企业需要有意识地培养一批这样的人员。

图 2-4　将 6S 知识用看板的形式呈现在员工面前

2. 培训一般员工

对一般员工实施 6S 培训的主要目的就是让员工正确认识 6S。一般来说，培训的内容主要包括以下几个方面。

（1）6S 的内涵。

（2）推行 6S 活动的意义。

（3）企业对推行 6S 活动的态度。

（4）6S 活动目标和活动计划。

（5）有关的评比和奖励措施等。

一般员工的培训也可以利用早会的形式来进行，具体如图 2-5 所示。

图 2-5　利用早会进行员工培训

2.5.3 考核检查

（1）有培训就要有考核，这样可以提高员工对培训的重视程度。

（2）奖优罚劣，向优秀员工颁发证书，通报表扬；不及格者补考至及格为止。

以下是某物业公司的培训考核试题范本，供读者参考。

·····【范本7】▶▶▶···

6S 管理培训测试题

姓名：　　　　　　　　性别：　　　　　　　　得分：

一、填空题（共 15 分，每题 3 分）

1.6S 指的是：　　　　、　　　　、　　　　、　　　　、　　　　、　　　　。

2. 区分工作场所内的物品为"要的"和"不要的"属于 6S 中　　　　　　的范围。

3. 工具乱摆放属于 6S 中　　　　　　　的范围。

4. 整顿是要排除　　　　　　　浪费。

5. 整顿的三要素是指：　　　　　　、　　　　　　、　　　　　　。

二、是非判断（错的打"×"，对的打"√"，共 10 分，每题 2 分）

1.6S 管理是革除人的"马虎"之症的良药，主要以提升人的品质为最终目的。
（　　）

2.6S 管理只是一个短期的活动，不需长期坚持。（　　）

3. 清洁不仅要求对企业的物和机做到清洁，也要求对企业的人从形体上和精神上均做到"清洁"。
（　　）

4.6S 管理只是为了保障安全。（　　）

5. 只要大家清楚服务现场的工具、设备在哪里，不作标示也没有关系。（　　）

三、多项选择题（共 20 分，每题 2 分，请选择合适的答案）

1. 以下属于"素养"范畴的不良习惯有（　　）

（1）上班迟到　　　　　　　　（2）不按作业规程操作设备

（2）上班时间上洗手间　　　　（4）随地丢垃圾

2. 公司什么地方需要整理和整顿（　　）

（1）物业服务现场　　　　　　（2）办公室

（3）设备间　　　　　　　　　（4）仓库

3. 整理主要是排除什么浪费 　　　　　　　　　　　　　（　　　）

（1）时间　　　　　　　　　　　（2）工具

（3）空间　　　　　　　　　　　（4）包装物

4. 整顿中的"三定"是指 　　　　　　　　　　　　　　（　　　）

（1）定点、定方法、定标示　　　（2）定点、定容、定量

（3）定容、定方法、定量　　　　（4）定点、定人、定方法

5. 整理时，要根据物品的什么来决定取舍 　　　　　　　（　　　）

（1）原购买价值　　　　　　　　（2）现使用价值

（3）是否占空间　　　　　　　　（4）是否能卖好价钱

6. 6S活动推行中，下面哪个是正确的 　　　　　　　　　（　　　）

（1）人人有素养　　　　　　　　（2）地、物干净

（3）公司有制度　　　　　　　　（4）服务效率高

7. 清扫在6S管理中的位置是什么 　　　　　　　　　　　（　　　）

（1）有空再清扫就行了　　　　　（2）清扫是工程中的一部分

（3）地、物干净　　　　　　　　（4）服务效率高

8. 6S和服务质量的关系 　　　　　　　　　　　　　　　（　　　）

（1）工作方便　　　　　　　　　（2）改善服务品质

（3）提升业主满意度　　　　　　（4）没有多大关系

9. 6S与公司及员工有哪些关系 　　　　　　　　　　　　（　　　）

（1）提高公司形象　　　　　　　（2）增加工作时间

（3）增加工作负担　　　　　　　（4）安全有保障

10. "目视管理有范畴"的方法有 　　　　　　　　　　　（　　　）

（1）划分区域　　　　　　　　　（2）显示牌

（3）颜色区分　　　　　　　　　（4）定位置标示

四、思考题（30分）

1. 谈谈你对6S的理解。（10分）

2. 如果在你部门推行6S，可能遇到的困难是什么？怎么解决这些困难？（10分）

3. 谈谈"提升自我，从小事做起"在素养中的重要性。（10分）

五、案例分析（25分）

案例分析要求：

1. 在以下每一幅图中，请按6S审核标准判别出不符合要求的项目和内容，并给出纠正措施。

2. 要求按组别完成，并在纸上写出答案。

3. 每组选出一名代表上台讲解。

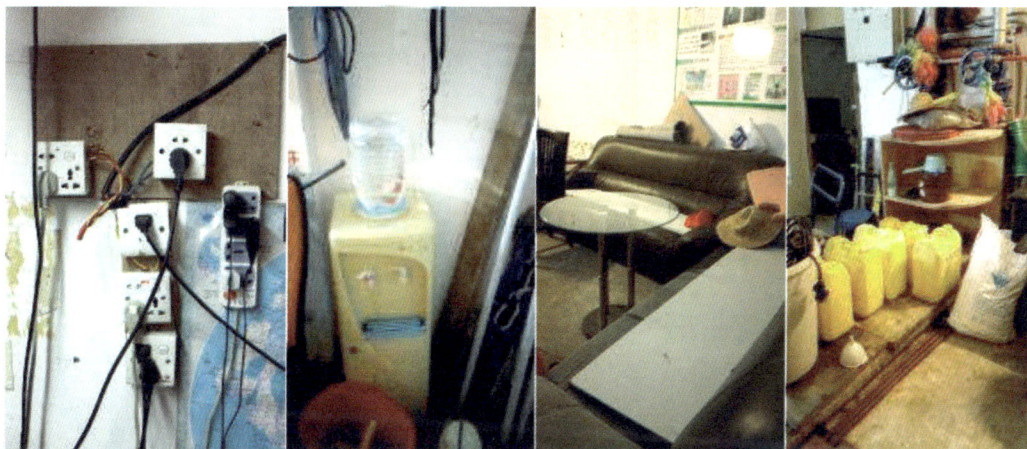

……【范本 8】▶▶▶…………………………………………………………………………

6S 培训测试卷

考生姓名：　　　　　　　　　　考生成绩：

导师签名：　　　　　　　　　　考试日期：

1. 以下哪一个是整理的例子？（　　　）（5 分）

A. 所有物品都有名字和固定摆放位置，30 秒内就可以找到

B. 物品贮存位置有足够的透明度

C. 将不需要的东西扔掉或回仓

D. 个人清洁责任的划分

E. 履行个人职责（包括维护优良环境、问责和守时）

2. 以下哪一个是素养的例子？（　　　）（5 分）

A. 所有物品都有名字和固定摆放位置，30 秒内就可以找到

B. 物品贮藏位置有足够的透明度

C. 将不需要的东西扔掉或回仓

D. 个人清洁责任的划分

E. 履行个人职责（包括维护优良环境、问责和守时）

3. 在分层管理的标准中，使用程度为"中"，其使用频率一般定义为多少？（　　　）（5分）

A. 一年以上没有使用过的物品

B. 7～12个月内使用过的物品

C. 1～6个月内使用过的物品

D. 每日至每月都要使用的物品

E. 每小时都要使用的物品

4. 以下哪些是清洁的推行方法？（　　　）（5分）

A. 目视管理

B. 定置管理

C. 贮存的透明度

D. 视觉监察法

E. 分层管理

5. 6S有助于公司在哪些方面获得提升？（　　　）（5分）

A. 安全

B. 品质

C. 效率

D. 形象

E. 以上全部

6. 请列出推行整顿的四个步骤。（6分）

第一个步骤：

第二个步骤：

第三个步骤：

第四个步骤：

7. 推行6S的效能是什么？（7分）

8. 如何实施6S？（10分）

9. 为什么要实施6S？（10分）

10. 请列出至少两个实施整理、整顿、清扫、清洁、素养、安全的方法和执行

思路。（12分）

11. 请列出以下照片中不符合 6S 要求的地方，并说明原因及改善方法。（共 30 分）

2.5.4 总结经验

（1）培训过程中及时完善教材，优化教学方式。

（2）及时做好总结，为下一次培训做好准备。

企业可按照以上步骤安排员工培训，同时可配合标语、新闻、报刊、竞赛等做好宣传工作，必要时可聘请专业的顾问公司来授课。

2.6 活动前宣传造势

2.6.1 活动口号征集和 6S 标语制作

物业公司应自制或外购一些 6S 宣传画、标语等（见图 2-6），张贴在工作现场，这样不仅可以美化工作环境，而且能让员工对 6S 概念耳濡目染，起到潜移默化的作用。除此之外，还可以通过在企业内开展有奖征集口号等活动，吸引员工主动参与活动。还可在适当的场所挂上一些员工喜爱的标语或横幅，以营造良好的氛围，提高员工参与活动的积极性。

图 2-6　6S 宣传标语

6S 活动标语集锦

1. 管理要精细，管理要精确，管理要精益。

2. 无不安全的设备，无不安全的操作，无不安全的现场。

3. 现场就是 6S 活动的战场。

4. 目视管理是 6S 活动的基础。

5. 物流控制是 6S 活动的主线。

6. 责任交接是 6S 活动的关键。

7. 管理是修己安人的历程：起点是修己，做好自律工作；重点是安人，强调人性化管理。

8. 修正你的思想，因为它会改变你的行为。

9. 注意你的行为，因为它会改变你的习惯。

10. 养成你的习惯，因为它会改变你的性格。

11. 培育你的性格，因为它会改变你的命运。

12. 把握你的命运，因为它会改变你的人生。

13. 一切从我做起。

14. 只有目标没有行动，那是在做梦；只有行动而没有目标，那是在浪费时间；目标加上行动才能够改变世界。

15. 制度是创造优秀员工的基石，标准是造就伟大企业的砖瓦，6S 是落实制度和标准的工具。

16. 以人为本，关爱生命。

17. 思一思研究改善措施，试一试坚持不懈努力。

18. 整理整顿天天做，清扫清洁时时抓。

---

19. 整理整顿做得好，清洁打扫没烦恼。

20. 积极投入齐参加，自然远离脏乱差。

21. 创造舒适工作场所，不断提高工作效率。

22. 讲究科学，讲求人性化，就是整顿的方向。

23. 生命只有一次，安全伴君一生。

24. 为了生活好，安全得记牢。

25. 生产再忙，安全不忘，人命关天，安全在先。

26. 多看一眼，安全保险；多防一步，少出事故。

27. 安全来自长期警惕，事故源于瞬间麻痹。

28. 争取一个客户不容易，失去一个客户很简单。

29. 成功者找方法，失败者找借口。

30. 会而善议，议而当决，决而必行。

31. 鄙视一切乱丢乱放等不文明行为。

2.6.2　利用内部刊物

一些较大的物业企业通常都有内部刊物，可利用它来对 6S 活动进行宣传，比如发表领导强调 6S 的讲话、介绍 6S 知识、介绍 6S 活动的进展情况和优秀成果、讲解 6S 活动的实施规范、推荐好的实践经验等。由于内部刊物在企业内的影响较大，利用好了就可以对 6S 活动起到很好的推动作用。

2.6.3　制作宣传板报

公司和各部门还可以通过制作 6S 板报来宣传 6S 知识（见图 2-7、图 2-8）、展示 6S 成果、发表 6S 征文、提示存在的问题等。板报的内容可以做得丰富多彩，它是一种很有效的宣传工具。

板报是展示管理文件的现场，各部门应该设置专门的 6S 板报。在板报制作的过程中，应留意以下几点。

（1）板报应设在员工或客户必经的场所，如通道、休息室附近，同时要求空间比较宽敞，站着可看得到。

（2）板报制作要美观大方，让人看了赏心悦目。

（3）板报可以形式多样，不要太生硬或死板。

（4）应定期对板报的内容进行更新和维护，如果内容长时间不变、板报破旧不堪，也就失去了它应有的宣传作用。

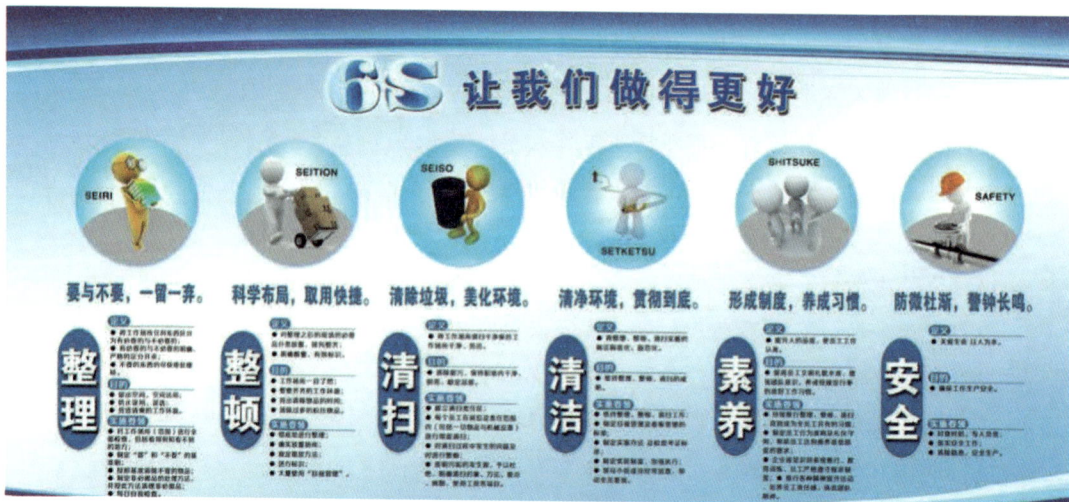

图 2-7　6S 知识宣传看板（1）

图 2-8　6S 知识宣传看板（2）

2.6.4　制作推行手册

为了让全员了解和执行 6S 活动，企业最好能制定 6S 推行手册（见图 2-9），并且人手一册，让员工通过研讨学习，确切掌握 6S 的定义、目的、推行要领、实施办法、评鉴办法等。

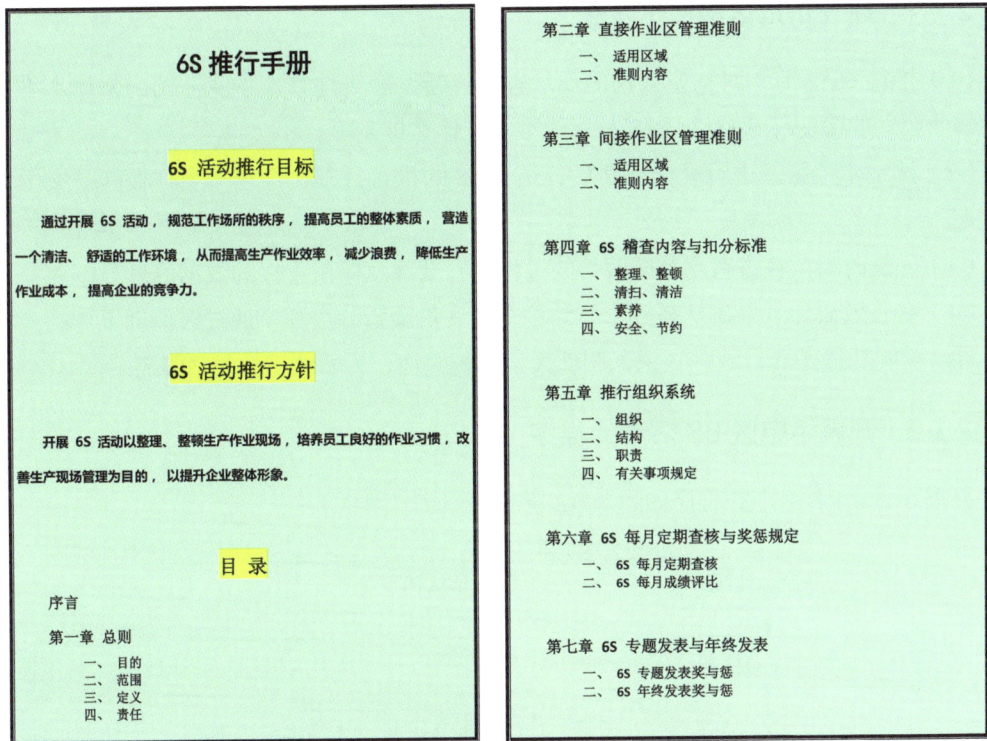

图 2-9　某物业企业的 6S 推行手册前两页

2.7　示范区的 6S 活动

物业企业在推行 6S 时，应先建立示范区，积累经验后再全面展开，做到以点带面，这样有利于保证 6S 活动的开展深度并提高成功率。6S 活动示范如图 2-10 和图 2-11 所示。

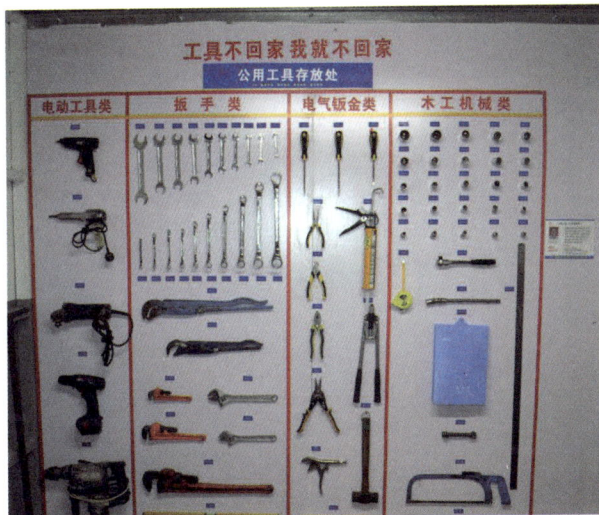

图 2-10　工具摆放示范

图 2-11　机房入口示范

2.7.1 建立示范区的四个步骤

（1）推行 6S 之前，对物业公司的现场进行诊断，客观地掌握物业公司的整体水平，弄清楚物业公司的薄弱环节，以及 6S 推行的难点在什么地方等。

（2）选定示范区。进行全面诊断后，结合 6S 的推行计划，选定一个样板区，集中力量去改善。

（3）实施改善。在进行示范区改善的过程中，要注意保留直接的数据信息。

（4）确认效果。效果确认是一个总结检查、评价反省的过程。通过对前期工作的分析评价，可以辨明功过是非，统一认识，调动大家的积极性，为后续工作扫清障碍。

2.7.2 开展示范区 6S 活动的程序

开展示范区 6S 活动的程序如图 2-12 所示。

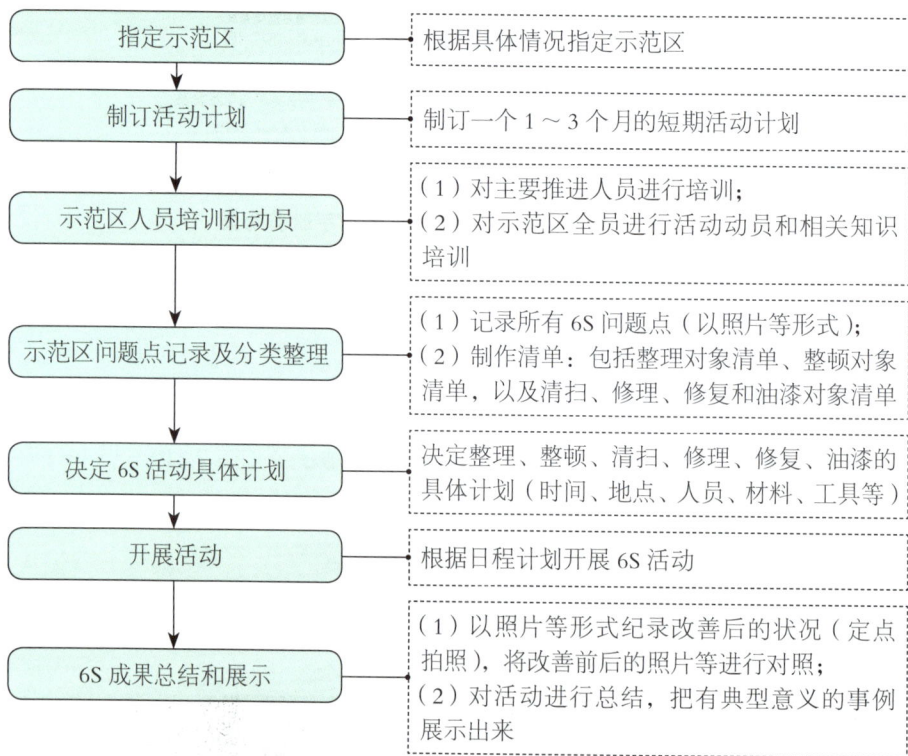

指定示范区	根据具体情况指定示范区
制订活动计划	制订一个 1～3 个月的短期活动计划
示范区人员培训和动员	（1）对主要推进人员进行培训； （2）对示范区全员进行活动动员和相关知识培训
示范区问题点记录及分类整理	（1）记录所有 6S 问题点（以照片等形式）； （2）制作清单：包括整理对象清单、整顿对象清单，以及清扫、修理、修复和油漆对象清单
决定 6S 活动具体计划	决定整理、整顿、清扫、修理、修复、油漆的具体计划（时间、地点、人员、材料、工具等）
开展活动	根据日程计划开展 6S 活动
6S 成果总结和展示	（1）以照片等形式纪录改善后的状况（定点拍照），将改善前后的照片等进行对照； （2）对活动进行总结，把有典型意义的事例展示出来

图 2-12　开展示范区 6S 活动程序

2.7.3 示范区的活动重点

示范区的 6S 活动重点，应该是落实整理、整顿和清扫活动，并通过这三项活动改变现场的面貌。

（1）要在短期内突击进行整理，采取长期分阶段整理的方法是不明智的。特别是在示范区 6S 活动中，有必要在一个较短的时间段内对示范区的物品进行一次大盘点，严格将其分为有用的和无用的，为将该废弃的物品一扫而光做准备。

（2）对无用物品进行处理。

（3）快速地整顿。整顿的一个重要任务是标识。标识要尽量采用全公司统一的方法、文字、颜色等。但是，为了快速地做好示范区的整顿工作，可以独自（有时是临时）决定标识的方法，标识的制作也力求简单便捷，等到全面推广的时候再研究全公司统一的标识方法。

（4）彻底地清扫。在短期内，发动示范区全体员工进行集中的扫除。扫除之后，还要针对那些难点问题采取对策进行突击整治。

2.8　6S 活动的全面推进

当示范区 6S 活动推行成功后，企业就可以依照示范区的工作经验，在物业项目内各设备房、库房、员工宿舍、员工食堂、各部门办公室开始根据 6S 的要求全面推进 6S 活动。

2.8.1　实施区域责任制

企业要将 6S 内容规范化，使其成为员工的岗位责任。6S 必须要有详细的内容，并且要具体到各部门、各设备房，使每个员工清楚自己的 6S 活动内容。员工应依照 5W2H 的标准来检查自己是否真正掌握了 6S 的内容，具体如表 2-2 所示。

表 2-2　5W2H

Why	为什么要做
Where	在哪里做
What	具体做些什么
When	在什么时候做
Who	谁来做
How	怎么做
How much	做到什么程度

责任区要坚持定期清扫，清扫范围即自己所负责的管理区域，清扫时长视企业自身情况而定。

2.8.2　全员参与

6S 活动的有效开展依赖于全体员工的积极参与，同时，6S 活动的开展能为物业公司改善革新活动打下良好的现场管理基础，提高员工参与改善革新活动的自主性和积极性。

1. 促进全员参与

为了让全部员工都参与 6S 活动，企业要做好以下工作。

（1）明确每个人的 6S 职责，可以责任状的形式出现，具体如图 2-13 至图 2-15 所示。企业在 6S 活动的各个步骤，必须为所有员工分配明确的任务，由员工自主下工夫想办法去落实自身的职责。

6S区域要求责任状

责任区域：洗手间

管理要求：

1. 不可在洗手间内吸烟，厕所内无明显臭味。
2. 地面无积水，保持干爽。
3. 大小便入厕槽内，且应冲水。
4. 清洁工具应整齐、分类地摆放，必须及时清洗干净。
5. 每天最少清洁三次洗手间，并及时倒掉垃圾。
6. 不可以乱放私人物品。
7. 发现有设施故障或安全隐患立即通知工程部处理。
8. 责任人须每天分时段（三次）检查洗手间卫生及设施状况。发现问题应及时请工程部处理。监督人每天必须检查一次。

责任人：　　　　　　监督人：

×× 物业服务有限公司 6S 推行委员会制

20×× 年 ×× 月 ×× 日

图 2-13　洗手间 6S 区域要求责任状

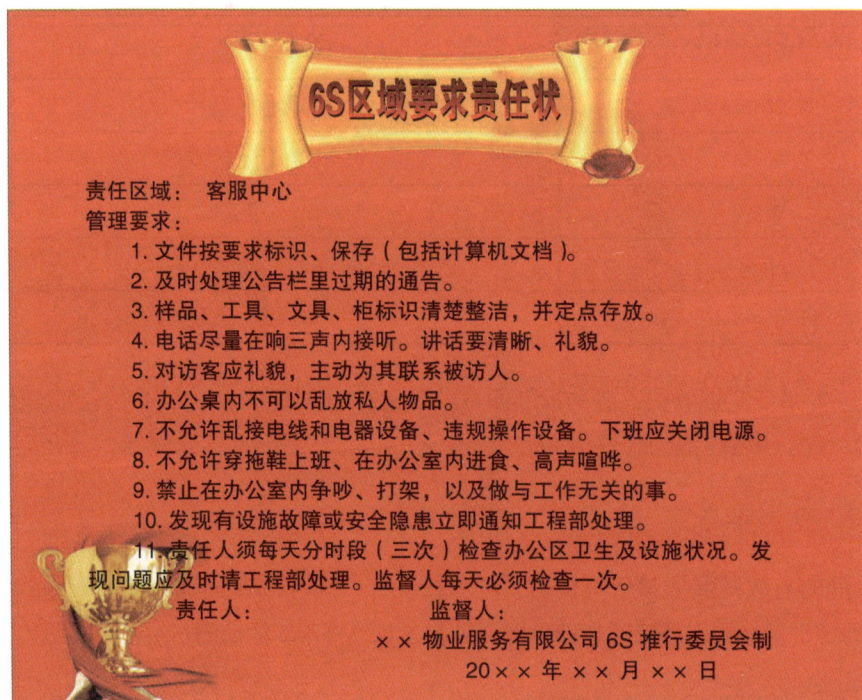

6S区域要求责任状

责任区域：客服中心

管理要求：

1. 文件按要求标识、保存（包括计算机文档）。
2. 及时处理公告栏里过期的通告。
3. 样品、工具、文具、柜标识清楚整洁，并定点存放。
4. 电话尽量在响三声内接听。讲话要清晰、礼貌。
5. 对访客应礼貌，主动为其联系被访人。
6. 办公桌内不可以乱放私人物品。
7. 不允许乱接电线和电器设备、违规操作设备。下班应关闭电源。
8. 不允许穿拖鞋上班、在办公室内进食、高声喧哗。
9. 禁止在办公室内争吵、打架，以及做与工作无关的事。
10. 发现有设施故障或安全隐患立即通知工程部处理。
11. 责任人须每天分时段（三次）检查办公区卫生及设施状况。发现问题应及时请工程部处理。监督人每天必须检查一次。

责任人：　　　　　　监督人：

×× 物业服务有限公司 6S 推行委员会制

20×× 年 ×× 月 ×× 日

图 2-14　客服中心 6S 区域要求责任状

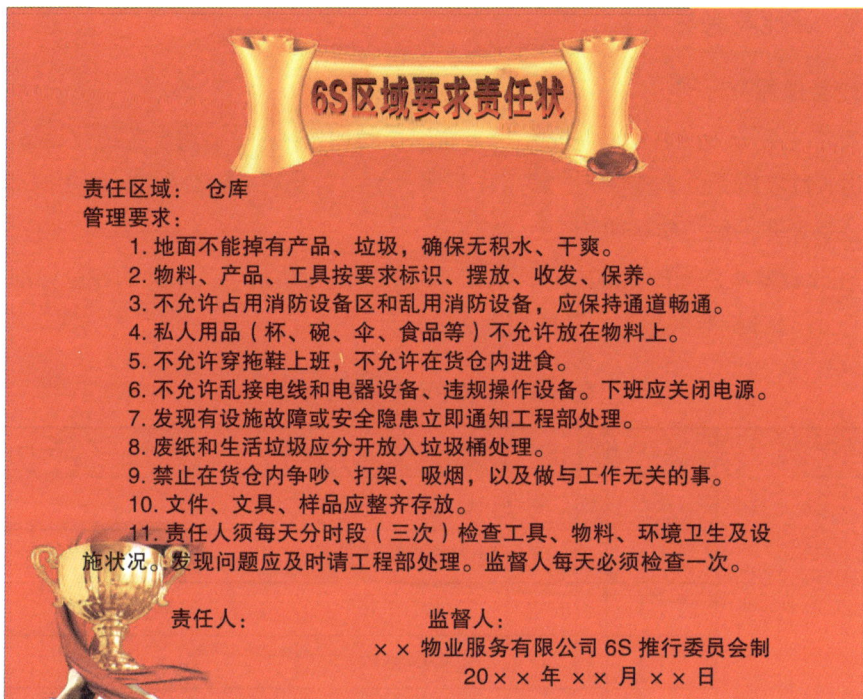

图 2-15　仓库 6S 区域要求责任状

（2）全员参与，实施改善。全员参与不仅能更好更快地打造舒适整洁的现场环境，也能改变员工的自我意识，并使其体会到现场改变后的成就感。

2. 激活全员的参与热情

要激活 6S 活动，促进全员参与，企业就需要开展丰富多彩的活动，并充分利用各种宣传工具，以激发员工的参与热情。

2.8.3　进行评估监督

评估监督是通过巡视、检查、互检的方式来推进的。

（1）巡视是指 6S 委员会在各个工作场所巡查并指出有关 6S 活动的问题。

（2）检查则是由上而下的检查，由公司领导来检查各物业项目，物业项目领导检查各部门及班组，各部门及班组再检查个人，做到层层检查。

（3）互检就是企业内部员工进行相互检查。通过互检，既可以发现被检查者的不足之处，又可以发现被检查者的优点，然后认真进行学习与改进。

2.9　6S 活动的评比与考核

6S 活动评比与考核是物业公司为检验各物业项目的 6S 活动是否在有效地推行，以及推行的效果是否达到要求而进行的内部自我检查过程。它是推进 6S 活动的一种有效手法。

2.9.1 评比与考核准备

1. 制定考核评分标准

评分标准主要分为两种：一种是用于工作现场的评分标准，适用于各物业设备房、仓库、保洁工具房、垃圾房、员工食堂等一线工作场所；另一种是科室评分标准，适用于客服中心、各部门办公室等非一线工作场所。

制定评分表要从公司的实际出发，依据不同部门的性质给予其不同的评分标准。以下提供客服中心 6S 评分标准供参考，具体如表 2-3 所示。

表 2-3　客服中心 6S 评分标准

项目	序号	标准	标准分
1.1 地面	1.1.1	通道畅通，标识明确	1.5
	1.1.2	地上无垃圾、无杂物，保持清洁	1.5
	1.1.3	暂放物有"暂放标识牌"	1.5
	1.1.4	物品存放于定位区域内	1.5
	1.1.5	地面无积水	1.5
	1.1.6	地面的安全隐患处（突出物、地坑等）应有防范或警示措施	1.5
1.2 垃圾桶	1.2.1	定位摆放，标识明确	1.5
	1.2.2	外观干净，垃圾不超出容器口	1.5
1.3 盆栽（包括台上摆设的）	1.3.1	盆栽需定位（无需定位线）	1.5
	1.3.2	盆栽周围干净、美观	1.5
	1.3.3	盆栽叶子保持干净，无枯叶	1.5
	1.3.4	盆栽容器本身干净	1.5
2.1 办公桌、椅	2.1.1	办公桌定位摆放，隔断整齐	1.5
	2.1.2	抽屉应分类标识，标识与内部物品相符	1.5
	2.1.3	台面保持干净，无灰尘杂物，无规定以外的物品	1.5
	2.1.4	台面物品按定位摆放（除正在使用外），不拥挤凌乱	1.5
	2.1.5	人员下班或离开工作岗位 10 分钟以上，应将台面物品、办公椅归位	1.5
	2.1.6	办公抽屉不杂乱，公私物品分类放置	1.5
	2.1.7	与正进行的工作无关的物品应及时归位	1.5
	2.1.8	尽量减少玻璃下压物并放整齐，不压日历、电话表以外的资料	1.5

项目	序号	标准	标准分
2.2 茶水间、饮水区	2.2.1	地面无积水	1.5
	2.2.2	整洁、卫生	1.5
	2.2.3	饮水器保持正常状态	1.5
	2.2.4	水杯、水瓶定位标识	1.5
2.3 其他办公设施	2.3.1	热水器、空调、计算机、复印机、传真机、碎纸机等保持正常状态，有异常作出明显标识	1.5
	2.3.2	保持干净	1.5
	2.3.3	明确责任人	1.5
	2.3.4	暖气片及管道上不得放杂物	1.5
3.1 门、窗	3.1.1	门扇、窗户玻璃保持明亮干净	1.5
	3.1.2	窗帘保持干净	1.5
	3.1.3	窗台上无杂物	1.5
	3.1.4	门窗、窗帘无破损	1.5
	3.1.5	有门牌标识	1.5
	3.1.6	门窗玻璃无乱张贴现象	1.5
3.2 墙	3.2.1	保持干净，无脏污、乱画	1.5
	3.2.2	不悬挂无关物品	1.5
	3.2.3	电器开关处于安全状态，标识明确	1.5
	3.2.4	墙身贴挂应保持整齐，表单、通知定位在公告栏内	1.5
	3.2.5	墙体破损处及时修理	1.5
	3.2.6	没有蜘蛛网	1.5
3.3 天花板	3.3.1	破损处及时修复，没有剥落	1.5
	3.3.2	不悬吊无关物品	1.5
4.1 文件资料、文件盒	4.1.1	定位分类放置	1.5
	4.1.2	按规定标识清楚，明确责任人	1.5
	4.1.3	夹（盒）内文件定期清理、归档	1.5
	4.1.4	文件夹（盒）保持干净	1.5
	4.1.5	文件归入相应文件夹（盒）	1.5
	4.1.6	单位组长以上管理人员应建立"6S专用文件夹"，保存主要的6S活动资料文件	1.5
4.2 文件柜（架）	4.2.1	文件柜分类标识清楚，明确责任人	1.5
	4.2.2	文件柜保持干净，柜顶无积尘、杂物	1.5

项目	序号	标准	标准分
4.2 文件柜（架）	4.2.3	文件柜内部物品放置整齐	1.5
	4.2.4	文件柜内物品、资料应分区定位，标识清楚	1.5
5.1 能源	5.1.1	厉行节约，无长流水、长明灯等浪费现象	1.5
6.1 休息室、休息区、会客室、会议室	6.1.1	各种用品保持清洁干净，定位标识	1.5
	6.1.2	各种用品及时归位，凳子用完及时归位	1.5
	6.1.3	饮用品应保证安全卫生	1.5
	6.1.4	烟灰缸及时倾倒，烟头不乱扔	1.5
	6.1.5	地面保持干净	1.5
6.2 洗手间	6.2.1	保持清洁，无异味，无乱涂乱画	1.5
	6.2.2	各种物品应摆放整齐，无杂物	1.5
6.3 清洁用具	6.3.1	清洁用具定位摆放，标识明确	1.5
	6.3.2	外观干净，容器内垃圾及时倾倒	1.5

2.9.2 实施评比和考核

评比与考核的过程分为两个部分：一个部分是诊断会，由被评比与考核部门就6S活动的开展情况向评比与考核组进行报告；另一部分是评比与考核组进行的现场考核。

1. 评比与考核会

举行评比与考核会是为了使评比与考核组对被评比与考核部门6S活动的总体开展情况有一个了解，部门负责人应就本部门6S活动的推进情况进行报告。报告的内容通常包括以下几部分。

（1）开展6S活动的目的。

（2）6S活动的方针、目标。

（3）6S活动经过介绍。

（4）6S活动实施的效果。

（5）今后6S活动开展的方向。

（6）本部门6S活动成果总结。

（7）典型改善事例介绍。

2. 现场评比与考核

评比与考核会结束后即进入现场评比与考核，现场评比与考核的进行方式主要是评比与考核组听取现场工作人员实地介绍6S活动的改善事例和心得，并按评分标准进行实地检查，直接感受被评部门在6S活动中所取得的成绩和存在的不足。

2.9.3 总结评分与考核结果

总结一般包括以下几方面的内容。

1. 评比与考核事实的记录

评比与考核组成员将从评比与考核会和现场评比与考核中所获得的有关事实记入"6S活动评比与考核表"（见表2-4），并对表中所列的检查项目逐项进行符合性判断。

表2-4　6S活动评比与考核表

编号：

区域	代号	扣分	扣分合计	得分

2. 评比与考核报告表的制作

评比与考核组组长根据各个成员的"6S活动评比与考核表"填写"6S活动评比与考核结果报告表"（见表2-5），并连同"6S活动评比与考核表"一起上交6S推进办公室。

表2-5　6S活动评比与考核结果报告表

区域	代号	扣分合计	得分	问题描述

3. 不合格项整改通知

6S推进委员会对被诊断部门6S活动的工作制度和活动效果进行是否合格的判定。针对问题事项，向评比与考核部门发出"6S活动整改措施表"（见表2-6）。各负责人应在规定期限内进行有效的整改，并经验证人验证通过才算合格。

表2-6　6S活动整改措施表

组别：　　　　　　　　　　　　编号：

序号	整改内容	责任人	期限	验证人	验证时间

注：验证人签字表示此项已经验证合格。

2.10　6S 活动内部审核

为评价 6S 活动及其成果是否符合物业公司的期望和要求，以及寻求继续改善的空间，有些物业企业会按照 ISO9001 管理体系的要求进行系统性的自我检查，也就是内部审核，内部审核活动通常一个季度一次，也可能一年才一次。

2.10.1　制定 6S 审核评分标准

为确保 6S 内部审核有标准可依，也使内部审核具有公平性，物业公司须事先制定评分标准，而且这一标准要让全体员工了解，以便在评审时能做到公开、公平、公正。

评分标准一般按整理、整顿、清扫、安全、清洁、素养六个方面来制定，也可以根据企业自身情况来设计。以下提供办公区与设备间的评分标准范本供参考。

····【范本 9】▶▶▶ ···

办公区 6S 内审评分标准

项目	序号	标准内容	扣分
1.1 地面	1.1.1	通道畅通，标识明确	1.5
	1.1.2	地上无垃圾、无杂物、保持清洁	1.5
	1.1.3	暂放物有"暂放标识牌"	1.5
	1.1.4	物品存放于定位区域内	1.5
	1.1.5	地面无积水	1.5
	1.1.6	地面的安全隐患处（突出物、地坑等）应有防范或警示措施	1.5
1.2 垃圾桶	1.2.1	定位摆放，标识明确	1.5
	1.2.2	外观保持干净，垃圾不超出容器	1.5
1.3 盆栽（包括台上摆放的）	1.3.1	盆栽需定位（无需定位线）	1.5
	1.3.2	盆栽周围干净、美观	1.5
	1.3.3	盆栽叶子保持干净，无枯叶	1.5
	1.3.4	盆栽容器本身干净	1.5
2.1 办公桌、椅	2.1.1	办公桌定位摆放，隔断整齐	1.5
	2.1.2	抽屉应分类标识，标识与内部物品相符	1.5
	2.1.3	台面保持干净，无灰尘杂物，无规定外的物品	1.5
	2.1.4	台面物品按定位摆放（除正在使用外），不拥挤凌乱	1.5
	2.1.5	人员下班或离开工作岗位 10 分钟以上，应将台面物品、办公椅归位	1.5
	2.1.6	办公抽屉不杂乱，公私物品分类放置	1.5

项目	序号	标准内容	扣分
2.1 办公桌、椅	2.1.7	与正进行的工作无关的物品应及时归位	1.5
	2.1.8	尽量减少玻璃下压物并放整齐，不压日历、电话表以外的资料	1.5
2.2 茶水间、饮水区	2.2.1	地面无积水	1.5
	2.2.2	整洁、卫生	1.5
	2.2.3	饮水器保持正常状态	1.5
	2.2.4	水杯、水瓶定位标识	1.5
2.3 其他办公设施	2.3.1	热水器、空调、计算机、复印机、传真机、碎纸机等保持正常状态，有异常作出明显标识	1.5
	2.3.2	保持干净	1.5
	2.3.3	明确责任人	1.5
	2.3.4	暖气片及管道上不得放杂物	1.5
3.1 门、窗	3.1.1	门扇、窗户玻璃保持明亮干净	1.5
	3.1.2	窗帘保持干净	1.5
	3.1.3	窗台上无杂物	1.5
	3.1.4	门窗、窗帘无破坏	1.5
	3.1.5	有门牌标识	1.5
	3.1.6	门窗玻璃无乱张贴现象	1.5
3.2 墙	3.2.1	保持干净，无脏污、乱画	1.5
	3.2.2	不悬挂无关物品	1.5
	3.2.3	电器开关处于安全状态，标识明确	1.5
	3.2.4	墙身贴挂应保持整齐，表单、通知定位在公告栏内	1.5
	3.2.5	墙体破损处及时修理	1.5
	3.2.6	没有蜘蛛网	1.5
3.3 天花板	3.3.1	破损处及时修复，没有剥落	1.5
	3.3.2	不悬吊无关物品	1.5
3.4 公告栏、看板	3.4.1	单位主要部门应有看板（如"人员去向板""管理看板"等）	1.5
	3.4.2	做好版面设置，标题明确，有责任人	1.5
	3.4.3	无过期张贴物	1.5
	3.4.4	"员工去向管理板"及时填写、擦除	1.5
	3.4.5	笔刷齐备，处于可使用状态	1.5
	3.4.6	内容充实，及时更新	1.5
4.1 文件资料、文件盒	4.1.1	定位分类放置	1.5
	4.1.2	按规定标识清楚，明确责任人	1.5

项目	序号	标准内容	扣分
4.1 文件资料、文件盒	4.1.3	夹（盒）内文件定期清理、归档	1.5
	4.1.4	文件夹（盒）保持干净	1.5
	4.1.5	文件归入相应文件夹（盒）	1.5
	4.1.6	单位组长以上管理人员应建立"6S专用文件夹"，保存主要的6S活动资料文件	1.5
4.2 文件柜（架）	4.2.1	文件柜分类标识清楚，明确责任人	1.5
	4.2.2	文件柜保持干净，柜顶无积尘、杂物	1.5
	4.2.3	文件柜内部物品放置整齐	1.5
	4.2.4	文件柜内物品、资料应分区定位，标识清楚	1.5
5.1 服装、鞋袜	5.1.1	存于私人物品区	1.5
	5.1.2	服装、鞋袜、洗漱用品放入指定区域	1.5
5.2 私物	5.2.1	一律摆放于私人物品区	1.5
6.1 着装标准	6.1.1	按着装规定穿戴服装	1.5
	6.1.2	工作服、帽干净无破损	1.5
6.2 规章制度	6.2.1	上班期间不能呆坐、打瞌睡	1.5
	6.2.2	上班期间不能聚集闲谈或大声喧哗	1.5
	6.2.3	上班期间不能吃零食	1.5
	6.2.4	不做与工作无关的事项（看报纸、小说等）	1.5
	6.2.5	上班期间不能擅自串岗、离岗	1.5
	6.2.6	配合公司6S活动，尊重检查指导人员，态度积极主动	1.5
	6.2.7	班组长以上管理人员应建立"6S专用文件夹"，保存主要的6S活动资料文件	1.5
	6.2.8	各工作区域指定6S责任人，无不明责任的区域	1.5
	6.2.9	"6S区域清扫责任表"和点检表要按时、准确填写，不超前、不落后，保证与实际情况相符	1.5
	6.2.10	有"6S员工考核制度"，并切实执行，保存必要记录	1.5
	6.2.11	有"6S宣传栏（或园地）"，由专人负责，定期更新，并保存记录	1.5
	6.2.12	经常对职工（含新员工）进行6S知识的宣传教育，并有记录	1.5
	6.2.13	建立经常性的晨会制度，部门级每周至少一次，班组每天班前进行一次	1.5
	6.2.14	按"礼貌礼节推行办法"教育职工，要求员工待人有礼，不说脏话，文明礼貌	1.5
	6.2.15	应制定本单位"职业规范"，教育职工严格遵守	1.5
	6.2.16	要求本部门成员对6S活动的口号、意义、基本知识有正确认识，且能够表述出来	1.5

项目	序号	标准内容	扣分
7.1 能源	7.1 1	厉行节约，无长流水、长明灯等浪费现象	1.5
8.1 休息室、休息区、会客室、会议室	8.1.1	各种用品保持干净，定位标识	1.5
	8.1.2	各种用品及时归位，凳子用完及时归位	1.5
	8.1.3	饮用品应保证安全卫生	1.5
	8.1.4	烟灰缸及时倾倒，烟头不乱扔	1.5
	8.1.5	地面保持干净	1.5
8.2 洗手间	8.2.1	保持干净，无异味，无乱涂乱画	1.5
	8.2.2	各种物品应摆放整齐，无杂物	1.5
8.3 清洁用具	8.3.1	清洁用具定位摆放，标识明确	1.5
	8.3.2	外观干净，容器内垃圾及时倾倒	1.5
9.1 加减分	9.1.1	同一问题重复出现，重复扣分	2
	9.1.2	没有未实施整理、整顿、清扫的"6S实施死角"	10
	9.1.3	有突出成绩的事项（如创意奖项），视情况加分	+2

····【范本 10】▶▶▶ ··

设备间 6S 内审评分标准

项目	序号	标准内容	扣分
1.1 地面上	1.1.1	地面物品摆放有定位、标识	1.5
	1.1.2	地面应无污染（积水、油污、油漆等）	1.5
	1.1.3	地面应无杂物和卫生死角	1.5
	1.1.4	地面区域划分合理，区域线、标识清晰无剥落	1.5
	1.1.5	应保证物品存放于定位区域内，且不压线	1.5
	1.1.6	安全警示区划分清晰，有明显警示标识，悬挂符合规定	1.5
	1.1.7	地面的安全隐患处（突出物、地坑等）应有防范或警示措施	1.5
1.2 设备、仪器、仪表、阀门	1.2.1	开关、控制面板标识清晰，控制对象明确	1.5
	1.2.2	设备仪器保持干净，摆放整齐，无多余物	1.5
	1.2.3	设备仪器明确责任人员，坚持日常点检，有真实的记录，确保记录清晰、正确	1.5
	1.2.4	应保证处于正常使用状态，非正常状态应有明显标识	1.5
	1.2.5	危险部位有警示和防护措施	1.5

项目	序号	标准内容	扣分
1.2 设备、仪器、仪表、阀门	1.2.6	设备阀门标识明确	1.5
	1.2.7	仪表表盘干净清晰，有正确的正常范围标识	1.5
1.3 工具箱、柜	1.3.1	柜面标识明确，与柜内分类相对应	1.5
	1.3.2	柜内工具分类摆放，明确品名、规格、数量	1.5
	1.3.3	有合理的容器，摆放方式适当	1.5
	1.3.4	各类工具应保持完好、清洁，保证其适用性	1.5
	1.3.5	各类工具使用后及时归位	1.5
	1.3.6	柜顶无杂物，柜身保持清洁	1.5
1.4 清洁用具、清洁车	1.4.1	定位合理，不堆放，标识明确，用完及时归位	1.5
	1.4.2	清洁用具本身干净整洁	1.5
	1.4.3	垃圾不超出容器口	1.5
	1.4.4	抹布等应定位放置，不可直接挂在暖气管上	1.5
1.5 危险品、（易燃有毒等）	1.5.1	有明确的摆放区域，分类定位，标识明确	1.5
	1.5.2	隔离摆放，远离火源，并由专人管理	1.5
	1.5.3	有明显的警示标识	1.5
	1.5.4	不使用时应存放在指定区域内	1.5
2.1 墙身	2.1.1	墙身、护墙板及时修复，无破损	1.5
	2.1.2	保持干净，没有剥落，无蜘蛛网、积尘	1.5
	2.1.3	贴挂墙身的各种物品应整齐合理，表单通知归入公告栏	1.5
	2.1.4	墙身保持干净，没有无关杂物（如过期标语、封条等）	1.5
	2.1.5	主要区域、房间应有标识铭牌或布局图	1.5
	2.1.6	现场无隔断遮挡、自建房中房等	1.5
2.2 资料、标识牌	2.2.1	应有固定的摆放位置，标识明确	1.5
	2.2.2	作业指导书、记录、标识等挂放或摆放整齐	1.5
	2.2.3	标牌、资料记录正确、具有可参考性	1.5
	2.2.4	组长以上管理人员应建立"6S专用文件夹"，保存主要的6S活动资料文件	1.5
2.3 桌面	2.3.1	现场桌面无杂物、报纸杂志	1.5
	2.3.2	物品摆放有明确位置、不拥挤凌乱	1.5
	2.3.3	桌面干净、无明显破损	1.5
	2.3.4	尽量减少玻璃下压物并放整齐，不压日历、电话表以外的资料	1.5

（续表）

项目	序号	标准内容	扣分
2.4 电器、电线、开关、电灯	2.4.1	开关须有控制对象标识，无安全隐患	1.5
	2.4.2	保持干净	1.5
	2.4.3	电线布局合理整齐、无安全隐患（如裸线、上挂物等）	1.5
	2.4.4	电器检修时须有警示标识	1.5
2.5 消防器材	2.5.1	摆放位置明显，标识清楚	1.5
	2.5.2	位置设置合理，有红色警示线，线内无障碍物	1.5
	2.5.3	状态完好，按要求摆放，干净整齐	1.5
	2.5.4	有责任人并定期点检	1.5
2.6 辅助设施	2.6.1	风扇、照明灯、空调等按要求放置，清洁无杂物，无安全隐患	1.5
	2.6.2	日用电器无人时应关掉，无浪费现象	1.5
	2.6.3	门窗及玻璃等各种公共设施干净无脏污	1.5
	2.6.4	废弃设备及电器应标识状态并及时清理	1.5
	2.6.5	保持设施完好、干净	1.5
	2.6.6	暖气片及管道上不得放杂物	1.5
3.1 员工着装及劳保用品	3.1.1	劳保用品明确定位，整齐摆放，分类标识	1.5
	3.1.2	按规定要求穿戴工作服，着装整齐、整洁	1.5
	3.1.3	按规定穿戴面罩、安全帽等防护用品	1.5
	3.1.4	合理设置晾衣专门区域，不影响工作及房间美观	1.5
3.2 规章制度	3.2.1	工作时间不得睡觉、打瞌睡	1.5
	3.2.2	不得聚集闲谈、吃零食和大声喧哗	1.5
	3.2.3	不看与工作无关的书籍、报纸、杂志	1.5
	3.2.4	不乱丢烟头（工作区、厂区）	1.5
	3.2.5	配合公司 6S 活动，尊重检查指导人员，态度积极主动	1.5
	3.2.6	要求员工对 6S 活动的口号、意义、基本知识有正确认识，且能够表述出来	1.5
	3.2.7	不得擅自串岗、离岗	1.5
	3.2.8	班组长以上管理人员应建立"6S 专用文件夹"，保存主要的 6S 活动资料文件	1.5
	3.2.9	各工作区域指定 6S 责任人，无不明责任的区域	1.5
	3.2.10	"6S 区域清扫责任表"和点检表要按时、准确填写，不超前、不落后，保证与实际情况相符	1.5
	3.2.11	应制定"6S 员工考核制度"，并切实执行，保存必要记录	1.5

（续表）

项目	序号	标准内容	扣分
3.2 规章制度	3.2.12	应有"6S宣传栏（或园地）"，由专人负责，定期更新，并保存记录	1.5
	3.2.13	经常对职工（含新员工）进行6S知识的宣传教育，并有记录	1.5
	3.2.14	建立晨会制度，部门级每周至少一次，班组每天班前进行一次	1.5
	3.2.15	按"礼貌礼节推行办法"教育职工，要求员工待人有礼，不说脏话，文明礼貌	1.5
	3.2.16	制定本部门"职业规范"，教育职工严格遵守	1.5
3.3 生活用品、私人用品	3.3.1	定位标识，整齐摆放，公私物品分开	1.5
	3.3.2	水壶、水杯按标摆放整齐，保持干净	1.5
	3.3.3	手巾、洗漱用品、鞋袜等按要求摆放整齐，保持干净	1.5
3.4 加减分	3.4.1	同一问题重复出现，重复扣分	2
	3.4.2	没有未实施整理、整顿、清扫的"6S实施死角"	10
	3.4.3	有突出成绩的事项（如创意奖项），视情况加分	+2

2.10.2 制定内部审核评分表

制定内部审核评分表时要遵循以下原则。

（1）绝对不能全公司共用一张表，一定要依据各部门的性质制定不同的评分内容与标准。

（2）将所希望达到的目标或目的作为审核的内容，让员工知道公司希望他们达到哪些目标，如此一来，才能让员工有明确的努力方向。

同时，在编制过程中还要考虑到不同部门（工程部、安保部、财务部、客服中心）的实际情况和服务特点，力求内容全面，但版本不能太多，这样大家可以在一个平台上进行考核，相互有比较。

另外，为了保证6S评分表的客观性，最好是各公司根据自身情况自行制定。当然，若有困难的话，也可找些其他物业公司或书上的范本（见表2-7），在此基础上略加修改而成。

表2-7　某物业企业办公室6S内审评分表

序号	项目	项目内容	评定分数	工程部	客服中心	…
1	整理	将不再使用的文件资料、工具废弃处理	0～2			
		将长期不使用的文件数据按编号归类放入指定文件柜	0～2			
		将常使用的文件数据就近放置	0～2			

（续表）

序号	项目	项目内容	评定分数	工程部	客服中心	...
1	整理	将正在使用的文件数据分为未处理、正处理、已处理三类	0～2			
		将办公用品摆放整齐	0～2			
		台面、抽屉最低限度地摆放物品	0～2			
2	整顿	办公桌、办公用品、文件柜等的放置要有规划和标识	0～2			
		办公用品、文件的放置要整齐有序	0～2			
		文件处理完后均要放入活页夹，且要摆放整齐	0～2			
		活页夹都有相应的标识，每份文件都有相应的编号	0～2			
		办公桌及抽屉整齐、不杂乱	0～2			
		私人物品放置于规定位置	0～2			
		电源线用绑带扎起，不零乱	0～2			
		用计算机检索文件	0～2			
3	清扫	地面、墙、天花板、门窗、办公台等打扫干净	0～2			
		办公用品擦洗干净	0～2			
		文件记录破损处修补好	0～2			
		办公室通风良好、光线充足	0～2			
		没有噪声和其他污染	0～2			
4	安全	本月内没有安全事故发生（如有，安全项得分为0）	0～2			
		每个楼层均有紧急逃生图且为员工所理解	0～2			
		安全标识齐全且张贴于醒目处	0～2			
		所有安全通道、消防通道均畅通无阻	0～2			
		定期对员工进行安全意识的培训	0～2			
		定期进行安全事故的统计和原因分析，并向员工分享	0～2			
5	清洁	每天上下班花3分钟做6S工作	0～2			
		员工随时自我检查、互相检查，公司定期或不定期进行全面检查，发现不符合的情况及时纠正	0～2			
		整理、整顿、清扫保持得非常好	0～2			
6	素养	员工戴名牌，穿工作服且整洁得体，仪容整齐大方	0～2			
		员工言谈举止文明有礼，待人热情大方	0～2			
		员工工作精神饱满，有团队精神，能互帮互助，积极参加6S活动，时间观念强	0～2			
总分						

检查员： 检验日期：

2.10.3 实施审核

1. 主要审核内容

（1）执行标准是否贯彻实施。

（2）全员意识是否建立。

2. 审核思路

审核思路如图2-16所示。

3. 提出不符合项

在现场审核中发现不合格项时应该拍下照片，用箭头标出不合格项，并用文字明确地描述不合格的情况，具体如图2-17所示。

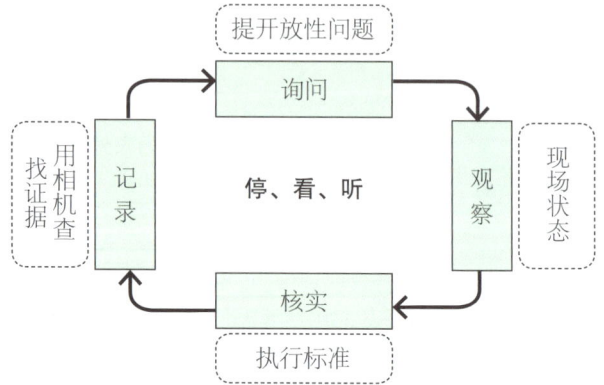

图2-16　审核思路

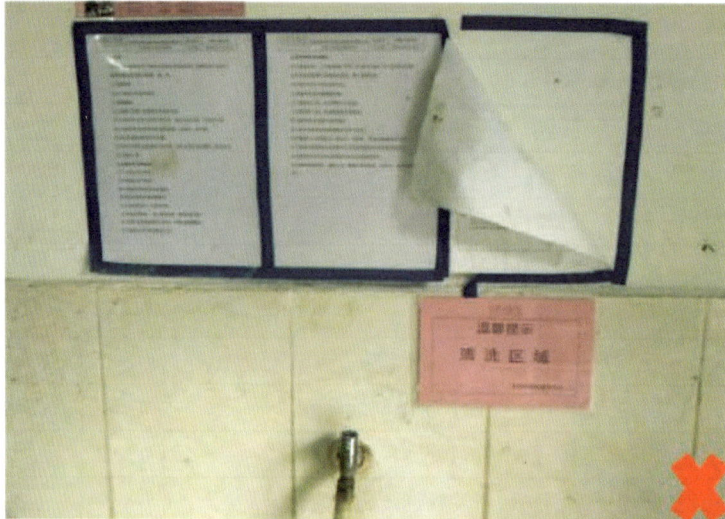

图2-17　现场6S不合格项图片

4. 出具不合格报告

同时，要出具不合格报告，将不合格事项加以说明，并把判断依据等填写清楚，具体如表2-8所示。

表 2-8   6S 检查不合格报告

受检查部门：   检查员：   检查日期：

序号	不合格事项说明	依据	确认	预计改善完成日期	改善跟进

2.10.4   实施状况跟踪

跟踪是审核的继续，是对受审核方的纠正和改善措施进行的评审（见图2-18）。审核人员应验证及判断改善效果，并对验证的情形进行记录。

图 2-18   对实施状况进行跟踪检查

1. 跟踪的形式

企业应以书面文件的形式（见范本11）将相关通知提供给审核员或跟踪工作负责人，作为已进行纠正和预防的证据；审核员还需到现场进行跟踪、验证。

纠正及预防措施通知

不合格点的说明	NC 编号：_____
审核日期：20×× 年 ×× 月 ×× 日	审核员 / 记录员：_____ ××
审核地点：_____	违反标准：_____

改善前相片

不合格项说明：
水龙头下面没有水池接水，水易溅落至地面，导致地面积水

纠正人：××   纠正日期：20×× 年 ×× 月 ×× 日

改善后相片

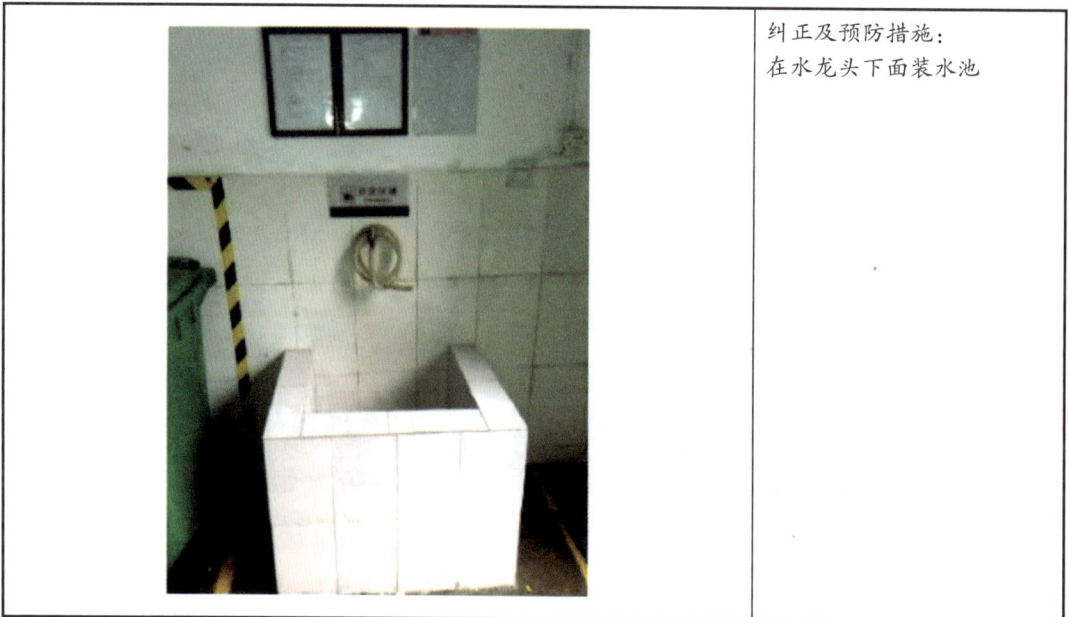

纠正及预防措施：
在水龙头下面装水池

跟进结果：_____

跟进者：_____ ×× _____ 审批：_____ ×× _____ 20×× 年 ×× 月 ×× 日

2. 跟踪工作中审核员的职责

（1）证实受审核方已经找到不合格产生的原因。

（2）证实采取的纠正和预防措施是有效的。

（3）在跟踪过程中，审核员要证实所涉及的人员对纠正和预防措施有所认识，并进行了适当培训，以适应变化后的情况。审核员要记录所采取的纠正和预防措施，并对有关文件进行改进，同时要向审核组长报告跟踪的结果。

3. 跟踪程序

（1）审核组识别实际或潜在的不合格。

（2）审核组要向受审核方提出采取纠正和预防措施的建议，向受审核方发出改善通知。

（3）受审核方要提交纠正和预防计划（见表 2-9）。

（4）审核组对纠正和预防措施的可行性予以评审。

（5）受审核方要实施并完成纠正和预防措施。

（6）审核人员对审核状况不满意时，可以要求审核部门再采取下一步的行动。

表 2-9　不符合项纠正和预防计划

序号	不符合项	纠正和预防措施	责任部门	责任人	计划完成日期	确认人	确认结果	备注

4. 跟踪要点

对于效果不好的纠正和预防措施，应该重新制订计划并采取新的纠正措施，审核人员要对其进行更细致的跟踪检查；对于有效的纠正和预防措施，应该分析成功经验并予以推广。

可由原审核组的成员来进行跟踪，也可以委托其他有资格的人来进行跟踪。实施跟踪的人员必须了解该项跟踪工作的资料和情况。

5. 跟踪检查报告

跟踪检查报告就是根据重大的纠正或预防措施的跟踪情况所形成的书面报告。跟踪检查报告可以针对一条或若干条纠正和预防措施，应该反映对纠正和预防措施结果的判断。报告是由跟踪检查人来撰写的，并由跟踪工作负责人，如审核组长、6S推进委员会的主任来批准。以下提供一个范本供参考。

·····【范本 12】▶▶▶···

6S 跟踪检查报告示例

序号	不良状况描述	责任部门	部门主管	改善措施或处理结果	改善完成时间	内审小组跟踪确认
1	绿化保洁物料仓开关盒上无标识	保洁部	刘四	已改善		
2	绿化保洁仓小材料盒的标识不规范	保洁部	刘四	未完全改善		
3	工程物料仓用很多皱纹胶纸贴电源线	工程部	张三	已改善		
4	员工食堂许多食材存放在地面上，建议做货架	行政部	杨三	还在焊样品架		
5	工程部办公室饮水处水桶摆放杂乱	工程部	张三	已改善		
6	工程物料仓内所有灭火器上有很多水泥浆	工程部	张三	已改善		
7	保洁工具房的右侧外墙有裂缝	保洁部	刘四	已改善		
8	配电房里的温度很高，没有排风系统（排风扇已请购回来，待安装）	工程部	张三	风扇已装，待接电源		

2.11 定期调查以调整方向

2.11.1 调查方式

物业企业应定期在内部开展调查，了解员工对 6S 的认识及推行工作中遇到的问题，请员工提出一些看法和建议，然后分析这些问题，适时地调整 6S 活动开展的方向。调查可以采用问卷的方式，也可以深入现场进行访谈、拍照。

【范本 13】 ▶▶ •••••••••••••••••••••••••••••••••••••

6S 推行调查问卷

姓名：_____   部门：_____

请根据以下项目，评价 6S 推行的效果，以便能订立下半年的政策及目标，从而改善工作环境，提升公司的服务品质、效率、形象及竞争力。

序号	评价项目	非常满意	满意	一般	差	恶劣
		5	4	3	2	1
1	6S 执行效果的维持					
2	所有经营场地之通道（包括宿舍区）的畅通程度					
3	各部门区域环境卫生状况					
4	你对 6S 的认识					
5	部门工作效率（如取用文件、记录、物料、工具的速度和准确性）					
6	举办 6S 培训的层次及深度					
7	6S 审核的频率及力度					
8	6S 专栏及其内容					
9	6S 推行后对物业服务质量和工作效率所起到的作用（如设施设备标识、区域划分、指引及文件的规范、物业设施设备维保、工作环境的优化等方面）					
10	推行 6S 后公司的整体形象					

11.6S 推行以来，你认为有哪些方面改善最显著？

_____

12. 你认为有哪些方面仍未达到预期目标？

_____

13. 对于下半年度如何更好地推动 6S 活动和调动大家的参与积极性，你的建议是？

_____

_____

_____

2.11.2 要出具调查报告

不管是问卷调查，还是深入现场访谈、拍照，最好都要出具调查报告，要对本次调查的结果进行分析、总结，提出下一阶段的任务，并针对某些突出的问题提出具体的建议。以下提供一个模板供参考。

·····【范本14】▶▶▶···

6S 推行调查问卷统计分析报告（模板）

统计期间：

问卷发出份数：　　　　　　　收回份数：　　　　　　　收回率：

问题	非常满意	满意	一般	差	恶劣	满意度
1.6S 执行效果的维持						
2. 整个公司经营场地之通道（包括宿舍区）的畅通程度						
3. 各部门区域环境卫生状况						
4. 各层级工作人员对 6S 的认识						
5. 部门工作效率（如取用文件、记录、物料、工具的速度和准确性）						
6. 举办 6S 培训的层次及深度						
7.6S 审核的频率及力度						
8.6S 专栏及其内容						
9.6S 推行后对物业服务效率、质量所起到的作用（如设备标识、区域划分、指引及文件的规范、物业设施设备维保、工作环境的优化等方面）						
10. 推行 6S 后公司的整体形象						
合计						

一、对统计结果的分析：

_____

_____

_____

二、委员会成员的意见

1. 6S 推行以来在以下方面有显著的改善：

_____

2. 以下方面仍未达到预期目标：

_____

3. 对下半年推行 6S 的建议：

_____

第 3 章　6S 推进的常用手法

3.1　寻宝活动

寻宝活动是指在整理活动过程中找出现场的无用物品，进行彻底整理的一种趣味化的手段。所谓宝，是指需要整理的无用物品。之所以说无用物品是宝，主要是因为它对整理活动的成败影响很大，并不是说物品本身有很大价值。

图 3-1　打开柜门寻宝

3.1.1　寻宝活动的游戏规则

寻宝活动要顺利进行，首先就要制定游戏规则，以明确员工的行动方向。

（1）只寻找无用物品，不追究责任。

（2）找到越多的无用物品，奖励越高。

（3）交叉互换寻宝区域，便于发现更多的无用物品。

（4）对于有争议的物品，提交 6S 推进事务办公室裁决。

（5）对于重视此活动的部门，给予部门奖励。

3.1.2 寻宝活动的开展步骤

1. 制订寻宝活动计划

寻宝活动的实施计划由 6S 推进委员会制订，推进办公室予以组织实施。计划可以包括图 3-2 所示几个方面的内容。

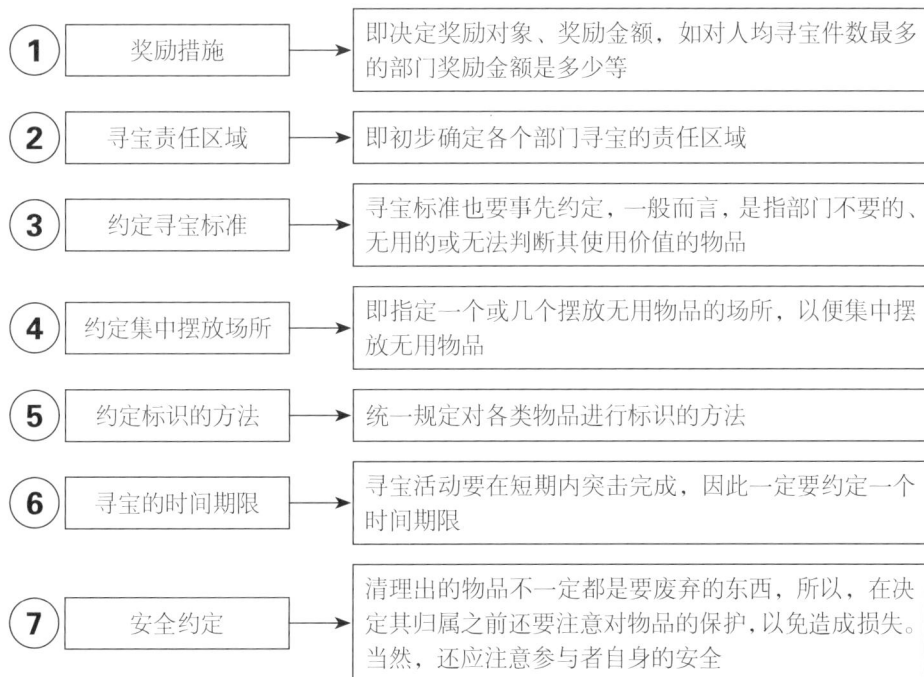

① 奖励措施	即决定奖励对象、奖励金额，如对人均寻宝件数最多的部门奖励金额是多少等
② 寻宝责任区域	即初步确定各个部门寻宝的责任区域
③ 约定寻宝标准	寻宝标准也要事先约定，一般而言，是指部门不要的、无用的或无法判断其使用价值的物品
④ 约定集中摆放场所	即指定一个或几个摆放无用物品的场所，以便集中摆放无用物品
⑤ 约定标识的方法	统一规定对各类物品进行标识的方法
⑥ 寻宝的时间期限	寻宝活动要在短期内突击完成，因此一定要约定一个时间期限
⑦ 安全约定	清理出的物品不一定都是要废弃的东西，所以，在决定其归属之前还要注意对物品的保护，以免造成损失。当然，还应注意参与者自身的安全

图 3-2 寻宝活动计划的内容

寻宝活动计划经批准后，要在企业的相关会议、内部局域网、宣传栏等进行传达、沟通和宣传，以营造活动的氛围，激发员工参与的积极性。

2. 寻宝活动的实施

各个部门按计划清理出无用物品，统一摆放到公司指定的场所，同时要做好以下工作。

（1）用相机对处理前的物品进行拍照，以记录物品的现有状态。

（2）对清理出的物品进行分类，并列出清单（见表 3-1）。清单应对物品的出处、数量进行记录，并提出处理意见，按程序报相关部门审核批准。

（3）调查物品的出处时，要经过使用部门的确认，确定是确实不需要的物品。

表 3-1　无用物品处理记录表

部门： 年　月　日

物品名称	规格型号	单位	数量	处理原因	所在部门意见	推委会意见	备注

制表：　　　　　　　　审核：　　　　　　　　　　批准：

3. 集中判定和分类处理

待物品集中之后，组织者应及时召集企业高层和相关部门负责人或专家，依据清单对实物进行集中判定，决定物品的处理方法。物品的处理方式一般有以下几种。

（1）对确实无用的物品予以报废。

（2）本部门不需要而其他部门用得上的，调剂给用得上的部门。

（3）对于积压的原材料，应尽量与原生产厂家进行协商或降价出售。

（4）机械设备可作为二手物品降价出售，工装、模具应尽量改做他用，无使用价值的当废品卖。

（5）对易造成环境污染的不用物品，应交由有处理资质的单位处理，防止发生环境污染。

依据判定的结果，指定相关部门实施处理，在处理过程中也要做好必要的记录，如照相等。

4. 进行账面处理

实际上，寻宝活动中找出来的许多物品是企业的固定资产或库存，有必要在财务上做必要的账面处理。

5. 总结表彰

寻宝活动结束后，要对活动的结果进行必要的总结，按照事先约定的标准，选出优秀的部门和个人，并给予表彰和奖励。

3.2　定点摄影法

所谓"定点摄影法"，就是在同一地点把改善前后的情况拍摄下来，并公开展示，让执行者和其他人一起来评价改善效果，这是一个非常实用的 6S 推行方法。

3.2.1　适用活动

定点摄影法主要用于整理、整顿、清扫活动。

3.2.2 怎样进行定点摄影

在地板上画一个圆，摄影者站在圆中心点上。所摄物体的中心位置也画一个点，摄影时照相机的焦点对准所拍物体上的点（如图 3-3 所示）。

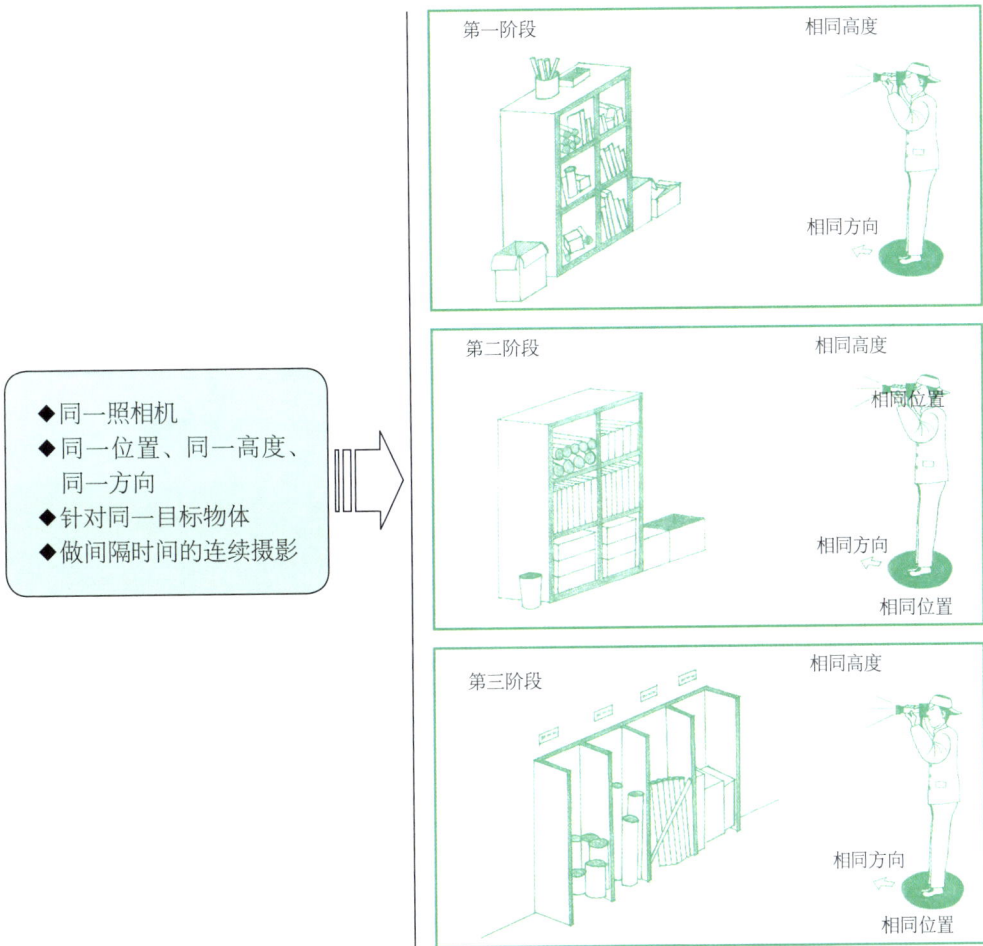

◆ 同一照相机
◆ 同一位置、同一高度、
   同一方向
◆ 针对同一目标物体
◆ 做间隔时间的连续摄影

第一阶段　　　　　相同高度　　相同方向

第二阶段　　　　　相同高度　相同位置　相同方向　相同位置

第三阶段　　　　　相同高度　相同方向　相同位置

图 3-3　定点摄影图示

3.2.3 定点摄影照片的使用

将改善前后的照片打印出来以后，把两张照片贴在同一张纸上，并对改善前后的状况进行必要的文字描述。

也可以将用定点摄影总结的改善事例展示在 6S 板报上，这样既可以增强实施改善的员工的成就感，又能很直观地告诉其他员工什么是好的、什么是不好的，增强广大员工的问题意识。

3.3　定置管理

定置管理就是把"物"放置在固定的、适当的位置。对"物"的定置，不是简单定一下位就行了，而是从安全、质量和物的自身特征等方面进行综合分析，以确定物的存放场所、存放姿态、现场标识（即定置三要素）。因此，要对物业服务现场、仓库、办公现场定置的全过程进行诊断、设计、实施、调整，使之达到科学化、规范化、标准化。

3.3.1　定置管理的基本要求

（1）划清定置管理范围，实行定置管理责任制。

（2）物品摆放优化定位，具体如图 3-4 至图 3-7 所示。

图 3-4　设备定置

图 3-5　清洁用品、消防器材定置

图 3-6　灭鼠器定置

图 3-7　消防物资定置

（3）与物业服务、工作无关的物品，一律不得摆放在工作场所。

（4）制定室内物品平面定置图。

（5）物品要有完整规范的标签、标识。

3.3.2 定置管理准备

（1）制作各种容器、器具。

（2）制作信息铭牌。

（3）设定清除物存放地。

（4）划分区域界线。

3.3.3 定置管理的实施

（1）清除与工作（服务）无关的物品。

（2）按定置图实行定置。

（3）放置信息铭牌，具体如图3-8所示。

3.3.4 定置管理标准化

图3-8 贴上信息铭牌

1.定置物品的分类规定

物业企业应从自身实际出发，将现场的物品分为A、B、C三类，也可分为A、B、C、D四类，以使人们直观而形象地理解人与物的结合关系，从而明确定置的方向。

2.定置管理信息铭牌规定

信息铭牌是放置在定置现场，表示定置物所处状态、定置类型、定置区域的标志牌，应由企业统一规定尺寸、形状和制作方式，使之做到标准化。

3.4 油漆作战

油漆作战就是给地板、墙壁、机械设备等涂上新颜料，比如将原来的深色涂成明亮的浅色，墙壁的上下部分也涂上不同颜色的涂料等。另外，地板上也将通道和作业区域涂成不同颜色，使其明确划分开来。

油漆作战的几个实施步骤如图3-9所示。

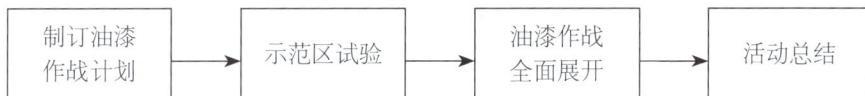

图3-9 油漆作战实施步骤

1.制订油漆作战计划

（1）决定对象区域、刷漆对象等。

（2）对处理前的状况进行拍照。

（3）制定相关标准，如规划相关区域、通道，决定用漆的颜色等。

（4）工具、材料的准备。

（5）参与人员的责任分配。

（6）刷漆方法的学习等。

2.示范区试验

在全面刷漆之前，要选定一个示范区域或示范设备按照事先制定的标准进行试验，其目的是确认计划阶段所制定的标准是否合适，试验后可在听取多方意见的基础上进一步完善标准。

3.油漆作战全面展开

最后，根据修改后的计划，具体安排实施油漆作战，在此过程中需注意以下几个问题。

（1）选择合适的时间，不要影响物业服务的正常进行，如可以选择在周六进行。

（2）注意在刷漆之前要彻底清洁刷漆对象，刷漆对象上不能有灰尘、油污、铁锈、废渣等杂物。

（3）注意刷漆过程中的安全防范，严防火灾和人身意外发生。

4.活动总结

做好油漆作战前后的对比总结，完整展现工作成果，使其能够起到总结经验和鼓舞人心的作用。

油漆作战活动示意图如图 3-10 至图 3-12 所示。

图 3-10　地面涂上油漆和标识线

图 3-11　给管道刷油漆

图 3-12　为垃圾桶定位画线

3.5　标识大行动

标识大行动就是明确标示出物品在哪里（场所）、什么物品（名称）、有多少（数量）等，让人能够一目了然地找到各种物品的一种整顿方法。

3.5.1　标识的分类

1. 楼宇的物业本体标识

楼宇的物业本体标识即物业本体房屋结构设计固有的功能布局标识，其一般分为五类，具体如表 3-2 所示。

表 3-2　楼宇的物业本体标识

序号	类别	具体说明
1	楼层标识	如 B1F、1F、10F 等，常布设在各楼层的楼梯间、走道内
2	区域标识	如某室、某座、某区、某号、某街、邮政编码等，标识常固定在写字楼立面、楼层公共区域、房间主门区域
3	功能标识	如卫生间、吸烟区、强电井、弱电井、电梯机房、冷气操作间、会客区、商务中心、购物中心、康乐中心、阅览室、礼品部、餐厅等，标识一般在功能区的主出入口处或门上
4	公司的铭牌标识	如水牌一般设在大堂，公司铭牌一般设在各公司所在的楼层
5	平面引导标识和消防安全疏散标识	一般设在各区主出入口和消防安全通道楼梯口处，标识应制作精良、美观大方、昼夜能用，与楼宇档次相配套

楼宇的物业本体标识示例如图 3-13 至图 3-16 所示。

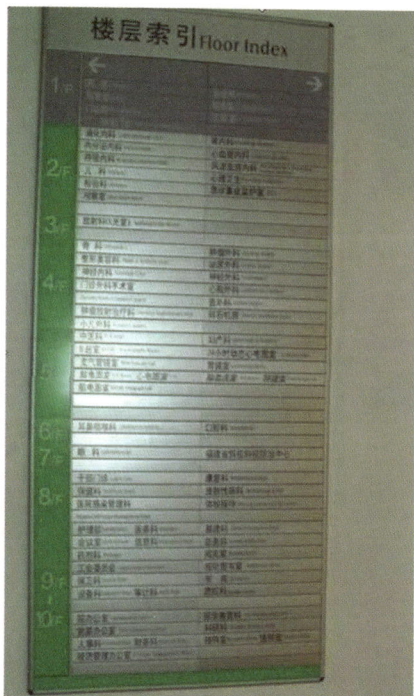

图 3-13 楼层索引标识，一般设置在首层

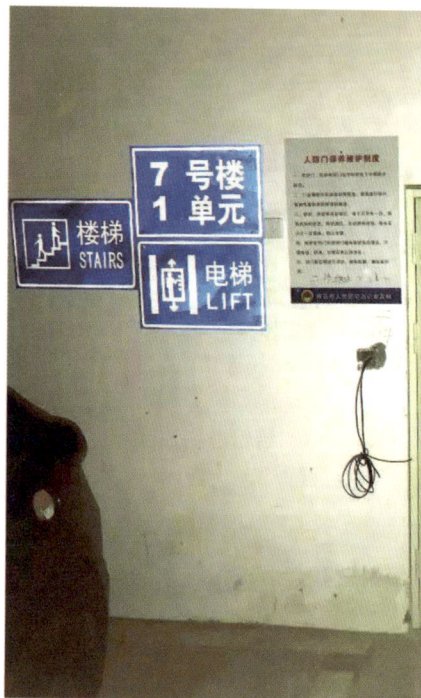

图 3-14 单元楼标识

图 3-15 楼层号标识

图 3-16 园区入口处设立小区平面图，指引前来参观的客户

2. 物业设备设施标识

由于一般物业区域的机电设备复杂、种类繁多，对其正常运转的可靠性要求又高，因此正确标识各类设备设施、管路性质、阀门状态，在突发机电设备事故的处理中可以缩短处理时间，赢得宝贵时机。设备标识一般按系统分为：电梯系统、消防系统、给排水系统、锅炉供热系统、空调制冷系统、变配电系统、安全监控系统、停车场管理系统、卫视接收系统、电话电视系统等。该类标识主要是为了表明设备状态、功能、设备编号、技术参数及使用要求。

（1）电梯标识。

电梯标识的类别及说明如表 3-3 所示。

表 3-3 电梯标识的类别及说明

序号	类别	具体说明
1	名称标识	含电梯编号、品牌、停层区域、开放时间、安检日期、荷载量、梯速等参数
2	电梯控制状态标识	含操纵厢内检修／运行、群控／独立、运行开关、轿厢内照明开关、井道照明开关、年安检合格证
3	机房内设施标识	含曳引机、控制屏、盘车工具、配电屏、消防厢、限速器等
4	指示标识	如轿厢内停层指示、楼层指示、层站召唤、运行方向发光指示

电梯标识示例如图 3-17 至图 3-19 所示。

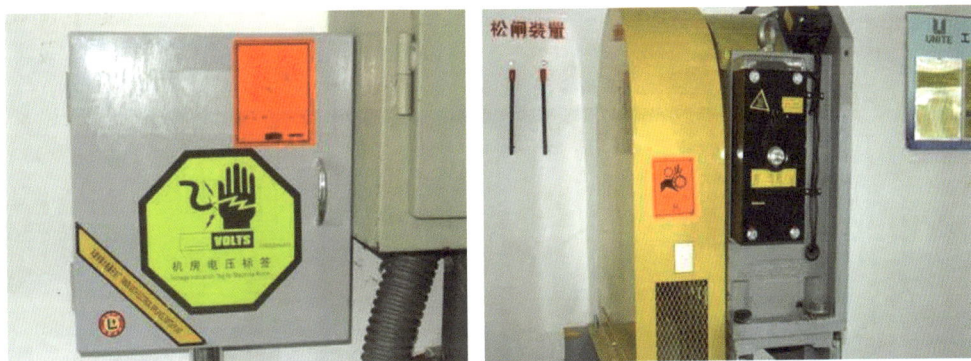

图 3-17 电梯机房内的各种标识

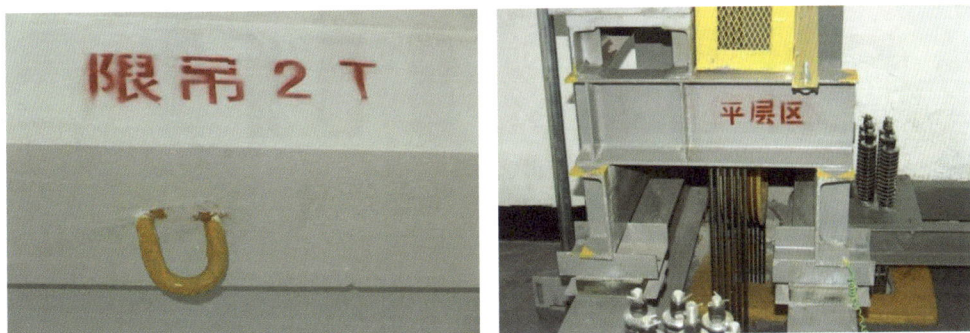

图 3-18 挂钩及限吊标识

图 3-19 平层区标识

（2）消防设施标识。

消防设施标识的类别及说明如表 3-4 所示。

表 3-4　消防设施标识的类别及说明

序号	类别	具体说明
1	主机及设备标识	含消防控制主机、网络机、消防广播、手动控制屏、界面控制台、电梯迫降控制屏、双电源配电屏、传输泵、消火栓泵、喷淋泵、应急救生器具柜、消火栓厢、钢瓶组、防火卷帘门、破玻报警器、警笛、给排风机组等标识，主要说明设备生产厂商、设备性能、主要技术参数、编号、维护状态、可控制区域、维护电话等
2	引导标识	含紧急疏散示意图、安全出口引导灯、消防电梯引导灯、避难层引导灯、消火栓引导灯。应安装布置在通道出入口、功能区前方醒目处，要求符合消防规范，有双电源供给。消防疏散图应张贴在各区域出口门背面
3	管路标识	含消防水池水箱、自动喷淋管路、消火栓控制管路、消防接合器，以红色色标为主，另须在管路中标注流向、管路性质
4	状态标识	含排风控制标识，正压送风控制开关状态标识，消防泵、消火栓泵、传输泵启动／停止标识，各类消防阀门开关状态标识，压力表、流量器具检测标识

消防设施标识示例如图 3-20 至图 3-22 所示。

图 3-20　喷淋管路颜色、文字标识

64

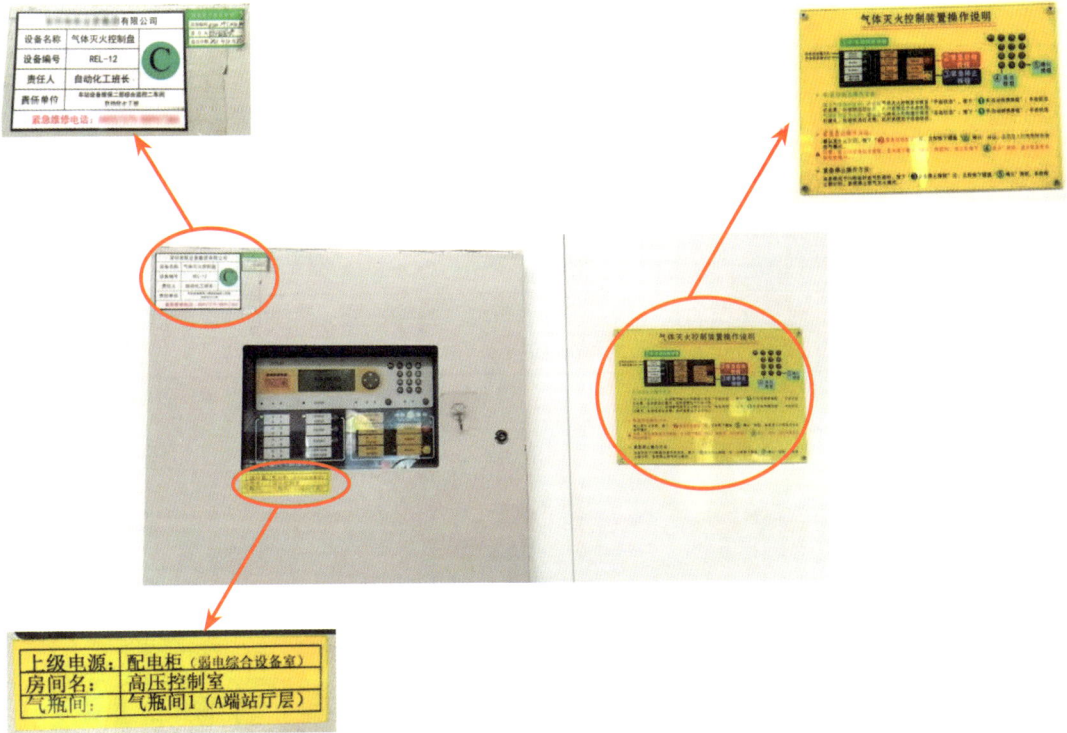

图 3-21 气体灭火控制盘上各类标识齐全、清晰

图 3-22 防火卷帘门上的标识

（3）给排水系统标识。

给排水系统标识的类别及说明如表 3-5 所示。

表 3-5　给排水系统标识的类别及说明

序号	类别	具体说明
1	设备标识	包括生活水池、水箱、生活水泵、过滤器、容积热水器、快速热水器、自控系统控制屏、污水处理反应器、控制器、雨水排放自控泵。此类标识主要是表明设备编号、名称、型号、运行状况，多以设备标牌、设备卡形式出现
2	管路标识	以色标标识为主，区分管路介质，给水管路、排水管路分别以绿色和黑色色标加流向及字标形式来标识
3	状态标识	包括水泵的投用状态、补水流量、扬程、污水处理的处理流量、排放速度、阀门的开关状态、管路额定工作压力、计量器具的校验标识

给排水系统标识示例如图 3-23 至图 3-25 所示。

图 3-23　水泵房管道上设备标识清晰

图 3-24　管道上涂红漆、文字并标流向箭头

图 3-25　每个设备的名称标识

（4）锅炉供热系统标识。

锅炉供热系统标识的类别及说明如表 3-6 所示。

表 3-6 锅炉供热系统标识的类别及说明

序号	类别	具体说明
1	设备标识	包括锅炉、除氧器、软水箱、冷凝水箱、分气缸、储油罐、齿轮泵、补水泵、控制屏等，多以设备标牌、设备卡形式出现
2	管路标识	以色标标识为主，含原水管路绿色标识、软水管路绿色为底加白环标识、回水管路以绿色为底加红环标识、排污管路黑色标识、蒸汽管路红色标识、油管橙色标识
3	状态标识	含压力大小设定、控制阀门开关状态、回水温度的高低、用油流量大小、计量器具校验后状态等

锅炉供热系统标识示例如图 3-26 所示。

图 3-26 管道标号且注明对应房间

（5）空调制冷系统。

空调制冷系统标识的类别及说明如表 3-7 所示。

表 3-7 空调制冷系统标识的类别及说明

序号	类别	具体说明
1	设备标识	含铭牌、设备编号等参数，设备有制冷机组、冷冻循环泵、冷却循环泵、冷却塔、分集水器、热交换器、热循环泵、冷凝水箱、电器控制屏

（续表）

序号	类别	具体说明
2	管路标识	以色标、字标、流向为主，如冷冻水管为蓝色、冷却水管为绿色、补水管为绿色、排污管为黑色、蒸汽管为红色、热水管为绿底蓝环
3	状态标识	含设备及管路压力大小设定、控制阀门开关状态、回水温度的高低、压差大小、油温、计量器具校验后状态等

空调制冷系统标识示例如图3-27和图3-28所示。

图3-27 管路标识以色标、字标、流向为主

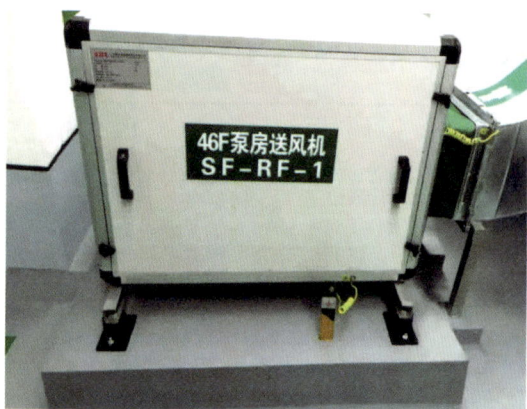

图3-28 设备名称、编号

（6）配电系统标识。

配电系统标识的类别及说明如表3-8所示。

表3-8 配电系统标识的类别及说明

序号	类别	具体说明
1	设备标识	应包括变压器、高压开关控制屏、低压开关控制屏、功率因素控制屏、直流控制屏、开关联络柜、副控制屏、模拟屏、配电设备，标识应重点反映设备编号和技术参数，以标牌形式张贴在设备醒目处
2	线路标识	含密集型母排、高压电缆、配电电缆等，应反映出线路编号、额定电流、绝缘等级，常以标签形式出现
3	状态标识	表明各负荷开关运行状态，如备用、检修、投用、断开
4	警示标识	是为确保维修、值班人员的人身安全或设备安全而设的，以挂牌标识为主。如常见的"禁止合闸，线路有人工作""止步，高压危险""小心，有电""特殊负荷，严禁拉闸"等。一般制作成磁性贴牌或挂牌，悬挂粘贴在相关的开关手柄处

配电系统标识示例如图3-29至图3-33所示。

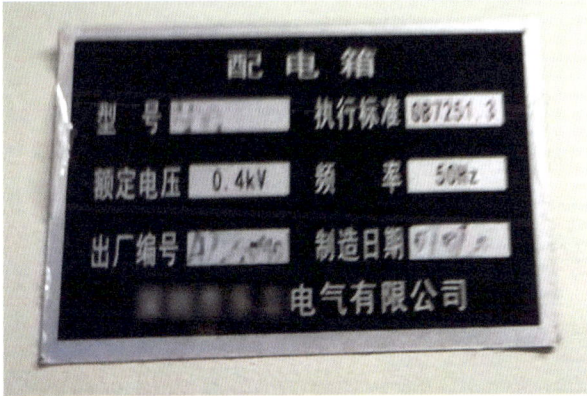

图 3-29 设备编号和技术参数

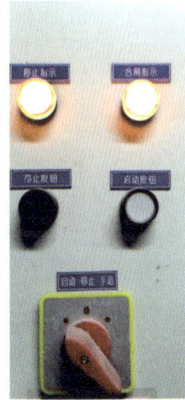

图 3-30 各种按钮标识

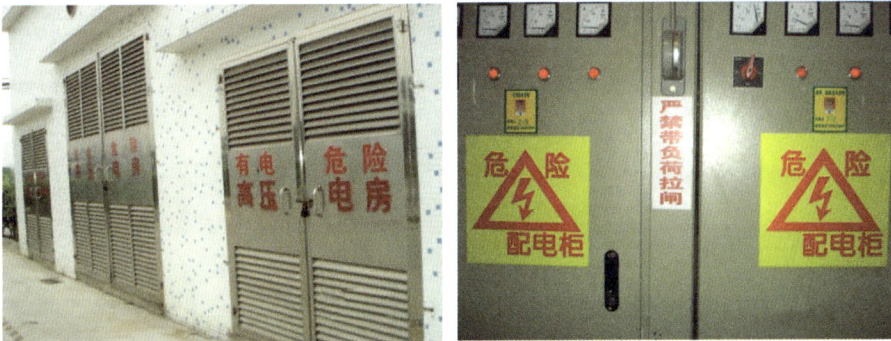

图 3-31 配电柜上的安全警示标识

图 3-32 挂上"禁止合闸"标识

图 3-33 挂上"送电"标识

（7）安全监控系统。

安全监控系统一般包括监视器、矩阵控制器、云台控制器、对讲基地台、门禁控制器、红外报警器、不间断电源、录像机、计算机、打印机、功放器等，其标识须标明编号、名称、性能、使用人等常见参数。

（8）停车场管理系统。

停车场管理系统标识常用于车位规划、车辆引导、自控等相关方面，需标识的设备一般包括停车位号、停车区、车位停车感应器、计算机读卡机、计算机计费器、道闸、阻车器等，常采用标牌、标签形式。标识的有效面积应相对较大，可采用灯箱或荧光标牌形式。

停车场管理系统标识示例如图 3-34 至图 3-37 所示。

图 3-34　停车场出入口标识

图 3-35　停车场内车位标识、防撞条、方向箭头

图 3-36　停车场地面刷环氧树脂漆，清晰明亮　　　图 3-37　停车场地面标识齐全

3. 交通道路引导标识

交通道路引导标识主要对道路交通起警示、疏导、告知作用，常采用荧光标牌的形式，单体有效面积较大，标识种类一般包括弯道、上坡、下坡、限高、限速、禁鸣、避让、单行、禁停、绕行、环行、停车、方向引导、机动车、非机动车、车位已满、私家车位、免费停车区、收费停车区、荷载等。物业企业应根据物业小区的实际道路交通状况、道路特点设置此类标识，并确保其符合国家道路交通安全法规。

交通道路引导标识示例如图 3-38 至图 3-42 所示。

图 3-38 "车位已满"的标识

图 3-39 "注意来车"标识

图 3-40 减速让行标识

图 3-41 "固定车位"标识

图 3-42 地上标注"停车位编号"

4. 安全警告标识

安全警告标识应突出其警示作用，一般以黄色、红色为主色调，比如在天台处设有"请注意！慎防坠落"，雨雪天外场用"地面湿滑，小心跌到"，施工区用"正在施工，请勿靠近""正在维修，暂停使用"，危险区常用"下有线路，请勿挖掘""煤气管路，禁止烟火""高压！止步""线路有人工作，禁止合闸""注意，当心碰头""注意！油漆未干""小心！玻璃易碎"等，以保证相关人员及设施的安全。

安全警告标识示例如图 3-43 至图 3-48 所示。

图 3-43 "小心踏步"标识

图 3-44 "小心碰头"标识

图 3-45 "注意儿童"标识

图 3-46 "请勿在车道上行走"的标识

图 3-47 "严禁高空抛物"的提醒标识

图 3-48 "小心地滑"标识

5. 公益性标识

在物业小区的公共区域应布置一定数量的公益性标识，以宣传良好风尚、影响使用人行为，如在公共卫生间内可设"节约用水""靠前方便，便后冲洗""节约用电，随手关灯"，绿地及公共区域可设"爱护花草，请勿践踏""依序停放，排列整齐""请勿喧哗""请勿吸烟""吸烟有害健康""珍惜生命，远离毒品"等。此类标识用语应注意文明礼貌，增强亲和力和感染力，以达到让人主动遵守的目的。

公益性标识示例如图 3-49 至图 3-55 所示。

图 3-49 车辆防盗提醒标识

图 3-50 防尾随提醒标识

图 3-51 运动健康提醒标识

图3-52　宠物管理提醒标识

图3-53　爱护花草树木的提醒标识

图3-54　停车熄火的标识

图3-55　贵重物品的提醒标识

3.5.2　标识的设置

1.设置地点

（1）导向标识应设在便于人们选择目标方向的地点，并按通向目标的最佳路线布置。如目标较远，可以间隔适当距离重复设置。道路分岔处应着重设置标识，具体如图3-56所示。

（2）提示标识应设在紧靠所说明的设施、单位的上方或侧面，或足以引起注意的与该设施、单位邻近的部位。

（3）环境信息标识应设在入口处或场所中最醒目处。

（4）多个标识牌设置在一起时，应按照警告、禁止、指令、提示类型的顺序，先左后右、先上后下地排列。

（5）印制、粉刷的各种标识（箭头、名称）应朝向人员能够清楚看到的位置。

（6）各运行设备应制作标准的铭牌嵌入、固定或悬挂于明显位置，便于查看和识别。

（7）园区内道路交通标识须完整，在小区入口处须有禁鸣、限速标识，在主要路口等公共地方须有引路标识。

（8）交通要道部位要有限高、限速、禁止鸣笛的标识。

图 3-56　导向标识

2. 设置高度

（1）附着式标识。

该类标识一般设置在与人眼水平视线高度大体一致的位置，或便于查看的较高位置。局部信息标识可根据具体场所的客观情况确定，其示例如图 3-57 和图 3-58 所示。

图 3-57　附着式标识

图 3-58　附于墙上的标识

（2）悬挂式标识。

悬挂式标识的下边缘距地面的高度不宜小于 2 米，如是道路交通标识，则应按规定的净空高度设置，具体如图 3-59 所示。

图 3-59　悬挂式标识

（3）柱式标识。

柱式标识的下边缘距地面高度一般为 1～2 米，具体如图 3-60 所示。

图 3-60　柱式标识

3. 安全标识要求

（1）显眼部位挂贴"消防示意图""如遇火警，请勿使用升降机"等标识，消防通道设置"消防通道出入口""地下室出入口"等标识。

（2）变压器和环网柜上挂"高压危险，请勿靠近"的告示牌。

（3）所有机房出入口应悬挂"机房重地，非请勿进"的字牌。

（4）水景附近须有"请勿戏水"标识，栏杆上须有"请勿翻越"或"禁止攀爬"标识。

（5）机电设备挂贴设备名称、设备责任人标识，标识牌挂贴在设备显眼部位。

（6）库存物资名称应挂贴于货架或物资上，库房门口应贴上"严禁烟火"的告示牌。

（7）高空作业时，在周边用警戒带圈出警戒区域，对于区域内的财产要做好防护措施，并放置"危险勿近"的告示牌。

（8）配电设备维修时，在开关上挂"有人工作，禁止合闸"的告示牌。

（9）清洁大堂或遇到潮湿下雨天气时，应在显眼部位放置"小心地滑"的告示牌。

（10）在公共场所刷油漆时，如果油漆未干而现场又无工作人员时，应在显眼部位放置"油漆未干，请勿触摸"的告示牌。

（11）施工或维修过程中要有"正在施工，请勿靠近""工作进行中""维修中"等标识。

安全标识示例如图 3-61 至图 3-65 所示。

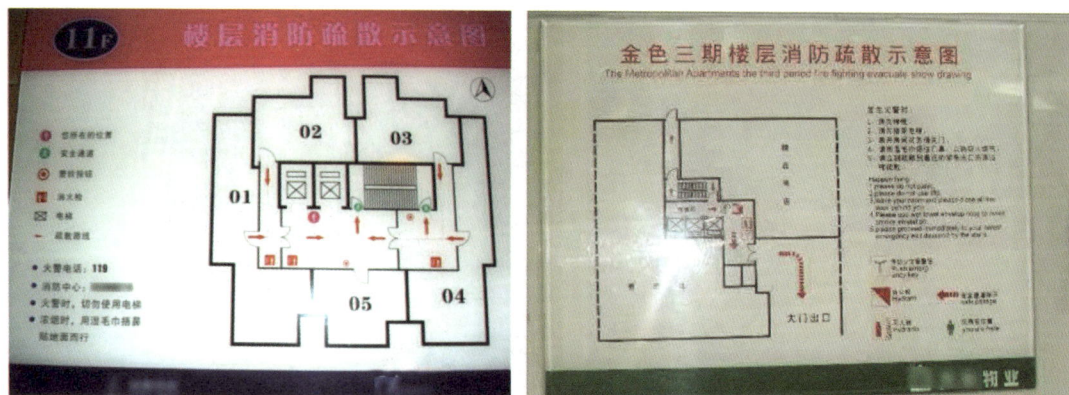

图 3-61　楼层消防示意图

图 3-62　严禁攀爬标识

图 3-63　请勿戏水标识

图 3-64 设备运行 / 维修中正反面插入标识

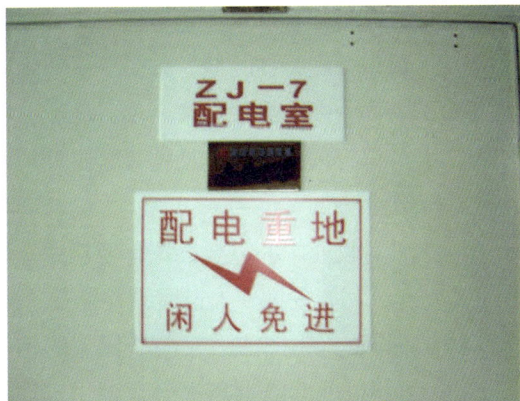

图 3-65 配电重地标识

4. 其他要求

（1）各管道按标准印制相应的介质名称、物料流向及物料对应色环，具体如图 3-66 所示。

（2）管道架应设置限高标识。

（3）主要绿化区域应设置与植物相符的绿化标识牌，对绿化植物的名称、生长习性和科别以及产地进行标识，安装位置妥当、醒目，标识清晰、完整、干净。

（4）在服务过程中，应根据服务的内容、性质在显眼位置设立提示标识，服务完成后撤除提示标识。

（5）检验不合格的物资要与合格物资隔离，并设置"不合格物资"标识。

（6）所有工作人员在上班时间必须着工装、戴工牌。

（7）各办公区域须有部门标识。

图 3-66 各管道标识

5. 标识的管理要求及注意事项

（1）标识管理要按区域、分系统落实到人，谁主管谁负责，明确使用人、责任人。

（2）对物业内外的标识按名称、功能、数量、位置统一登记建册，确保有据可查。

（3）标识管理要做到定期检查、定期清洁，对标识状态要经常验证，如有损坏或丢失应及时更换增补。

（4）针对物业中的重要标识，要建立巡场检查交接制度。特别是雨雪天使用的一些警示标识，物业公司要安排专人设置，并检查落实。

（5）标识的使用和制作应符合国家的相关标准。

（6）标识牌的制作材料要经久耐用，且安装牢固、美观。

（7）标识的字体要统一，颜色要和谐。

（8）标识牌的安装位置要准确、合适、醒目。

物业管理中的各类标识非常多，为了有效管理和正确使用，物业公司应制定相应的管理制度。以下是某公司标识管理规程范本，供大家参考。

·····【范本1】▶▶▶···

物业项目标识应用管理规程

1. 目的

规范项目各服务区域内标识的应用，为客户的工作和生活提供方便和安全保障；规避经营风险，提升公司形象；当有追溯要求时，保持唯一性标识。

2. 适用范围

适用于各项目在服务过程中应用的各类标识的管理工作。

3. 职责

3.1 各项目负责根据实际需要提出标识的制作需求；负责标识的规范使用及日常维护工作。

3.2 质管部负责公司各类标识的设计与制作；负责对公司整体标识的规范应用情况进行指导、监督。

3.3 核算部负责标识牌制作的价格审核。

4. 应用方法和过程管理

4.1 标识的管理。

4.1.1 安装和制作好的标识由区域保洁员负责日常清洁保养工作，区域管理员、秩序管理员巡逻岗负责检查、监督。

4.1.2 如发现标识已经被污染、涂抹、撕毁、破损或已失去标识意义，应及时申请更换、替补或直接撤销。

4.1.3 当所设置的固定标识需要有较大改动时，如更改部位或予以撤销，须经公司质管部审核后方可执行。

4.1.4 新旧标识更换时，优先更换业主视野范围内的，先外后内。

4.1.5 质管部不定期组织对各类标识的使用情况进行检查，对不符合公司规范要求的，进行相应处罚和责令限期整改。

4.1.6 当标识有追溯性要求时，如设备卡、灭火器，应记录其唯一性标识。

4.1.7 制作泳池、儿童游乐场所的标识时应注意其材质与工艺，要求使用有机片、有机玻璃制作且边缘不能有尖锐突出部分。

4.2 记录的标识。

4.2.1 各班组确保记录在案的标识都是有效的标识，在填写记录时应如实、完整地记录每一份标识，再由责任人签字确认。

4.2.2 项目每半年对现场所应用的标识进行统计记录和分类整理，并妥善保存。对后期需更换、撤销的标识要有计划性、可预见性。

4.3 标识的种类。

标识包括住宅小区（写字楼）楼牌、单元牌、楼层牌、门牌、作业提示牌、温馨提示牌、交通导向标识、方向指示标识、安全警示标识、公告栏及各种记录等。

4.4 标识的制作。

4.4.1 标识的设计与制作必须符合公司 VIS 手册的规定。

4.4.2 各项目根据现场工作需要提出标识的制作需求，提供相应版式给供应商，要求供应商设计出效果图或制作样本，方可进行流程审核。

4.4.3 标识规格与报价按照 OA 物资采购程序由分管副总、质管部、核算部审批。

4.4.4 标识制作、安装完成后，申请项目与采购人员负责对所有标识的效果、质量进行验收。

4.5 标识的应用规范（固定标识）。

4.5.1 服务处。

（1）服务处须张贴的标识："收费一览表""员工管理架构图""服务处工作时间""服务处内部公告栏""前台接待""收费处""禁止吸烟"等。

（2）办公区域划分标识："财务室""档案室""经理室""会议室""更衣间"等，张贴在对应门框 1.5 ～ 1.8 米高度的中间位置。

4.5.2 楼宇。

（1）大堂：要求在大堂显眼位置设置"大堂公告栏""楼层专管员""阳光大使"等，有玻璃的须粘贴防撞条。

（2）电梯轿厢：在显眼位置设置"电梯温馨提示""24 小时服务热线""电梯年检证""电梯使用须知"等，高度为 1.6 ～ 1.8 米。

（3）各楼层设置"楼号"（单元号）"楼层号""房间号"标识予以识别，电梯间设置消防疏散图，消防通道设置"消防通道出入口""地下室出入口"标识，消火栓、灭火器等设置"消火栓使用指引""灭火器使用指引"标识，楼宇内垃圾桶上方设置"火种请熄灭""垃圾请打包放入桶内"等标识牌。

4.5.3 仓库。

（1）库存物资名称挂贴于货架或物资上，在库房门口或仓库内显眼位置张贴"严禁烟火"的告示牌；危险类物品须张贴"易燃易爆物品""农药有毒，请勿靠近""腐蚀品"等标识牌。

（2）仓库按划分出的区域设置"清洁机械存放处""清洁剂存放处""清洁工具存放处""园林绿化机械存放处""化肥存放处""园林工具存放处""农药废弃物回收存放处"等标识牌，张贴在墙上1.6～2.0米高度的显眼位置。

4.5.4 设备设施。

（1）各类设备房，如配电室、水泵房、发电机房、高压专变房等均用标识牌清晰标示出名称，标识置于房门1.5～1.7米高度处或房门顶部中间位置。

（2）各类设备房内标识牌张贴要求如下。

① 机电设备按各设备名称、设备责任人标示，标识牌挂贴在设备显眼部位。

②"生活水池""消防水池"须张贴于水池入口附近显眼位置。

③"雨水立管""污水立管"须张贴于相应管道70～80厘米高度处。

④"此阀常开""此阀常闭"须悬挂于相应阀门把手上。

⑤"高压危险，请勿靠近"挂于变压器和环网柜上。

⑥"严禁合地刀"标识设置于高压供电柜显眼处。

⑦"严禁跨越，警戒黄线"设置于设备房画出黄色警戒线区域的显眼位置。

⑧"机房重地，严禁烟火""禁止吸烟"设置于发电机房、配电房、水泵房、储油房门口等设备房显眼处。

⑨"机房重地，闲人勿进"张贴在重要机房出入口处。

4.5.5 交通标识。

（1）小区内道路交通标识须完整，在小区入口处须有禁鸣、限速标识，在主要路口等地方须有引路标识。

（2）地下停车场要有限高、限重、限长、限宽、禁止鸣笛的标识，标识贴于出入口的显眼部位。

（3）停车场在相应车位处设置私家车位、临时车位、月保车位等标识，在出入口明显位置设置停车场平面图、停车场停车须知，停车场标识牌统一加贴反光材质。

4.5.6 户外。

（1）小区交通要道设置小区区域示意图，标示小区建筑构成和方位。

（2）小区显著位置须有报警电话标识。

（3）游泳池须有水深标识，及"小心地滑""请勿嬉水"等警示标识。

（4）有台阶的地方设置有"小心台阶"标识。

（5）长期湿滑的区域设置"小心地滑"标识。

（6）水景附近须有"请勿戏水"标识，栏杆显眼处有"请勿翻越"或"禁止攀爬"标识。

（7）大门门禁系统设置"请刷卡""自觉刷卡，来访登记""推""拉"等标识，离地高度为 1.3～1.5 米。

（8）小区绿化植物的名称、生长习性和科别以及产地进行挂牌标识，离地高度为 1.8～2.2 米，安装位置醒目。

4.6 标识的应用规范（服务过程中，须在显眼位置设立可移动提示标识）。

4.6.1 电梯例行检修保养时，在电梯井门口挂放"正在保养，请勿靠近"告示牌并安装围栏。

4.6.2 高空作业时，在危险区周边用警戒带圈出警戒区域，对于区域内的财产要做好防护措施，并放置"高空作业，请勿靠近"的 A 字牌。

4.6.3 配电设备维修时，在开关上挂"有人工作，禁止合闸"的挂牌。

4.6.4 清洁大堂、潮湿下雨天气时，应在显眼部位放置"小心地滑"的 A 字牌。

4.6.5 在公共场所刷油漆时，如果油漆未干而现场又无工作人员，应在显眼部位放置"油漆未干，请勿触摸"的 A 字牌或挂牌。

4.6.6 儿童娱乐设施、游池、健身房、桑拿房等公共娱乐设施暂停开放期间，应在显眼位置挂"暂停使用"告示牌 ；清洁时，须放置"正在清洁"的挂牌或 A 字牌。

4.6.7 维修、清洁公共卫生间设施时，放置"正在维修，请勿靠近""正在清洁"的 A 字牌。

4.6.8 小区公共设施施工、维修时须有"前方施工，注意安全""正在维修，请勿靠近"的 A 字牌或挂牌。

4.6.9 楼内保洁员在进行楼道、楼层保洁工作时，应在单元防盗门处或楼层显著位置放置"正在清洁"的 A 字牌。

4.6.10 泳池清洗时，应在泳池入口显眼位置放置"水质处理，暂停使用"的告示牌。

4.6.11 绿化消杀时，应在消杀现场显眼位置放置"消杀进行中"或"此区域消杀中，请勿靠近"的 A 字牌或挂牌。

4.6.12 路面抢修时，应在路面维修处用警戒带圈出警戒区域，放置"施工中，请绕行"的 A 字牌。

4.6.13 停车场车位停满后，须在车场入口处放置"车位已满"标识（有电子设备提示的除外）。

····【范本 2】▶▶···

某物业公司消防设施设备的标识要求

物业管理区域内的消防设施、设备标识，由各责任部门分别负责管理。物业公司须按照消防规范要求，配备各种消防设备、设施标识，并将其安装在合适、醒目的位置上。各种标识不得随意挪作他用，责任部门应认真落实每月进行全面普查的规定，保证各种标识的完好性。

一、总平面布局标识

1. 标识内容

在单位总平面图上标明消防水源（天然水源、单位室外消火栓及可利用的市政消火栓）、水泵接合器、消防车通道、消防安全重点部位、安全出口和疏散路线、主要消防设施位置、建筑消防设施、消防标识图例等内容。

设有专职消防队的单位还应标明专职消防队及车辆位置、特殊灭火剂储存位置及储量等内容。

对多层公众聚集场所还应当每层设置平面布局标识，着重标明本层疏散路线、安全出口、室内消防设施位置等内容；宾馆、饭店等住宿场所的房间内设置消防安全疏散示意图。

2. 设置位置

标识应设置在物业区域内主要出入口附近等醒目位置，且标识外应采用荧光膜。

3. 标识规格

总平面布局标识设置在室内的，标识面积不应小于1平方米；设置在室外的，标识设置面积不应小于1.5平方米；楼层布局标识面积不应小于0.35平方米，具体如下图所示。

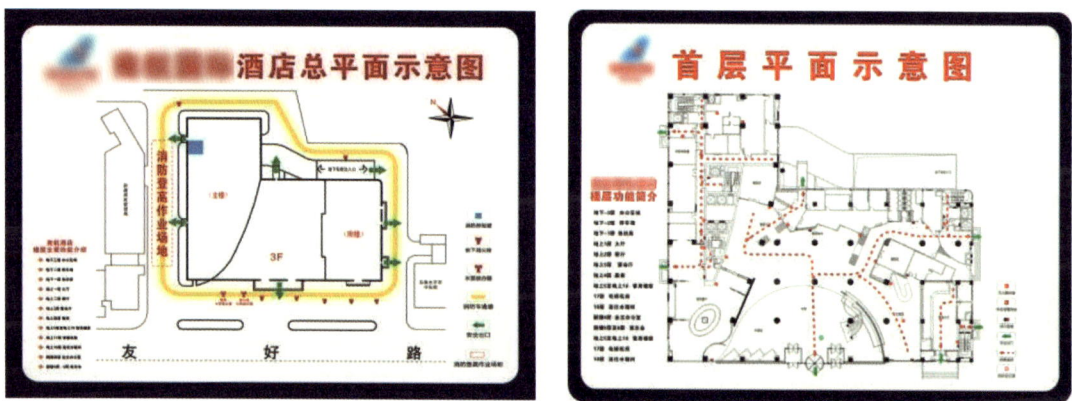

总平面布局图及消防安全疏散图示例

二、消防车道标识

（1）标识内容：一般为"消防车道，严禁占用"字样，具体如下图所示。

（2）设置位置：消防车道地面上或临近建筑的墙面上，应与消防车道同宽，并采用荧光漆涂刷。

消防车道标识

三、防火间距标识

（1）标识内容："此处 × 米内为防火间距，严禁占用"字样，具体如下图所示。

（2）设置位置：与临近建筑相临的墙面或地面上，应与防火间距同宽，采用荧光漆涂刷。

防火间距标识图例

四、设备设施名称标识

（1）标识内容：根据规范要求标明消防器材、设施名称及其所在位置。

（2）设置位置：可设置在消防器材、设施上或其上方、侧方。

五、操作使用标识

1.标识内容

根据规范要求标明使用方法、操作空间及维护责任人、检查维护时间等。消火栓、防火卷帘门等消防设施操作场地易被埋压、圈占的部位必须标明操作场地。

2.设置位置

可设置在消防器材、设施上或其上、侧方，也可与消防设施名称标识一并设置。

3.标识规格

标识面积不应小于0.05平方米，不应大于0.1平方米。

4.消防设施器材标识图例

（1）火灾自动报警系统标识主要有火灾自动报警系统、火灾探测器、手动报警按钮、主报警控制器、区域报警控制器、消防联动控制柜、消防通讯、火灾事故广播等，具体如下图所示。

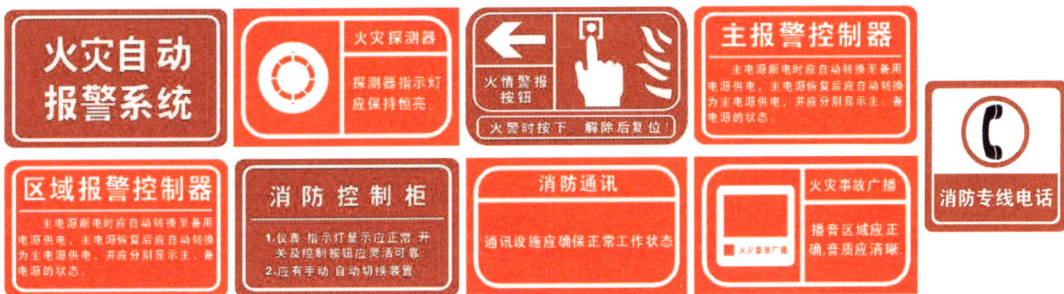

火灾自动报警系统标识图例

（2）自动喷水灭火及室内消火栓系统标识主要有消防水池、消防水箱、消火栓泵、喷淋泵、稳压增压泵、气压泵、湿式报警阀组、预作用报警阀组、干式报警阀组、干湿两用阀、雨淋阀、减压阀组、喷头、消防管道、消防泵、喷淋泵、控制柜、稳压泵、增压泵、水喷淋末端放水装置、室内消火栓、消防水喉、室外消火栓、水泵结合器、消防给水管道各阀门启闭标识等，具体如下图所示。

自动喷水灭火及室内消火栓系统标识图例

（3）防排烟及通风空调系统标识主要有送风机、排烟机、送风口、排烟口、前室或合用前室、走廊、大厅排烟口、中庭排烟口、地下排烟口、送风管道、排烟管道、排烟防火阀、正压送风机、机械排烟风机等，具体如下图所示。

防排烟及通风空调系统标识图例

（4）防火卷帘、防火门设施标识主要有防火卷帘门、易熔合金、防火卷帘门的联动控制装置、电动防火门、钢制或木质防火门、挡烟垂壁等，具体如下图所示。

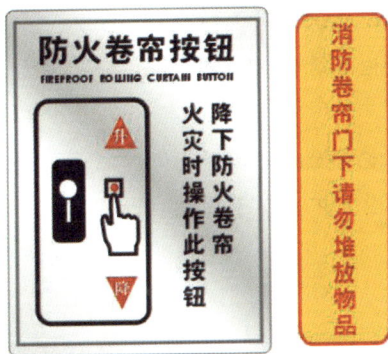

防火卷帘、防火门设施标识图例

（5）气体灭火系统标识主要有灭火剂贮存容器、贮瓶间、喷嘴、防护区、管道、主报警控制器功能、灭火控制器（柜）、防护区声光报警器、气体释放指示灯、防护区等，具体如下图所示。

气体灭火系统标识图例

（6）消防电源控制柜侧方应设置认知和操作使用标识。

（7）灭火器材标识主要有灭火器设置点、灭火器材箱、火灾警报装置、室内消火栓、室外消火栓等，具体如下图所示。

灭火器材标识图例

六、建筑自动消防设施管理标识

（1）标识内容：系统（设施）名称、生产厂家、型号、安装单位、安装时间、维保单位等，具体如下图所示。

（2）设置位置：消防控制室墙面醒目位置。

（3）标识规格：标识设置面积不应小于0.35平方米。

标识图例

七、消防安全疏散标识

1. 疏散指示标识

（1）标识内容：疏散指示，具体如下图所示。

（2）设置位置：疏散指示标识应根据国家法律法规、消防技术标准设置在安全出口、疏散通道的上方、转角处及疏散走道1米以下的墙面上，并应采用符合法律规定的灯光疏散指示标识、安全出口标识，标明疏散方向、疏散宽度。

疏散指示标识示例

2. 疏散警示标识

（1）标识内容："禁止锁闭""禁止堵塞""禁止通行"等内容，具体如下图所示。

（2）设置位置：单位安全出口、疏散楼梯、疏散走道应设置疏散警示标识，标明"禁止锁闭""禁止堵塞"等警示性内容。火灾时禁用的出口、楼梯、电梯应设置提示性禁行标识。

（3）标识规格：标识设置面积不应小于0.05平方米，不应大于0.1平方米。

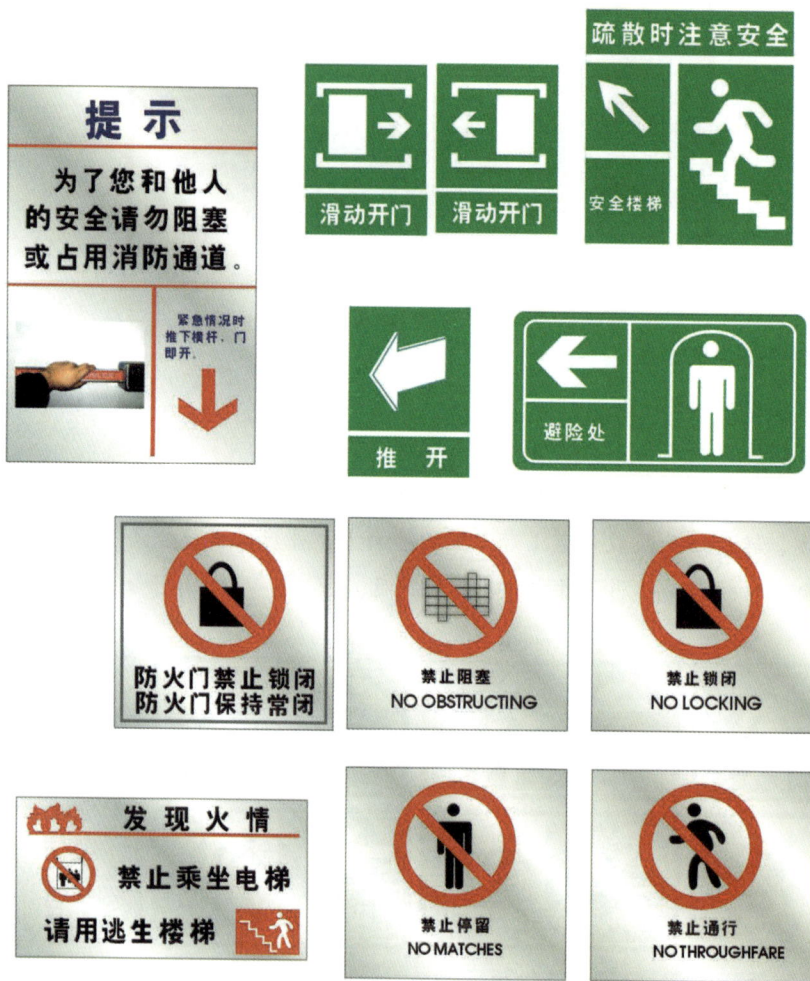

疏散警示标识示例

八、危险场所安全警示标识

（1）标识内容：标示出危险物品名称或禁止事项，具体如下图所示。

（2）设置位置：设置于放置危险物的危险场所。

（3）标识规格：标识设置面积不应小于0.05平方米，不应大于0.1平方米。

安全警示标识示例

九、消防安全管理规程标识

（1）标识内容：消防安全管理规程、操作程序等，具体如下图所示。

（2）设置位置：墙面上醒目位置。

（3）标识规格：标识设置面积不应小于0.35平方米。

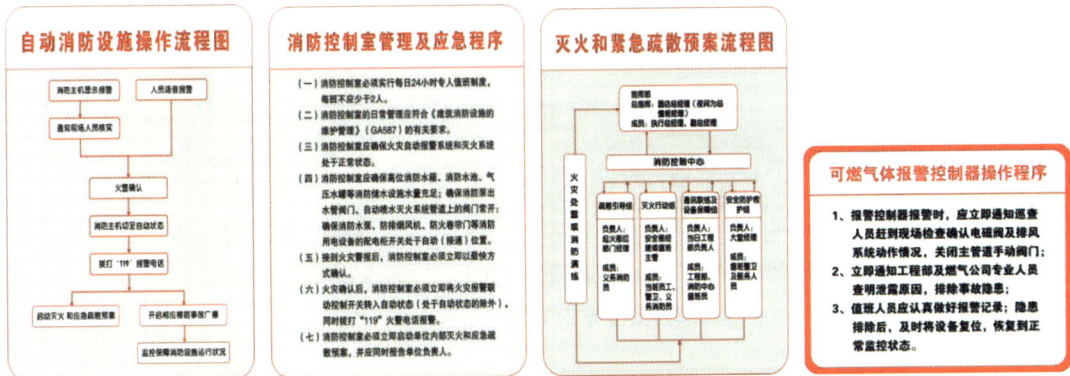

安全管理规程标识示例

十、消防宣传标识设置

1. 消防安全法规标识

（1）标识内容：《中华人民共和国消防法》《机关、团体、企业、事业单位消防安全管理规定》《人员密集场所消防安全工作通告》等消防法律法规、消防安全规定，具体如右图所示。

（2）设置位置：人员密集场所大门前、主要疏散通道或者人员聚集区域。

消防安全法规标识示例

（3）标识规格：标识设置面积不应小于0.35平方米。

（4）制作要求：可利用电子屏、固定宣传版面等方式设置。

2. 消防职责制度标识

（1）标识内容：消防安全管理承诺内容或单位规定制度、岗位消防安全职责等。

（2）设置位置：重点部位、重要场所、生产岗位、消防办公室的墙面上及公众聚集场所的主要疏散通道上。

（3）标识规格：标识设置面积不应小于0.35平方米。

3. 消防安全常识标识

（1）标识内容：宣传单位安全生产经营理念的标语口号、公共场所防火事项、火灾报警、安全疏散、逃生自救常识等，具体如下图所示。

（2）设置位置：单位重点部位、重要场所、生产岗位及人员密集场所的主要疏散通道、人员聚集区域等适当的位置。

（3）标识规格：标识设置面积不应小于0.35平方米。

消防安全常识宣传标识牌（1）

消防安全常识宣传标识牌（2）

2

第二部分

实施篇

第4章　整理的实施

　　所谓整理，就是使事物整齐而有条理，使事物的处理简单化，也就是说将我们的工作场所中（或负责的部门范围内）的物品、机器设备清楚地区分为需要品与不需要品，对于需要品加以妥善的保管，不需要品则另行处理或报废。

　　开展整理活动可以避免以下问题：

· 空间变得过于拥挤；
· 箱子、料架、杂物等堆积成山，阻碍员工交流；
· 使员工浪费过多时间用于寻找零件和工具；
· 杂乱的现场物品会产生安全问题；
· 不需要的物料和设备使得正常服务发生困难；
· 对于业主与租户的服务响应变慢。

　　整理是一种"分类"的过程，具体如图4-1所示。

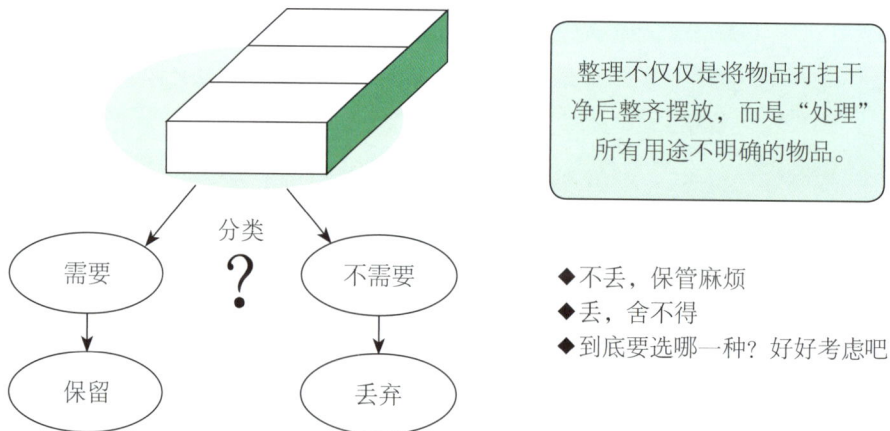

整理不仅仅是将物品打扫干净后整齐摆放，而是"处理"所有用途不明确的物品。

分类

需要 ？ 不需要

保留 丢弃

◆不丢，保管麻烦
◆丢，舍不得
◆到底要选哪一种? 好好考虑吧

图 4-1　整理活动示意图

整理的具体过程如图4-2所示。

```
┌─────────────────────────────┐
│        设定准则             │
│  将需要和不需要的物品区分开来   │
└─────────────────────────────┘
              │
┌─────────────────────────────┐
│      确定不需要的物品        │
└─────────────────────────────┘
              │
┌─────────────────────────────┐
│   开展"寻宝"活动，定点摄影    │
└─────────────────────────────┘
              │
    有 ◇─────────────◇
      ＜  小组中有共识吗  ＞
        ◇─────────────◇
              │ 没有
┌─────────────────────────────┐
│   寻求解决办法，如修改准则    │
└─────────────────────────────┘
              │
┌─────────────────────────────┐
│  把红色标签张贴在不需要的物品上 │
└─────────────────────────────┘
              │
┌─────────────────────────────┐
│    将不需要的物品再分类      │
└─────────────────────────────┘
              │
┌─────────────────────────────┐
│     处理不需要的物品         │
│ （包括丢弃、放回仓库或卖掉）   │
└─────────────────────────────┘
```

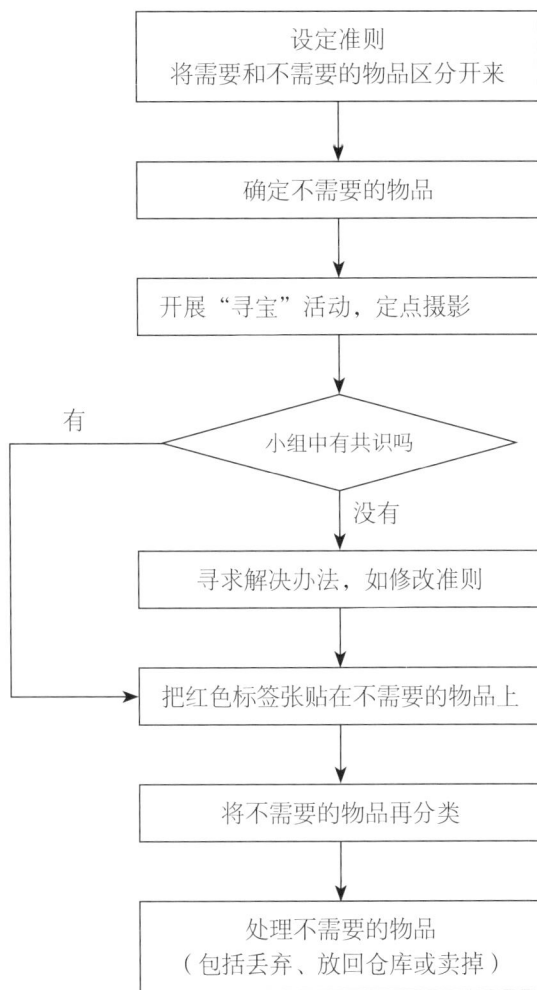

图 4-2　整理过程图

4.1　制定整理三大基准

4.1.1　要与不要的基准

"全部都有用，全都不能扔"是 6S 推行的一大阻力，特别是对于一些工程技术人员来说，因为他们认为某些物品不管存放多久，终有一天会用到的，所以他们把这些"非必需品"藏的藏、盖的盖，完全违背了 6S 的原则。其实"非必需品"的摆放所造成的浪费远远大于其潜在的利用价值，所以必须把看得到和看不到的地方进行全面彻底的整理。这需要制定一份"必需品与非必需品的判别基准"，让员工清楚知道哪些是"真正需要"的，哪些是"确实不需要"的（如表 4-1 所示）。

表 4-1　要与不要的判别示例

真正需要的	确实不要的	
1. 正常的机器设备、电气装置； 2. 工作台、板凳、材料架； 3. 台车、推车、拖车、堆高机； 4. 正常使用的工装夹具； 5. 尚有使用价值的消耗用品； 6. 原材料、半成品、成品和样本； 7. 栈板、图框、防尘用具； 8. 办公用品、文具； 9. 使用中的清洁工具、用品； 10. 各种使用中的海报、看板； 11. 有用的文件资料、表单记录、书报、杂志； 12. 其他必要的私人用品	地板上	1. 废纸、杂物、油污、灰尘、烟蒂； 2. 不能或不再使用的机器设备、工装夹具； 3. 不再使用的办公用品； 4. 破烂的栈板、图框、塑料箱、纸箱、垃圾桶； 5. 呆滞料和过期品
	工作台和架子上	1. 过时的文件资料、表单记录、书报、杂志； 2. 多余的材料； 3. 损坏的工具、样品； 4. 私人用品、破压台玻璃、破椅垫
	墙壁上	1. 蜘蛛网； 2. 过期和老旧的海报、看板； 3. 破烂的信箱、意见箱、指示牌； 4. 过时的挂历、损坏的时钟、没用的挂钉
	天花板上	1. 不再使用的各种管线； 2. 不再使用的吊扇、挂具； 3. 老旧无效的指导书、工装图

4.1.2　保管场所基准

保管场所基准指的是"要"与"不要"及其存放场所的判断基准。我们可以根据物品的使用次数、使用频率来判定物品应该放在什么地方才合适。制定标准时应对保管对象进行分析，根据物品的使用频率来明确其应放置的场所（见表 4-2）。

表 4-2　物品常用程度判决表

常用程度	使用频率
低	过去一年都没有使用过的物品（不能用或不再用）
	在过去的 6～12 个月中只使用（可能使用）过一次的物品
中	（1）在过去的 2～6 个月中只使用（可能使用）过一次的物品； （2）1 个月使用 1 次以上的物品
高	（1）1 周使用 1 次的物品； （2）每天都要使用的物品； （3）每小时都要使用的物品

在明确保管场所的标准时，尽量不要按照个人的经验来判断，否则无法体现出 6S 管理的科学性。以下提供一份物业企业所使用的"物品的使用频率与保管场所"范例供参考（如表 4-3 所示）。

表 4-3 物品的使用频率与保管场所

	使用频率	处理方法	建议保管场所
不用	全年未使用一次	废弃 特别处理	待处理区
少用	平均2个月~1年用1次	分类管理	集中场所（工具室、仓库）
普通	1~2个月用1次或以上	置于工作区内	各摆放区
常用	1周使用数次； 1日使用数次； 每小时都使用	工作区内随手可取的地方	如机台旁、办公桌旁、个人工具箱

注：应视企业具体情况决定划分类别及相应的保管场所。

4.1.3 废弃处理基准

不要物品通常要按照以下两个原则进行处理。

其一，区分申请部门与判定部门。

其二，由一个统一的部门来处理不要物品。

例如，工程部负责不要的设备、工具、仪表、计量器具的档案管理和判定；6S推行办公室负责不要物品的审核、判定、申报；销售部负责不要物品的处置；财务部负责不要物品处置资金的管理。

以下提供不要物品的处理清单供参考（如表4-4所示）。

表 4-4 不要物品处理审批单

部门：　　　　　　　　　　　　　　　　　　　　　　　　　　　　　　　　　年　月　日

物品名称	规格型号	单位	数量	处理原因	所在部门意见	推委会意见	备注

制表：　　　　　　　　　　审核：　　　　　　　　　　批准：

4.2 进行现场检查

对工作现场进行全面检查，检查内容包括各种有形和无形的东西、看得见和看不见的地方，特别是不易被注意到的地方，如设备内部、桌子底部、文件柜顶部等。各部门检查的重点如表4-5所示。

表 4-5　各部门的检查重点

部门	区域或部位	关注要点
物业工程部	地面	（1）有没有"死角"或凌乱不堪的地方； （2）闲置或不能使用的输送带、机器、设备、台车、物品等； （3）品质有问题的待修品或报废品； （4）散置于各角落的清扫用具、垃圾桶等； （5）设备房不该有的东西，如衣服、拖鞋、雨伞、皮包等
	架子、柜子或工具箱	（1）扳手、铁锤、钳子等工具杂存于工具箱或柜子内； （2）散置于架子或柜子上的破布、手套、剪刀
	办公桌、事务柜	（1）任意摆置于桌面上的报表、文卷、数据； （2）毫无规划地陈列于事务柜内的档案资料
各事务部门、客服中心等	公文、资料	（1）是否有不用或过期的公文、资料被任意摆放； （2）私人文件资料是否掺杂于一般资料内； （3）公文、资料是否定期或定时归档
	办公桌、办公室	（1）办公桌上是否摆放与工作无关的物品或资料； （2）办公室内是否有各种不需要的物品
	档案夹、事务柜	（1）档案夹是否任意放置于办公桌或事务柜内； （2）档案夹或事务柜是否已经破旧不堪； （3）是否定期清理档案夹内已经过期的文件、资料
仓库	储存区域	（1）储存区域是否规划妥当，有无空间浪费； （2）是否直接将材料放在地上
	材料架	（1）材料架上是否有好几年没用过的材料； （2）是否有好几种材料混放在一起

4.3　非必需品的清理与判定

4.3.1　什么是必需品和非必需品

所谓的必需品，是指经常使用的物品，如果没有它，就必须购入替代品，否则会影响正常工作。

而非必需品则可分为两种：一种是使用周期较长的物品，例如一个月、三个月甚至半年才使用一次的物品；另一种是对目前的服务或工作无任何作用的、需要报废的物品，例如已经过期的图纸、坏的零配件和设备等。

必需品和非必需品的区分及处理方法如表 4-6 所示。

表 4-6　必需品和非必需品的区分及处理方法

类别	使用频度		处理方法	备注
必需物品	每小时		放工作台上或随身携带	
	每天		现场存放（工作台附近）	
	每周		现场存放	
非必需物品	每月		仓库储存	
	三个月		仓库储存	定期检查
	半年		仓库储存	定期检查
	一年		仓库储存（封存）	定期检查
	两年		仓库储存（封存）	定期检查
	未定	有用	仓库储存	定期检查
		不需要用	变卖 / 废弃	定期检查
	不能用		废弃 / 变卖	定期检查

4.3.2　清理非必需品的着眼点

清理非必需品的原则是看该物品现在有没有"使用价值"，而不是原来的"购买价值"，同时注意以下几个着眼点。

（1）整理前须考虑的事项如下：

① 考虑为什么要清理以及如何清理；

② 规定定期进行整理的日期和规则；

③ 在整理前要预先明确现场需放置的物品；

④ 区分要保留的物品和不需要的物品，并向员工说明保留的理由；

⑤ 划定保留物品安置的地方。

（2）对暂时不需要的物品进行整理时，当不能确定今后是否还会有用，可根据实际情况来决定一个保留期限，先暂时保留一段时间，等过了保留期限后，再将其清理出现场，同时进行认真的研究，判断这些物品是否还有保留的价值，并弄清保留的理由。

4.3.3　非必需品的判定——贴红牌

判定一个物品是否有用，并没有一个绝对的标准。有些物品是很容易判定的，如破烂不堪的桌椅等；而有些物品的判定则很困难，如一些零部件的库存。

1.非必需品的判定步骤

（1）把那些非必需品摆放在某一个指定场所，并在这些物品上贴上红牌。

（2）由指定的判定者对这些物品进行最终判定，决定将其卖掉、挪用、修复还是修理等

（见图 4-3）。

红色贴纸编号：001		
物品名称：办单	数量：75 张	
分类	☐ 原材料 ☐ 半制成品 ☐ 制成品 ☐ 机器／仪器	☐ 零件 ☐ 工具 ☑ 文件 ☐ 其他：＿＿＿＿
不要原因	☑ 永远不需用 ☐ 现时不需用 ☐ 次货 ☐ 剩余物资	☐ 贮存过量 ☐ 过时货品 ☐ 不清楚有什么用 ☐ 其他：＿＿＿＿
处理不需要 物品的方法	☑ 丢弃 ☐ 卖掉 ☐ 退回	☐ 放回仓库 ☐ 留在工作场所附近地方 ☐ 其他：＿＿＿＿
张贴日期： 20×× /×× /××	执行日期： 20×× /×× /××	执行员： 赖 ××

实施要点

- 用挑剔的眼光看
- 像"魔鬼"一样严厉地贴
- 贴在"有问题"的对象上，如设备、推车、踏板、工装或刀具架、桌椅、资料柜、模具或备品架、材料或产品容器、作业空间等
- 请勿贴在人身上
- 如果对某物品有所犹豫，请贴上红牌

实施对象

- ●任何不满足"三定""三要素"要求的
- ●工作场所的不要物品
- ●需要改善的事、地、物
- ■超出期限的（含过期的标语、通告）　■物品变质的（含损坏物）
- ■物品可疑的（不明之物）　■过多的东西（虽会使用但过多）
- ■物品混杂的（合格品与不合格品、规格或状态混杂）
- ■不使用的东西（不用又舍不得丢的物品）
- ●有油污、不清洁的设备
- ●卫生死角

图 4-3　红牌的使用要点

2. 非必需品判定者

由于需要判定的物品很多，并且有难以判断的物品，为了高效地完成判定工作，可以根据对象物的不同分层次确定相应的判定责任者，具体如图 4-4 所示。

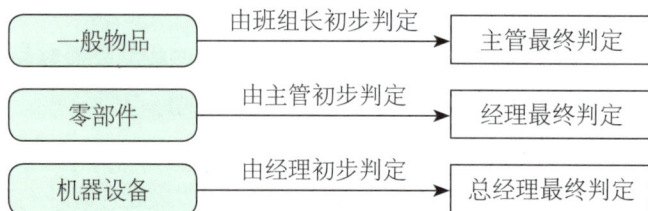

一般物品	由班组长初步判定 →	主管最终判定
零部件	由主管初步判定 →	经理最终判定
机器设备	由经理初步判定 →	总经理最终判定

图 4-4　非必需品判定者

　　非必需品可以统一由推行委员会来判定，也可以设计一个有效的判定流程，由各个不同部门对各类物品进行判定。

　　3. 判定的注意事项

　　（1）对那些贴有非必需品红牌的物品，要约定判定的期限，判定的拖延将影响 6S 活动的进行，因此，要迅速对这些物品进行判定，以便后续处理工作及时完成。

　　（2）当那些贴有非必需品红牌的物品被判定为有用物品的时候，要及时向物品所属部门具体说明判定的依据或理由，并及时将其重新安置和摆放。

4.4　非必需品的处理

4.4.1　处理方法

　　一般来说，非必需品有以下几种处理方法（如图 4-5 所示）。

改用于其他项目或其他需要的部门

实在无法发掘其使用价值的物品，交由专业公司回收

改用

修理、修复

废弃处理

对不良品或故障设备进行修理、修复，恢复其使用价值

作价卖掉

与供应商协商退货或（以较低的价格）卖掉，回收货款

- 若该物品有使用价值，但可能涉及专利或企业商业机密，应按企业具体规定进行处理
- 如果该物品只是一般废弃物，经过分类后可将其出售
- 该物品没有使用价值，可根据企业的具体情况折价出售或作为培训、教育员工的工具

图 4-5　非必需品的处理方法

4.4.2　建立一套非必需品废弃的程序

　　为维持整理活动的成果，最好建立一套非必需品废弃申请、判断、实施及后续管理的程序和机制，以便为整理工作的实施提供制度上的保障。生产现场许多无用的物品，尤其是大件物品，即使大家都认为是无用的、应该废弃的，但都不清楚该如何废弃，只好任由它们摆放在现场。建立物品废弃的申请和实施程序，就是制定一套相应的标准，明确物品废弃的提

出、审查、批准和处理办法。

一般来说，非必需品废弃的申请和实施程序一定要包括以下内容。

（1）物品所在部门提出废弃申请。

（2）技术或主管部门确认物品无利用价值。

（3）相关部门确认物品无再利用的可能性。

（4）财务等部门确认。

（5）高层负责人进行最终的废弃处理认可。

（6）由指定部门实施废弃处理，填写废弃单并保留备查。

（7）财务部门进行销账处理。

4.5 对整理进行评估

整理进行到一定阶段，必须对工作成果进行评估，具体可运用表4-7来进行。

表4-7 整理评估表

地点： 部门： 日期：

分数： 4——100% 3——75%～99% 2——50%～74% 1——25%～49% 0——0～24%			
序号	需要整理的区域	分数	如果分数小于4，指出对策，并明确时间安排和负责人
1	无用的盒子、货架和物料箱		
2	废弃的备件和设备		
3	不需要的工具箱、手套和橱柜		
4	剩余的维修物品		
5	个人物品		
6	过量存货		
7	无用的文件		
8	"一就是最好"：一套工具/文具（见图4-6）		
9	"一就是最好"：一页纸的表格/备忘		
10	"一就是最好"：文件放在一处共享		
其他			

图4-6　一套工具

同时，要对不要的库存品、设备及无用空间进行统计，具体如表4-8至表4-10所示。

表4-8　不要的库存品一览表

部门：　　　　　　　　　　　　　检查者：　　　　　　　　　　　日期：

序号	品名	规格	数量	单位	金额	不要品区分	价值	备注

表4-9　不要的设备一览表

部门：　　　　　　　　　　　　　检查者：　　　　　　　　　　　日期：

序号	设备名	设备区分	资产号	数量	单价	取得金额	使用日期	累计折旧	账册	设备场所	备注

表4-10　无用空间一览表

部门：　　　　　　　　　　　　　检查者：　　　　　　　　　　　日期：

序号	地点	管理责任人	面积（m²）	使用预定	备注

对于没有做好的事项，要发出纠正及预防措施通知（6S CAR）并进行跟踪，具体如表4-11所示。

表4-11　纠正及预防措施通知

合格点的说明		NC 编号：　6S CAR10093003
审核日期：　2022年9月26日		审核员/记录员：　张三
审核地点：　保洁工具房		违反标准：　2.7

改善前照片及不合格点的说明

纠正及预防措施：
物料与工具分类定位，物料干湿分区

纠正人：罗四　　　　　　　纠正日期：2022年9月30日

改善后照片

物料分类摆放　　　　　　物料干湿分区

跟进结果：9月30日已经进行分区、分类摆放　　　跟进者：梁五

审批：赵六　　　　　　　　　日期：2022年9月30日

4.6 每天循环整理

整理是一个永无止境的过程。现场每天都在发生变化,昨天的必需品在今天可能就是多余的,今天需要的物品与明天需要的物品可能也有所不同。整理员在"日日做、时时做",偶尔突击一下、做做样子的话,就失去了整理的意义。所以,应要求工作人员每天循环整理,具体如图 4-7 所示。

图 4-7 每天循环整理

4.7 设置固定整理日

由于大多员工整天低头忙于工作,很难有时间将非必需物品和必需物品区分开来,所以设定固定的"整理日"进行定期整理,有利于减少工作现场的非必需物品。

所谓"定期整理日",也就是在固定的日期,选派特定的小组,参照"整理标准表"在现场进行巡回检查,当场将不常用的物品移走,或将贴有"废弃物品详单"的物品进行废弃处理。

为了将"定期整理日"的活动固定下来,要尽量避开月初或者月末等较忙的时间,并且在确定具体实施日期的同时确定现场巡回区域。

在现场要以"整理标准表"决定处理结果,将不用的物品清理掉,要做到判断、处理绝不拖延,按照既定的处理方法当机立断地予以执行。

第5章　整顿的实施

所谓整顿，就是将整理后所留下来的需要品或所腾出来的空间进行整体性的规划（定位、标示）。整顿的目的就是为需要品找一个固定的位置，以便在需要它时，能不加思索地在最短时间内取用。

5.1　整顿的作用

如果没有做好整理和整顿工作，工作环境杂乱无序，会使我们找不到所需要的物品，造成时间和空间的浪费，同时还可能造成资源的浪费与短缺，使一些品质优良的物品沦为"废品"，而废品地却堂而皇之地"躺在"重要的位置。

为消除以上浪费就必须要加强整顿，整顿工作能带来以下好处。

（1）创造一目了然的现场，就算不是本岗位的人员也能明白相应的要求和做法。

（2）出现异常情况，如丢失、损坏等能马上发现，并及时处理。

（3）提高工作效率，减少浪费和非必需的作业。

（4）缩短寻找物品的时间。

整顿的作用及效果示意如图 5-1 至图 5-3 所示。

图 5-1　物品摆放一目了然

图 5-2　将电源线捆扎好

图 5-3　整顿后的监控室桌面

5.2　整顿的执行流程

整顿的执行流程如图 5-4 所示。

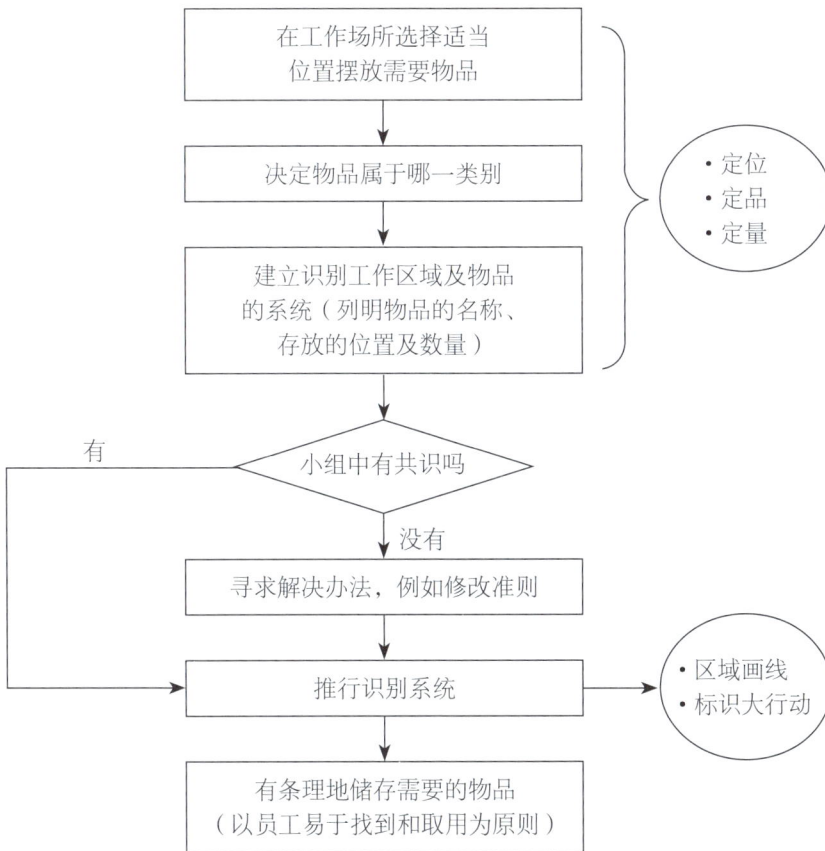

图 5-4　整顿的执行流程

5.3 整顿的关键在三定

整顿的关键在三定：定位（在何处，即场所标识）、定品（何物，即品目标识）、定量（几个，即数量标识）。而三定的方法则是实施看板作战。

5.3.1 定位

定位就是根据物品的使用频率和使用便利性，决定物品所应放置的场所，其示意如图5-5和图5-6所示。一般来说，使用频率越低的物品，应该放置在距离工作场地越远的地方。通过对物品的定位，能够维持现场的整齐，从而提高员工的工作效率。

图5-5 自行车、摩托车停车位规划

图5-6 垃圾桶定位

1. 定位的要点

（1）将该定位的地方做好标识。

（2）标识分为地域标识与编号标识。

（3）地域标识可用英文字母（A、B、C）或数字（1、2、3）来表示。编号标识以数字表示较理想，最好由上而下按1、2、3排序。其示意如图5-7所示。

（4）棚架上绝对不要放东西。

图5-7 地域标识可用英文字母或数字表示

物品定位须遵循两个原则：一是位置要固定，二是根据物品使用的频率和使用的便利性来决定物品放置的场所。

2. 定位的原则

定位须遵循两个原则：一是位置要固定，二是根据设备、物品使用的频率和使用的便利性来决定其放置的场所。其示意如图 5-8 和图 5-9 所示。

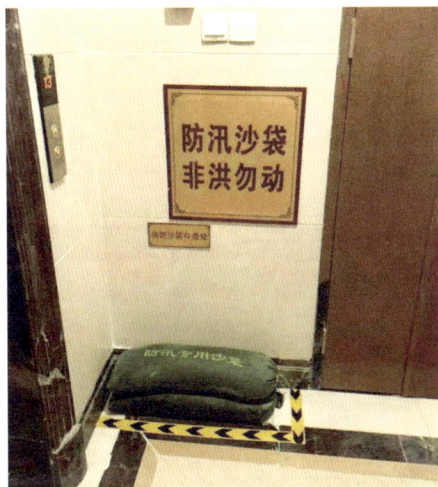

图 5-8 防汛沙袋的定位

图 5-9 喷淋设备的定位

3. 定位的方法

（1）全格法。

全格法即根据物体的形状，用线条将其所在区域框起来，其示意如图 5-10 至图 5-13 所示。

图 5-10 水泵房内物品、设备的定位

图 5-11 电动车存放位置的定位

图 5-12　停车位的定位

图 5-13　地下车库充电站的定位

（2）直角法。

即只定出物体关键角落。如定位小型工作台、办公桌时，可在其四角处用油漆画出定位框或用彩色胶带贴出定置框。其示意如图 5-14 至图 5-17 所示。

图 5-14　直角法定位办公桌

图 5-15　直角法定位垃圾筒

图 5-16　直角法定位打印机

图 5-17　直角法定位电话机

（3）形迹法。

物业服务或工作过程中经常使用的物品通常被存放在各式各样的柜、台、架等固定位置上，使用的时候可以从其存放处取出，使用完毕放回原处。常用的定位方法有形迹法，就是依物品的形状画出其外形轮廓，并按其定位，便于取用和归位，其示意如图5-18所示。

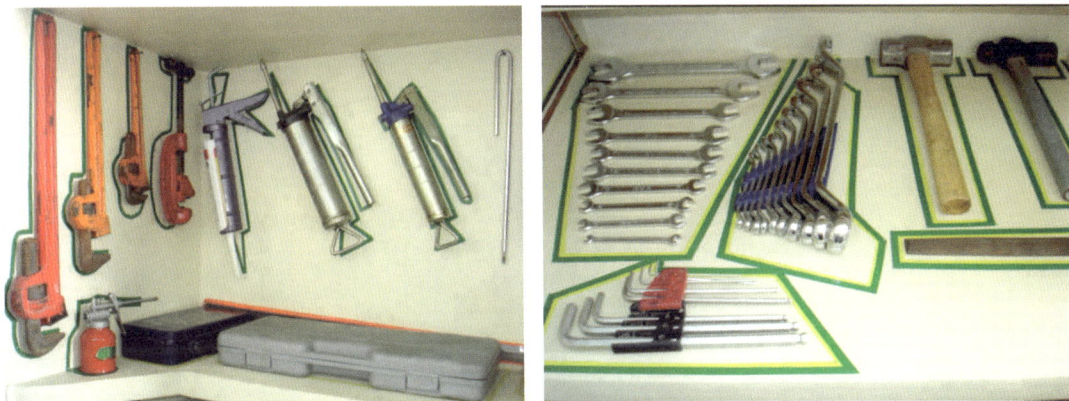

图5-18 采用形迹法给工具定位

5.3.2 定品

定品的目的是让所有人，甚至是新进员工一眼就看出在某个地方放置的是什么物品，其示意如图5-19所示。定品的要点如下。

（1）放置的东西要标示清楚。

（2）要有看板的机能。

（3）要能轻易地变换位置。

图5-19 物品品目标识

5.3.3 定量

定量的目的是让库存品可以一眼就看出数量，不是说"大概""大约"，而是要很清楚地说出具体数量。实施要点如下。

（1）要限制物品放置场所或棚架的大小。

（2）要明确地显示最大库存量及最小库存量（如图 5-20 所示）。

① 最大库存量——红色。

② 最小库存量——黄色。

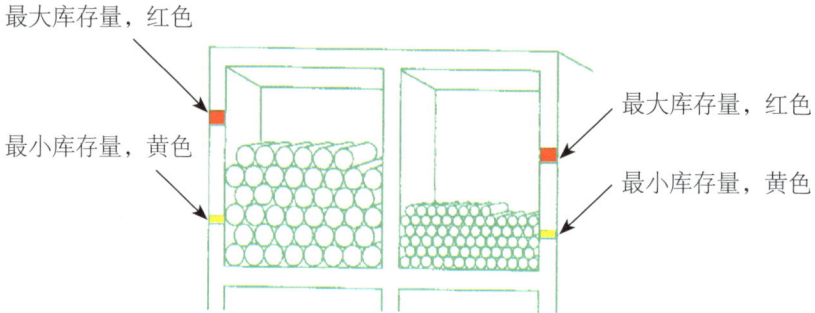

图 5-20　最大库存量及最小库存量标识

（3）与其用数字不如改为标记。

（4）一眼就可以说出数量（不用算）（如图 5-21 所示）。

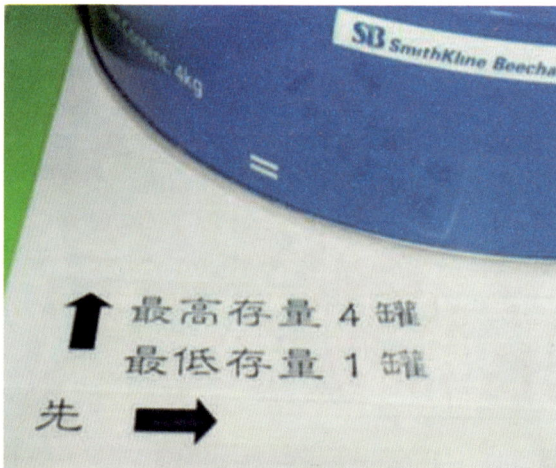

图 5-21　库存数据标识

5.4 识别工作区域

识别工作区域有两件重要的事要做，其一是将划定的区域画线（见图5-22），其二是设立标识。

图5-22 区域画线

5.4.1 区域画线

1. 地板颜色选择

地板要根据其用途，利用颜色加以区分，其示意如图5-23所示。作业区一般使用方便作业的颜色，休闲区则要用舒适、让人放松的颜色。通道依据作业区的位置来设立，但其弯位要尽量小。

图5-23 地板涂上颜色

2.画线要点

决定地板的颜色后，接下来是将这些区块画线。画线时要注意以下几点。

（1）通常使用油漆，也可以用有色胶带或压板。

（2）从通道与作业区的区块开始画线。

（3）决定右侧通行或左侧通行（最好与交通规则相同——右侧通行）。

（4）出入口的线应采用虚线。

（5）对于现场中要注意之处或危险区域，可做出相关标识。

3.区块画线

把通道与作业区划分开的线称为区块画线，通常用黄线，也可以用白线。其实施要点如下。

（1）画直线。

（2）要清楚醒目。

（3）减少角落弯位。

（4）转角要避免直角。

4.出入口线

标记能够出入的区域的线称为出入口线，一般用黄线标示。画线要点如下。

（1）区块画线是实线，出入口线是虚线（如图5-24所示）。

（2）应从作业者的角度来设计出入口线。

5.通道线

首先要决定是靠左通行或靠右通行（最好与国内交通规则相同，靠右通行）。画线要点如下（如图5-25所示）。

（1）一般用黄色或白色，并且有箭头。

（2）一般画在一定间隔处或是角落附近，同时不要忘记楼梯处。

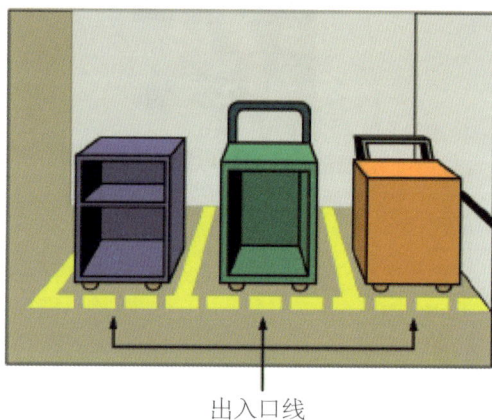

出入口线

图5-24　出入口线示意图

出入口、通道及运输方向线

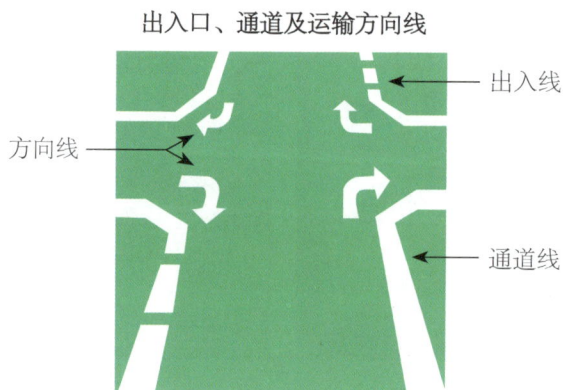

出入线

方向线

通道线

图5-25　通道线示意图

6. 老虎标记

老虎标记是指黄色与黑色相间的斜纹所组成的线，与老虎的毛色相似，所以称之为老虎标记。需画老虎标记的地方有：通道的瓶颈处、墙根处、横跨通道处、阶梯处、电气感应处、起重机操作处、头上有物处、机械移动处等。

老虎标记的画线要点如下。

（1）要能够很清楚地被看到。可用油漆涂或贴上黑黄相间的胶带，如图5-26和图5-27所示。

（2）通往通道的瓶颈处要彻底地修整使之畅通。

图5-26　楼梯画上老虎标记　　　　图5-27　墙上粘上老虎标记胶带

7. 置物场所线

放置物品的地方称作放置场所，标示放置场所的线即置物场所线，其示意如图5-28所示。

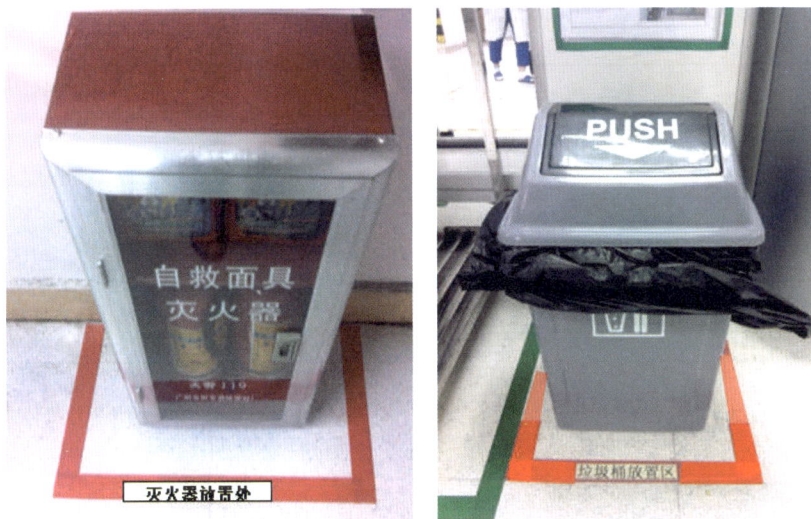

图5-28　置物场所线

其画线要点如下。

（1）清理出物品等的放置场所。

（2）清理出作业台、台车、灭火器等的放置场所。

（3）明确各区域画线的颜色、宽度和线型。

5.4.2 贴上识别标识

完成上一步的工作后，接下来就是在定置的位置贴上标识，其示意如图5-29所示。

图5-29 贴上各类标识

1. 标识的材料

大部分标识会随时间的推移而氧化，字迹、颜色和粘贴的胶水等也会渐渐脱落。所以，要针对场所、位置、物品等选用不同的材料（如表5-1所示），使之保持更长时间并容易维护。

表5-1 标识的材料

材料	适用位置	效用	维护方法
纸类	普通物品、人或物挨碰触摸机会少的地方	比较容易标示和方便随时标示	将纸张过一层胶，防止挨碰触摸或清洁时对其造成损害
塑胶	场所区域	防潮、防水，易于清洁	阳光的照射会使胶质硬化、脆化或变色，应尽量避免阳光照射
油漆	机械设备的危险警告，如"小心有电"等	不容易脱落，时刻保持提醒作用，而且易于清洁	定期翻新保养

2. 标识的规格

标识的大小及规格能直接影响到整体美观，如在两个大小一样的包装箱上，包装箱A的标识非常大，而包装箱B的标识非常小，就不合适。

3. 标识的字体

标识的文字最好打印（见图5-30和图5-31），这样易于统一字体和大小规格，而且比较标准和美观。手写的也可以，但最基本的要求是字迹清晰，让任何人都能看得清楚、读得明白。

图 5-30　将标识的文字打印出來

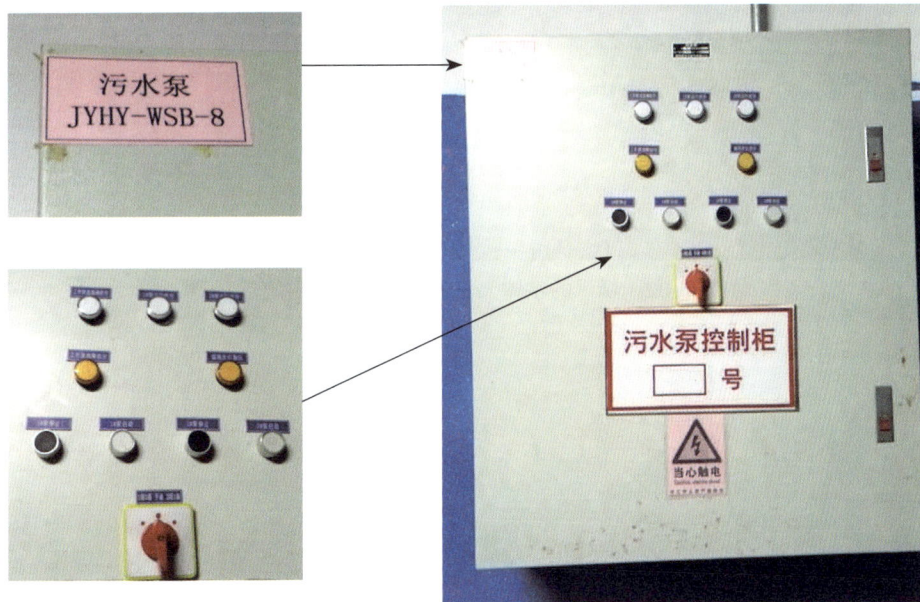

图 5-31　污水泵控制柜上的各类标识文字用印刷体

4. 标识的颜色

标识的颜色要使用恰当，这样不易造成误会。由于颜色要比文字更醒目，有时不需要看清文字便知道大概的意思，所以颜色也必须要统一。

> 不需要进行标识的地方和物品绝不要胡乱地标识，以免工作区域的每个角落都贴满小标牌。但如果涉及需要归位的物品，则一定要做标识。

5. 标识的粘贴

标识必须要粘贴好，特别是一些危险、警告、不良等标识，并且要经常检查是否有脱落现象。有时可能会因某张标识的脱落而导致严重的错误发生。

6. 标识用词规定

标识的用词应予以规定（见图5-32）。如"临时摆放"的标识，必须规定该标识的使用时间。有些员工把"临时摆放"一贴，结果过了几个月物品还在原处摆放着。所以，要想办法控制这类标识的使用。

总之，在活动开始时就要做好标识的统一规定，不要等做完以后才发现问题重新做，这样会浪费很多的人力、物力。

图5-32　标识的字体大小、格式进行统一规定

第 6 章　清扫的实施

清扫是将工作场所、设施设备彻底打扫干净，使工作场所保持干净、宽敞、明亮，并使不足、缺点凸现出来。其目的是维护作业安全，减少各种灾害，保证工作质量（如图 6-1 所示）。

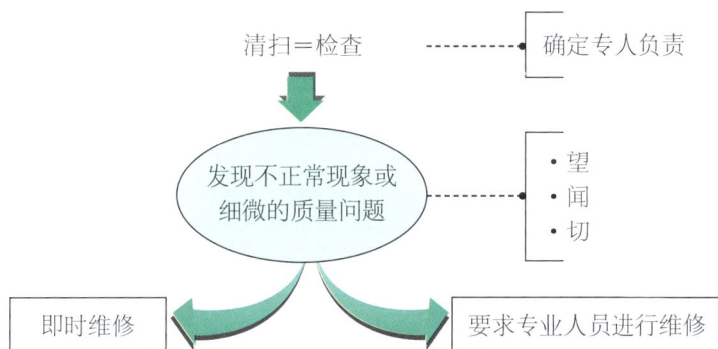

图 6-1　清扫活动示意图

6.1　清扫实施的工作程序

清扫实施的工作程序如图 6-2 所示。

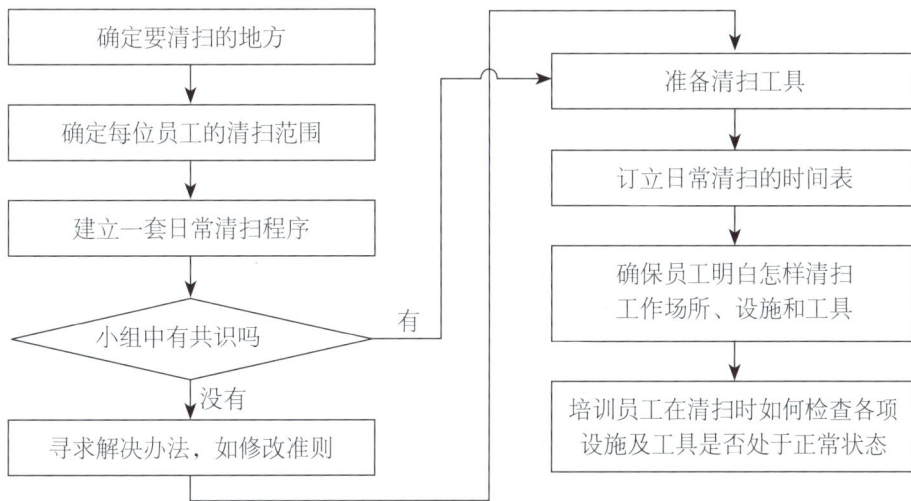

图 6-2　清扫实施的工作程序

6.2 确定清扫的对象

清扫的对象主要有物品放置场所、设备、空间三类。

6.2.1 物品放置场所

企业所拥用的物品各式各样，其放置的场所也有很多，所以在清扫之前必须了解要清扫什么。物品放置场所的清扫对象为：绿化保洁物资仓库、工具仓库、员工食堂仓库、行政办公用品放置处等。

6.2.2 设备

与设备有关的清扫对象为：各类物业设施设备、工具、刀具、量具、车辆、搬运工具、作业台、橱柜、桌子、椅子、备品等。

6.2.3 空间

空间的清扫对象为：地面、作业区、通道、墙壁、梁柱、天花板、窗户等。

6.3 清扫前的准备工作要做足

6.3.1 确定清扫责任区域与人员

清扫前须确定清扫责任人及清扫周期（是每天清扫或是隔日清扫）。具体要做到以下几点。

1. 清扫责任区域分配

以平面图（如图6-3所示）的形式，把现场的清扫范围划分到各部门单位，再由各部门单位划分至个人。公共区域可采用轮值和门前承包的方式确定责任人。具体步骤如下。

（1）绘制工作场所位置图。

（2）根据位置图划分责任区域。

（3）分配清扫任务责任者。

（4）将最终结果公布在显眼的地方。

责任区域	责任人	色别
A区	班组长	红
B区	员工	黄
C区	员工	绿
D区	员工	蓝

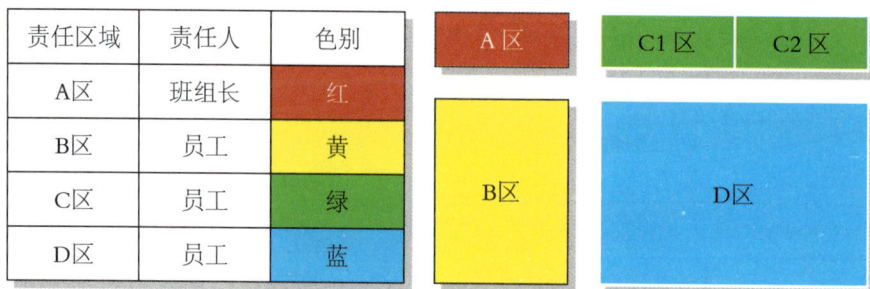

图 6-3 清扫位置责任图示例

2.责任区描述及清扫频率安排

对责任区进行划分并确定责任人后，还要进一步进行描述，并确定清扫频率（如表6-1所示），这样可以防止一些边界地带成为无人管理区。

表 6-1　办公区域清扫频率安排表

责任人：

清洁项目		日常作业 每天	清洁内容 每周	清洁标准
地面		清扫、拖地灭菌1次		无尘渍、无纸屑、无污渍、无痰渍，保持光洁
墙身		保洁	清抹墙身1次、灭菌1次	无尘渍、无污渍、无痰渍
门	玻璃	保洁	用玻璃清洁剂刮3次	无手印、无尘渍、无污渍、光洁明亮
	木	保洁	清洁3次	无尘渍、无污渍
	铝合金	保洁、清抹1次		无手印、无污渍
计算机、电话		清抹1次	灭菌消毒4次	无污渍
办公台、会议台、文柜隔板等		清抹1次	灭菌3次	无尘渍、无污渍
坐椅、沙发、茶几		清抹1次	用清洁剂清抹4次	干净、无尘
窗	玻璃	保洁	清刮2次	无手印、无尘渍、无污渍、光洁明亮
	窗台	清抹1次	灭菌消毒2次	无污渍、无尘渍
地脚线		保洁	清抹2次	无污渍、无尘渍
废纸篓、烟灰缸		更换垃圾袋1次	清洗垃圾篓2次	无污渍
灯饰、风口、天花板		保洁	清抹2次	无蜘蛛网、无尘渍
指示牌、悬挂牌		保洁	清抹4次	无尘渍
茶水间	地面	清洗1次、保洁	灭菌消毒3次	无污渍、无尘渍、无水渍
	水池	清洗1次、保洁	灭菌消毒3次	无污渍
	热水器	清洗表面1次		无污渍

6.3.2　公共区域清扫日程化

企业应对清扫作业进行日程化管理。特别是公共区域可采用轮流值日制。制定日程表的步骤如下。

（1）确定公共区域范围，如会议室、休息室、洗手间、图书室等。

（2）进行任务分配，确定使用人、责任人。

121

（3）将清扫作业清理出来，依程序逐日分配清扫任务。

（4）编制日程表并进行公告，编制轮值表（如表6-2所示），各责任人相互传阅。

表6-2　清扫值日一览表

共同区域：行政人事部办公室

日期	责任人	监督（检查）人
每周星期一	张××	彭××
每周星期二	王××	彭××
每周星期三	罗××	彭××
每周星期四	刘××	彭××
每周星期五	赵××	彭××
（1）责任人负责当日的地面清洁工作，督促公共区域的清洁工作（包括文件柜顶、门、窗户、墙角、垃圾篓等公共设施）； （2）督促员工将文件夹按序摆放，并将当天处理过的文件及时整理、归类、存档； （3）监督人负责进行安全检查，确保下班时关闭空调和计算机、门窗上锁等； （4）其他人员负责自己的桌面整洁及垃圾清理工作，并负责公共区域责任区的清洁工作		

6.3.3　决定清扫部位、要点、重点

决定了由谁来执行经常性的清扫后，接下来则是考虑清扫部位、要点及重点，具体如表6-3所示。

表6-3　清扫部位及要点、重点（设备／附属机械／周围环境）

清扫部位	清扫要点及难点
1.控制盘、操作盘内外	（1）有无不需要的物品、配线； （2）有无劣化部件； （3）有无螺丝松动、脱落
2.设备驱动机械、部品（如链条、链轮、轴承、电动机、风扇、变速器等）	（1）有无过热、异常声音、震动、缠绕、磨损、松动、脱落等； （2）有无润滑油泄漏； （3）点检润滑作业的难易度
3.仪表类（如压力、温度、浓度、电压、拉力等的指针）	（1）指针摆动是否正常； （2）指示值是否正常； （3）有无管理界限； （4）点检的难易度等
4.配管、配线及配管附件（如电路、液体、气体等的配管、开关阀门、变压器等）	（1）有无内容／流动方向／开关状态等标识； （2）有无不需要的配管器具； （3）有无裂纹、磨损
5.设备框架、外盖、信道、立脚点	点检作业难易度（明暗、阻挡看不见、狭窄）

（续表）

清扫部位	清扫要点及难点
6. 地面（如信道、作业场地及其区划、区划线等）	（1）有无区划线，是否模糊不清； （2）不需要物、指定物品以外的放置； （3）通行与作业的安全性
7. 墙壁、窗户、门	（1）有无脏污； （2）有无破损

6.3.4　准备清扫用具

整理出来的清扫用具，要放置在容易取用、容易归位的地方。一般的清扫用具主要有以下几种。

（1）扫帚：对于切屑或粉末散落满地的现场，首先应使用扫帚清扫地板。

（2）拖把：主要用于擦拭地板。

（3）抹布：作业台、办公桌、机械类等，原则上应使用抹布清扫；灰尘或尘埃多的场合使用湿的抹布，需要磨光或除去油污者使用干抹布。

某企业开展 6S 时准备的清扫工具如图 6-4 所示。

图 6-4　开展 6S 的清扫用具

6.4　实施清扫工作

6.4.1　扫除工作岗位一切垃圾灰尘

工作人员要自己动手开展清扫工作（见图 6-5 至图 6-8），清除常年堆积的灰尘污垢，不留死角，将地板、墙壁、天花板甚至灯罩的里边打扫得干干净净。在工作岗位内设置一个区域，在这个区域内，所有看得到的或看不到的物品与机器设备都要进行清扫。而清扫的目的就是要扫除一切垃圾和灰尘。清扫工作应该全员参与。

图 6-5 全员开展清扫活动

图 6-6 办公空间清扫

图 6-7 办公室柜子清扫

图 6-8　设备房清扫

6.4.2　清扫、检查机器设备

设备应一尘不染、干干净净，而且每天都要保持这样的状态。设备的清扫工作应由设备的管理责任人负责，具体如图 6-9 所示。

图 6-9　设备清扫

企业应把设备的清扫与检查、保养结合起来。常言道，清扫就是点检。通过清扫可以把污秽、灰尘清除掉，这样设备的磨耗、瑕疵、漏油、松动、裂纹、变形等问题就会彻底地暴露出来，也就可以采取相应的改善措施，使设备处于完好整洁的状态。

为了使操作者能胜任设备点检工作，企业应对操作者应进行一定的专业技术知识和设备原理、构造、机能等方面的培训。培训工作可由专业技术人员负责，并且尽量采取轻松的方式开展。

6.5 检查清扫结果

6.5.1 检查项目

在清扫结束之后要进行清扫结果的检查，检查项目主要包括以下几个方面。

（1）是否清除了污染源。

（2）是否对地面、窗户等地方进行了彻底的清扫和破损修补。

（3）是否对机器设备进行了从里到外的、全面的清洗和打扫。

清扫部位和清扫要求都应明确地以表格形式固定下来（见表6-4），相关人员每日按照要求进行检查，并把检查结果记录下来，作为员工或部门6S考核的依据。

表6-4　设备间6S区域清扫检查表

区域位置：　　　　　　　　值日人员：

项目	清扫部位	清扫周期	要求	年　月					
				1	2	3	4	…	31
机器设备	内外部污垢、周边环境	停机时	眼观干净，手摸无积压灰尘						
			地面无明显废屑						
地面	表面	每天	保持清洁，无污垢、碎屑、积水等						
	通道		无堆放物，保持通畅						
	摆放物品		无杂物，物品摆放整齐无压线						
	清洁用具		归位摆放整齐，保持用品本身干净						
墙/天花板	墙面	每天	干净，无蜘蛛网，所挂物品无灰尘						
	消防		灭火器指针指在绿色区域，有定期点检						
	开关、照明		部门人员清楚每一个开关所控制的照明设备						
			标识清楚，干净无积尘，下班时关闭电源						
	门窗		玻璃干净，门及玻璃无破损，框架无积尘						

（续表）

项目	清扫部位	清扫周期	要求	年　月					
				1	2	3	4	…	31
墙/天花板	公告栏	1次/周	无灰尘，内容及时更新						
	天花板	有脏污时	保持清洁，无蛛网、无剥落						
工作台办公桌	桌面	每天	摆放整齐、干净，无多余垫压物						
	抽屉		物品分类存放、整齐清洁，公私物品分开放置						
	座椅/文件		及时归位，文件架分类标示清楚						
箱/柜	表面		眼观干净，手摸无尘，无不要物						
	内部		分类摆放、整齐清洁						
茶桌	茶杯/茶罐		摆放整齐，茶瓶表面干净无污渍						
	表面		保持清洁，无污垢、积水等						
工具设备	表面		不使用时归位放置，摆放整齐、稳固，无积尘，无杂物，放在设备上的物品要整齐						
设备间负责人签字									

注：（1）每天上午9：00由值日员工确认，合格的在相应栏内打"○"，不合格的应立即整改；不能立即整改的，先画"△"，待整改后画"√"。

（2）每天上午9：00以后，区域负责人检查确认，并在确认栏签字，检查情况记入6S个人考核记录表。

6.5.2　检查方法

除了 6S 活动委员会的定期巡查之外，现场管理人员如何快速检查本部门的清扫效果呢？尤其是人多事杂的部门，如果逐个工序、逐个项目地检查，既耗时又费力。这里推荐一个轻松方便的方法——白手套检查法。

开展检查时，检查人员双手都戴上白色干净的手套（尼龙、纯棉质地均可，如图 6-10 所示）。在检查相关的对象之前，先向该区域的责任人员展示你的手套，然后在检查对象的相关部位来回刮擦数次，接着再重新向责任人员展示手套，由责任人员自己判定清扫结果是否良好。如果手套有明显脏污，则证明清扫工作没做好，反之则说明清扫符合要求。

这种方法简单明了，检查结果客观公正，具有极强的可操作性。在绝大多数情况下，当事者都乐于接受检查结果，不会产生抵触情绪，因为结果自己也亲眼看到了，管理人员也用不着多费口舌。检查结束后，当事人一般都会积极配合进行改善活动。

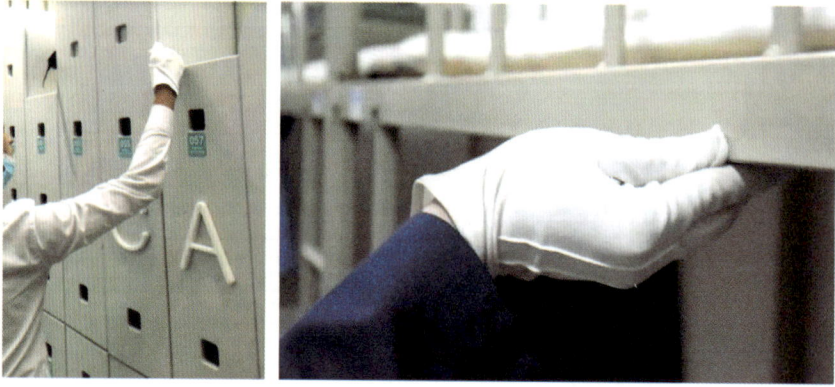

图 6-10　戴上白手套进行检查

第7章　清洁的实施

清洁就是将整理、整顿、清扫活动进行到底，并且使该项工作制度化、管理公开化及透明化。清洁的标准包含以下三个要素。

（1）干净。

（2）高效。

（3）安全。

清洁实施的工作程序如图7-1所示。

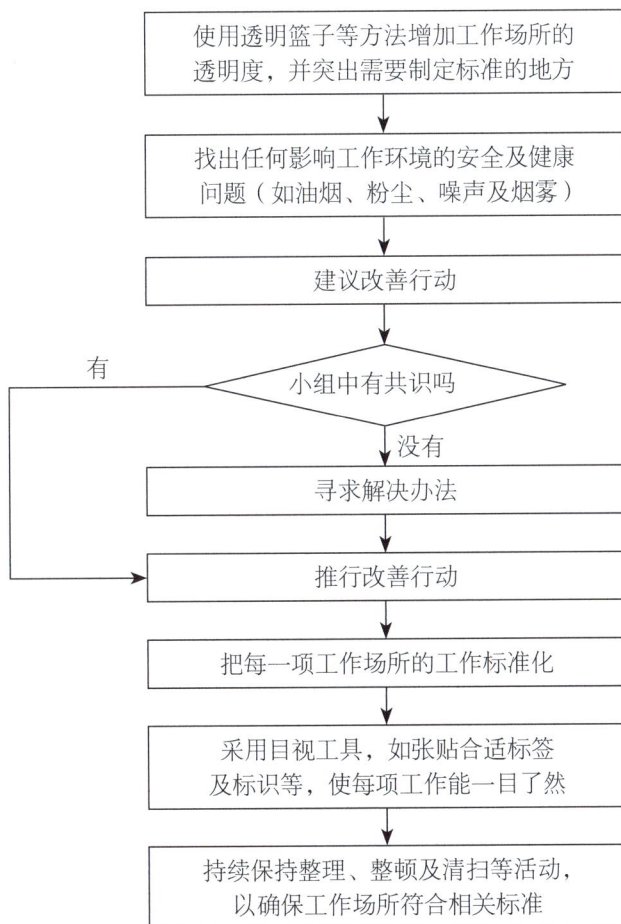

```
┌─────────────────────────────┐
│ 使用透明篮子等方法增加工作场所的  │
│ 透明度，并突出需要制定标准的地方  │
└─────────────────────────────┘
              │
              ▼
┌─────────────────────────────┐
│ 找出任何影响工作环境的安全及健康  │
│ 问题（如油烟、粉尘、噪声及烟雾）  │
└─────────────────────────────┘
              │
              ▼
┌─────────────────────────────┐
│        建议改善行动           │
└─────────────────────────────┘
              │
      有      ▼
   ◄──────◇ 小组中有共识吗 ◇
   │          │
   │        没有│
   │          ▼
   │  ┌─────────────────────────┐
   │  │      寻求解决办法        │
   │  └─────────────────────────┘
   │          │
   └─────────►▼
      ┌─────────────────────────┐
      │      推行改善行动        │
      └─────────────────────────┘
              │
              ▼
┌─────────────────────────────┐
│    把每一项工作场所的工作标准化   │
└─────────────────────────────┘
              │
              ▼
┌─────────────────────────────┐
│ 采用目视工具，如张贴合适标签     │
│ 及标识等，使每项工作能一目了然    │
└─────────────────────────────┘
              │
              ▼
┌─────────────────────────────┐
│ 持续保持整理、整顿及清扫等活动，  │
│ 以确保工作场所符合相关标准      │
└─────────────────────────────┘
```

图7-1　清洁实施的工作程序

7.1 前 3S 检查

在开展清洁工作时，要对前 3S 工作效果进行检查，制定出详细的检查表，以明确整理、整顿、清扫的状态。

7.1.1 检查的重点

3S 检查的重点主要如下。

（1）周遭是否有不必要的东西？

（2）工具可以立即使用吗？

（3）每天早上有没有做扫除工作？

（4）工作结束时有没有做收拾整理工作？

7.1.2 不符合项的改善

检查时如果发现不符合项，责任人员一定要在发现问题处贴红牌，将不符合项拍摄下来，提出改善建议，填写"6S 问题改善单"（如图 7-2 所示）并进行跟踪，直到相关问题得以改善。

6S 问题改善单

责任单位：　　　　　　　　　　编号：

项目区分		□物料　□产品　□电气　□作业台 □机器　□地面　□墙壁　□门窗 □文件　□档案　□看板　□办公设备 □运输设备　□更衣室　□厕所
红牌原因	问题现象描述	
	理由	
发单人		
改善期限		
改善责任人		
处理方案		
处理结果		
效果确认		□可（关闭）　□不可（重新提出对策） 确认人：

> 用纸一定要是红色的，以起到警示作用。

图 7-2　6S 问题改善单

7.2　设定"责任者"，加强管理

"责任者"（负责的人）必须以较厚卡片和较粗字体标示，且张贴或悬挂在责任区最显眼的地方，其示意如图7-3至图7-10所示。

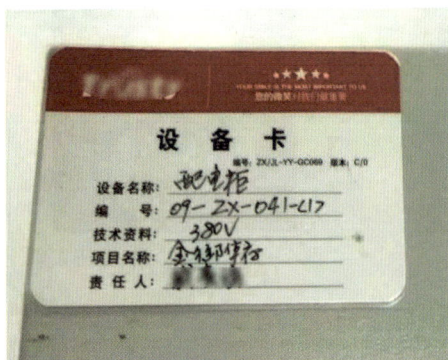

图7-3　设备责任卡

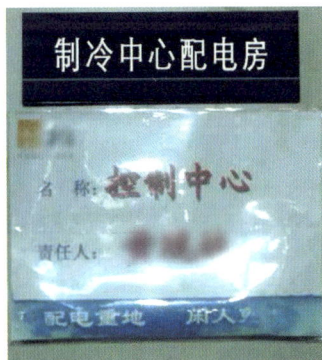

图7-4　配电房责任人

图7-5　安全管理责任牌

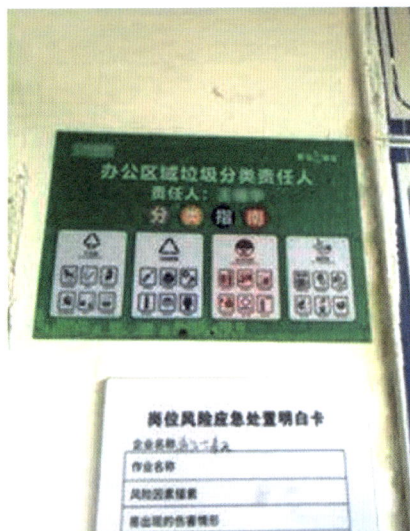

图7-6　办区区域垃圾分类责任牌

图7-7　二次供水、消防、设备间责任人

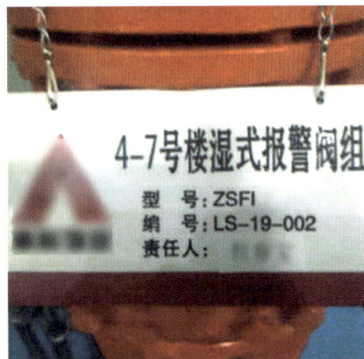

图7-8　湿式报警阀组责任人

图7-9　柴油发电机房责任人

图7-10　楼栋区域责任人牌

7.3　坚持实施5分钟3S活动

员工在每天工作结束之后，应花5分钟时间对自己的工作场所实施整理、整顿、清扫活动（见图7-11），不论是服务现场、物业项目设备间还是行政办公室都要推进该活动。

7.3.1　服务现场5分钟（10分钟）3S活动内容

服务现场5分钟（10分钟）3S活动内容如表7-1所示。

表7-1　生产现场5分钟（10分钟）3S活动内容

区分		活动内容
5分钟3S活动	1	检查你的着装情况和清洁度
	2	检查是否有物品掉落在地上，将掉落在地上的物品都捡起来，如零件、废料及其他
	3	用抹布擦干净仪表、设备、机器的主要部位以及其他重要的地方
	4	擦干净溅落或渗漏的水、油或其他脏污
	5	重新放置那些放错位置的物品
	6	将标识牌、标签等擦干净，保持字迹清晰
	7	确保所有工具都放在应该放置的地方
	8	处理所有非必需品
10分钟3S活动	1	完成上述5分钟3S活动的所有内容
	2	用抹布擦干净关键的部件及机器上的其他位置
	3	固定可能脱落的标签
	4	清洁地面
	5	扔掉废料箱内的废料
	6	对个人工具柜进行整理或对文件资料、记录进行整理

7.3.2 办公室 5 分钟（10 分钟）3S 活动内容

办公室 5 分钟（10 分钟）3S 活动内容如表 7-2 所示。

表 7-2　办公室 5 分钟（10 分钟）3S 活动内容

区分		活动内容
5 分钟 3S 活动	1	检查你的着装情况和清洁度
	2	检查是否有物品掉落在地上，将掉落在地上的物品都捡起来，如回型针、文件及其他
	3	整理和彻底清洁桌面
	4	检查存放文件的位置，将文件放回它们应该放置的位置
	5	扔掉不需要的物品，包括抽屉内的私人物品
	6	检查档案柜、书架及其他家具等，将乱放的物品归位
10 分钟 3S 活动	1	完成上述 5 分钟 3S 活动的所有内容
	2	用抹布擦干净计算机、传真机及其他办公设备
	3	固定可能脱落的标签
	4	清洁地面
	5	扔掉垃圾篓内的垃圾
	6	检查电源、门窗、空调等是否已关上

图 7-11　每日 3S 活动成为常态化工作

7.4　目视化

7.4.1　透明化

在 6S 活动中，通常整理、整顿、清扫做得最差的地方是那些看不到的场所，如藏在铁架或设备护盖背后的东西，此时，即可以实施目视管理（见图7-12）。例如，取下护盖让它透明化，或在外部护盖上加装视窗，以便可以看到里面的电气控制盘。

图 7-12　实施目视管理

7.4.2　状态的量化

企业应装上各种量测仪器，将数量定量化，并用颜色标示管理界限，一旦有异常，便可立即了解，具体如图7-13所示。

7.4.3　状态视觉化

如在电风扇上绑上布条，可以了解其送风状况（见图7-14）；或将配水管的一部分采用透明管道，并装上浮标，通过目视管理做好水流控制。

图 7-13　用颜色标示管理界限

图 7-14　空调上装上红带

7.5　适时深入培训

3S 活动开展初期，很多作业人员接受的是大众化的基础培训，并没有学习太多与自己岗位 相关的专业内容。为了解决这个问题，培训人员（管理人员）应深入到每一道工序，与作业人员交换意见，制定具体的 3S 培训项目。

7.6　前 3S 活动标准化

3S 推进到一定程度，就进入了实施标准化的阶段。

标准化就是将实施一项任务目前最好的方法作为标准，让所有做这项工作的人都执行这个标准并不断地完善它。

3S 活动标准最好以图片的形式展示出来，并贴附在工作场所。也可以将各种物品、各项事务在 3S 推进过程中的标准以图文的形式固定下来，作为各部门的参考标准，具体如表 7-3 所示。

表 7-3　某物业企业前 3S 图片标准（部分）

序号	要求	图片
1	发电机房设备、环境干净，工具摆放整齐，管理规程、运行记录规范上墙	
2	双电源主控箱定期保养，外观整洁完好，标识牌、设备卡规范粘贴	
3	电源箱标识规范、整齐划一	

序号	要求	图片
4	水泵房设备定期保养，启用 EBA 系统，科学监测管理设备运行状态	
5	发电机储油罐油位标识清晰可见，便于日常巡查管理	
6	电梯机房管理制度上墙，规范整齐	
7	监控系统标识清晰明了	

（续表）

序号	要求	图片
8	消防设施整齐规范，标识完善	

以下是某物业企业 6S 活动开展后的标准化成果范本。

······【范本】▶▶▶···

保安岗亭 6S 管理标准

1. 目的

营造保安岗亭良好的工作环境，提升保安岗亭整体形象，增强客户满意度。

2. 适用范围

公司项目现场所有保安岗亭（无办公桌和无固定办公场所的岗位除外）。

3. 具体管理要求

3.1 整理

3.1.1 整理区域

整理涉及的区域具体包括：岗亭内区域（岗亭值班室、岗亭储物间和岗亭卫生间等）和岗亭外区域（岗亭外墙、周边物品、周边通道及绿化带等）。

3.1.2 清理物品

（1）每天交班之前，值班保安首先对责任区域的文件和物品进行检查。

（2）按"要"与"不要"的标准进行文件／物品的清理。

清除"不要"的物品	保留"要"的物品
包括但不限于：过期文件／记录、过期海报、废旧工机具、无用的办公用品、破损垃圾桶、破垫板、废纸箱、破篮筐、单岗单椅／双岗双椅以外的座椅、无法使用的清洁工具、过期消防器材、无用食品瓶／罐等	包括但不限于：有效的文件／记录、完好设备及工机具、标识牌、管理制度和作业规程挂板、完好有效消防器材、完好有效警用器械、清洁工具、伞及伞架等

（3）班长负责将损坏、故障、报废的物品和设施设备等予以登记，并跟进采购、报告及

跟踪确认废品去向，涉及重要物品或客户财产时必须及时向主管报告。

3.2 整顿

3.2.1 定置管理

岗亭实行物品定置管理制度，岗亭定置管理及标识仅涉及岗亭值班室，不涉及卫生间和储物间等。具体定置分类和标识如下表所示。

分类	定置分类和标识具体内容
必须设定的定置标识	记录摆放处、对讲机摆放处、水杯摆放处、清洁工具摆放处、设备充电处（对讲机、电筒）、临时物品存放处（邮件/包裹）、消防/警用器材定置处（灭火器、警棍、防爆叉、防爆盾）、告示栏、张贴栏、岗亭门提醒标识（如"非工作人员禁止入内"）
选择性设定的定置标识	计算机摆放处、文件架摆放处、单证摆放处、文件柜摆放处、道闸/门禁遥控器摆放处、更衣柜、微波炉、控制器、电话摆放处等

备注：（1）"必须设定的定置标识"是所有岗亭都需要设定的（无相应工作条件的除外）。
（2）"选择性设定的定置标识"由项目部根据岗亭的具体条件自行设定。
（3）若以上定置处和标识未涉及的，由项目部根据岗亭值班室的具体条件自行设定。
（4）当只有一张办公桌时，尽可能将记录摆放处、对讲机摆放处、水杯摆放处、电话摆放处、道闸/门禁遥控器摆放处置于该办公桌上；当有两张及以上办公桌时，可根据岗亭具体情况自行设定，但应满足"便于管理、便于办公及方便拿取"的原则。

3.2.2 值班室定置方法及标识规范

值班室的定置方法及标识规范具体如下表所示。

分类和标识	定置方法	标识规范
记录摆放处	（1）记录本摆放于值班办公桌面右上角，摆放区域以两个记录本大小为准。当需要填写时从定置区域内取出填写，填写完毕后放回定置区域，并摆放整齐。 （2）定置线与桌子边沿平行	（1）标识牌张贴于定置线下端外边沿中间（见示意图）。 （2）标识牌必须带公司Logo，蓝底白字，字体为宋体。 （3）定置线使用宽1厘米的黄色胶带
对讲机摆放处	（1）对讲机定置于办公桌面右上角记录本摆放处的左边，与记录本摆放处相连，并按从高到低或从低到高的顺序依次摆放整齐。 （2）定置线区域要能把本岗亭内所有对讲机并排摆放后包含在内，并与办公桌边沿平行。 （3）当需要使用或随身携带对讲机时，从定置区内取出使用，使用完毕后竖向放回定置区域	（1）标识牌张贴于定置线下端外边沿中间（见示意图）。 （2）标识牌必须带公司Logo，蓝底白字，字体为宋体。 （3）标识牌尺寸为15厘米×4厘米。 （4）定置线使用宽1厘米的黄色胶带
电话摆放处	（1）电话定置于桌面左上方，与对讲机摆放区域相连。 （2）定置线区域设置与电话大小一致，定置线与办公桌边沿平行	（1）标识牌张贴于定置线下端外沿中间（见示意图）。 （2）标识牌必须带公司Logo，蓝底白字，字体为宋体。 （3）标识牌尺寸为15厘米×4厘米。 （4）定置线使用宽1厘米的黄色胶带

（续表）

分类和标识	定置方法	标识规范
文件架摆放处	（1）文件架摆放处定置于桌面左上角，靠电话摆放处。 （2）文件架摆放区域与文件架实际大小一致。 （3）文件使用后及时放回文件架内并摆放整齐	（1）标识牌张贴于定置下端外沿中间（见示意图）。 （2）标识牌必须带公司 Logo，蓝底白字，字体为宋体。 （3）标识牌尺寸为 15 厘米 ×4 厘米。 （4）定置线使用宽 1 厘米的黄色胶带
水杯摆放处	（1）水杯定置于专门的区域，不得与强电（如充电区、计算机、电源控制柜等）区域紧密相连。 （2）水杯必须按从高到低或从低到高的顺序依次摆放整齐。 （3）定置区域能将岗亭所有水杯、水瓶包含在内，水杯、水瓶必须加盖。 （4）定置线的设置以岗位水杯数量为准，定置线与桌子边沿平行	（1）标识牌张贴于定置区域水杯中央的墙面（见示意图）。 （2）标识牌必须带公司 Logo，蓝底白字，字体为宋体。 （3）标识牌尺寸为 15 厘米 ×4 厘米。 （4）定置线使用宽 1 厘米的黄色胶带
清洁工具摆放处	（1）根据现场岗位实际情况，在不影响岗亭美观的前提下采取以下两种定置方式来确定清洁工具摆放处： ① 岗亭内指定位置； ② 岗亭外指定位置或悬挂于外墙面。 （2）定置区域根据清洁工具多少而定，要求清洁工具摆放整齐、错落有致	（1）标识牌张贴于定置线顶端边沿线外中央墙面。 （2）标识牌必须带公司 Logo，蓝底白字，字体为宋体。 （3）标识牌尺寸为 15 厘米 ×4 厘米。 （4）定置线使用宽 1 厘米的黄色胶带
设备充电处	（1）设备充电处定置于专门的区域，不得与水杯摆放处相连。 （2）定置区域根据充电设备数量而定。 （3）充电设备须摆放整齐并摆放成一条直线，从电源插座到充电器的电源线须用 U 型线卡固定于墙面，不得将两股或两股以上的线扭成一股。 （4）禁止将对讲机在开机状态下直接充电	（1）标识牌张贴于定置线下端边沿外中央。 （2）标识牌必须带公司 Logo，蓝底白字，字体为宋体。 （3）标识牌尺寸为 15 厘米 ×4 厘米。 （4）定置线使用宽 1 厘米的黄色胶带
临时物品存放处	（1）临时物品存放处根据现场岗位实际情况定置。 （2）临时物品存放处只可存放包裹、信件、小件物品或客户要求存放的物品。 （3）物品存放须遵循"上轻下重、上小下大"的原则并摆放整齐	（1）标识牌张贴于物流架上层中间铁架处。 （2）无物流架的临时存放区标识张贴于醒目位置。 （3）标识牌必须带公司 Logo，蓝底白字，字体为宋体。 （4）标识牌尺寸为 15 厘米 ×4 厘米。 （5）定置线使用宽 1 厘米的黄色胶带

分类和标识	定置方法	标识规范
消防／警用器材定置处	（1）消防器材（如灭火器）定置于岗亭内方便拿取的位置，其左边／右边墙面定置警用器材（如警棍、防爆盾、防爆叉），警用器材须悬挂于墙面，分类有序并悬挂整齐。 （2）定置区域以能容纳所有器材为宜。 （3）器材定置区域周边严禁堆放与器材无关的物品并保持通畅	（1）地面摆放的器材标识牌张贴于器材上方墙面中央，与器材顶端平行；墙面悬挂器材标识牌张贴于定置线顶端外边沿中央。 （2）标识牌必须带公司Logo，蓝底白字，字体为宋体。 （3）标识牌尺寸为15厘米×4厘米。 （4）定置线使用宽1厘米的黄色胶带
告示栏	（1）告示栏定置于岗亭外墙面，用于发布给其员工或业主等的公告或通知，如违章通告、放假通知等。 （2）定置区域大小为90厘米×60厘米。 （3）其他地方不得随意张贴告示；尽可能过塑后再上墙张贴；告示须横平竖直，张贴整齐；告示公示期结束后须立即撤下	（1）标识牌张贴于定置线外边沿中央。 （2）标识牌必须带公司Logo，蓝底白字，字体为宋体。 （3）标识牌尺寸为15厘米×4厘米。 （4）定置线使用宽1厘米的黄色胶带
张贴栏	（1）张贴栏定置在岗亭内墙面，用于张贴员工岗位执勤时需用到的文件，如通讯录、免检车辆名单等。 （2）定置区域大小为90厘米×60厘米为准 （3）其他地方不得随意张贴；过塑后再上墙张贴；须横平竖直，张贴整齐	（1）标识牌张贴于定置线外边沿中央。 （2）标识牌必须带公司Logo，蓝底白字，字体为宋体。 （3）标识牌尺寸为15厘米×4厘米。 （4）定置线使用宽1厘米的黄色胶带
计算机摆放处	保安岗亭有配置的计算机时，计算机必须设置定置区域并摆放整齐	（1）计算机定置标识牌可以张贴于计算机显示器上端中间处。 （2）标识牌必须带公司Logo，蓝底白字，字体为宋体。 （3）标识牌尺寸为15厘米×4厘米。 （4）定置线使用宽1厘米的黄色胶带
单证摆放处	（1）根据岗位实际条件，可采用以下定置方式来确定单证摆放： ① 放于办公桌面指定位置； ② 放于纸盒等可防潮及有保护功能的盛具内； ③ 无条件的岗位可用燕尾夹将单证夹好后放于办公桌抽屉内。 （2）单证按照实际发生时间从下到上依次重叠摆放并摆放整齐	（1）标识牌张贴于定置线底端外边沿中央。 （2）标识牌带公司Logo，必须蓝底白字，字体为宋体。 （3）标识牌尺寸为15厘米×4厘米。 （4）定置线使用宽1厘米的黄色胶带
文件柜摆放处	（1）文件柜内物品整齐摆放，确保无失效过期文件存放于文件柜内。 （2）文件柜的顶部及前后左右等五面禁止存放或悬挂任何物品	（1）标识牌张贴于文件柜上层顶部。 （2）标识牌必须带公司Logo，蓝底白字，字体为宋体。 （3）标识牌尺寸为15厘米×4厘米。 （4）定置线使用宽1厘米黄色胶带

（续表）

分类和标识	定置方法	标识规范
更衣柜	（1）更衣柜上面应有员工姓名标识牌，统一张贴于柜门的左上角。 （2）更衣柜内不得存放易燃易爆或管制刀具等危险物品。 （3）更衣柜的顶部、前后左右等五面禁止存放或悬挂任何物品	（1）标识牌张贴于更衣柜顶部中间。 （2）标识牌必须带公司Logo，蓝底白字，字体为宋体。 （3）标识牌尺寸为15厘米×4厘米。 （4）定置线使用宽1厘米的黄色胶带
微波炉	（1）微波炉定置于稳固台面之上，远离电源控制箱、易燃易爆物品等。 （2）微波炉顶部不得存放物品	（1）标识张贴于微波炉处墙面。 （2）标识牌必须带公司Logo，蓝底白字，字体为宋体。 （3）标识牌尺寸为15厘米×4厘米。 （4）定置线使用宽1厘米的黄色胶带
岗亭门提醒标识	（1）标识牌的顶端与门顶端距离40厘米。 （2）标识牌居门两边缘中央位置	（1）标识必须蓝底白字，字体为宋体。 （2）标识牌尺寸为20厘米×30厘米。 （3）内容：公司Logo后紧跟"非工作人员，禁止入内"

3.2.3 储物间、卫生间定置方法及标识规范

储物间、卫生间定置方法及标识规范如下表所示。

分类	定置方法	标识规范
储物间	（1）储物间内物品分类有序存放，摆放整齐，不得存放任何杂物及废旧工具。 （2）物品分类标识，标识自行设定	（1）标识牌贴于墙面醒目位置。 （2）标识牌必须带公司Logo，蓝底白字，字体为宋体。 （3）标识牌尺寸为15厘米×4厘米
卫生间	（1）卫生间内物品分类有序存放，摆放整齐，不得存放任何杂物及废旧工具。 （2）垃圾篓内垃圾及时清理，不得超过自身容积的2/3。 （3）放置于卫生间的清洁工具摆放整齐有序。 （4）物品分类标识，标识自行设定	（1）标识牌张贴在卫生间门口中央距顶部40厘米。 （2）标识牌必须带公司Logo，蓝底白字，字体为宋体。 （3）标识牌尺寸为20厘米×30厘米

3.2.4 摆放示意图

（1）办公桌面摆放示意图如下。

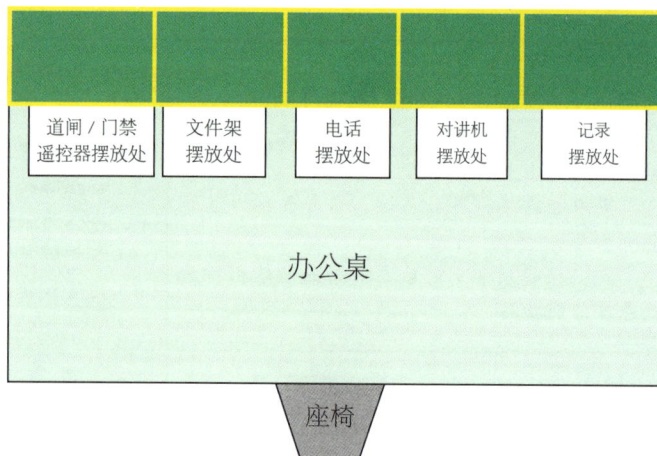

道闸／门禁遥控器摆放处	文件架摆放处	电话摆放处	对讲机摆放处	记录摆放处

办公桌

座椅

（2）值班室摆放示意图如下。

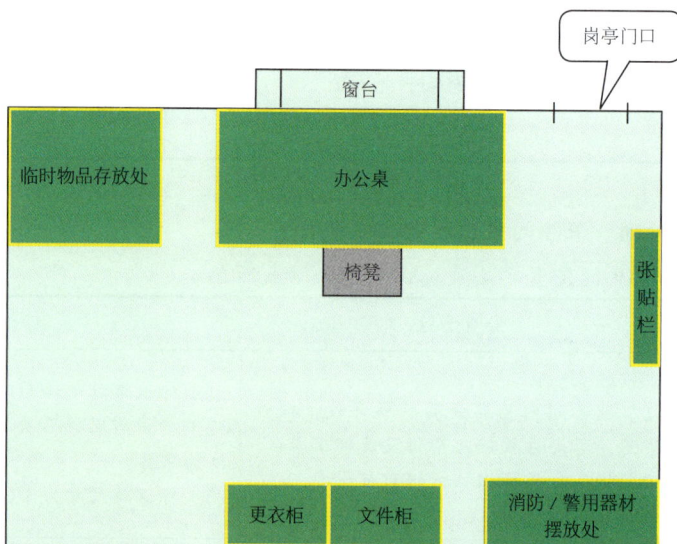

岗亭门口

窗台

临时物品存放处

办公桌

椅凳

张贴栏

更衣柜

文件柜

消防／警用器材摆放处

3.3 清扫

（1）岗亭内清扫要求如下表所示。

区域	清扫标准
天花板及照明设备	（1）天花板及悬挂物无蜘蛛网、无明显灰尘； （2）照明设备无蜘蛛网、无明显灰尘
墙面	（1）墙面干净、无脚印、无粘贴痕迹、无蜘蛛网； （2）墙面悬挂设备干净、无灰尘； （3）墙面消防栓干净、无灰尘、里面无杂物；

区域	清扫标准
墙面	（4）墙面开关面板干净、无灰尘； （5）墙面张贴栏干净、无灰尘； （6）玻璃干净、无水迹印、无手印、无粘贴痕迹； （7）窗台干净，四周无蜘蛛网、无灰尘、无粘贴痕迹
办公桌椅	（1）桌面干净、无灰尘，桌面上不得张贴与工作无关图片； （2）桌子四周区域无烟头、无垃圾、无卫生死角； （3）抽屉内无杂物，与工作无关物品不得放在抽屉内； （4）座椅上不得放垫子，座椅不用时须放置在桌子下面
消防报警柜、监控控制台、 电源控制箱、灭火器箱	（1）设备表面无灰尘； （2）设备顶部禁止存放物品（水杯、水养植物等）； （3）设备周围、内部禁止存放物品
地面	（1）地面无垃圾、无脚印、无烟灰、无污渍； （2）垃圾桶内垃圾及时清理，不超过容积的2/3； （3）可搬移性物品和设施下面不得有卫生死角
储物间	（1）储物间天花板及照明设备干净、无灰尘、无蜘蛛网； （2）地面干净无垃圾、无灰尘、无污渍； （3）储存物品底部无积灰
卫生间	（1）天花板及照明设备干净、无灰尘、无蜘蛛网； （2）便池、水槽、拖把池无污垢、无茶渍； （3）垃圾桶内垃圾及时清理，不超过容积的2/3； （4）无明显异味

（2）岗亭外清扫要求如下表所示。

区域	清洁标准
天花板、雨棚及挡风板等 岗亭外附着物	无蜘蛛网、无灰尘、无落叶
墙面、玻璃、窗台及四周	（1）墙面：干净、无粘贴痕迹、无蜘蛛网、无较大积灰、无脚印、无乱涂乱画等； （2）玻璃：干净、通透、无水迹印、无手印、无粘贴痕迹等； （3）窗台及四周：干净、无蜘蛛网、无灰尘、无粘贴痕迹等
周边通道、地面及绿化带	（1）周边通道：无杂物、无杂草、无明显灰尘、无烟头和垃圾； （2）周边地面：无垃圾、无烟头、无杂草、无积水； （3）岗亭周边绿化带：无烟头及其他各种垃圾； （4）空调外机顶部及周边：无积灰、无物品堆放
各种欢迎牌、指示牌、 引导牌	（1）摆放整齐，周围无其他物品遮挡 （2）牌匾不定时擦拭，确保无灰尘和污垢

3.4 清洁

3.4.1 责任区和责任人的确定

（1）由安全主管/助理负责划分岗亭责任区到班组；

（2）领班为责任区总负责人；

（3）领班根据值班情况指定每岗当班6S责任人；

（4）队员更替时以老带新的方式进行6S培训并指定责任人。

3.4.2 清洁频次的确定

（1）每天交接班之前须做好本岗日常保洁，做到"上不清，下不接"；

（2）当有重大接待、下雨天或其他情况下发现岗亭卫生较脏时，须立即进行卫生保洁；

（3）每个岗亭每周进行一次6S大扫除，时间为每周日白班下班前。

3.4.3 督导方式的确定

（1）项目部经理每月对岗亭进行不少于一次的6S检查督导；

（2）安全主管或助理每周对岗亭进行一次6S检查督导；

（3）领班每班进行一次全范围检查，随时纠正不合格项；

（4）品质部对岗亭6S执行情况进行日常或专项检查。

3.5 素养

3.5.1 各项目部安全主管/助理定期对各岗亭6S执行情况进行检查和评比，并将检查和评比结果张贴到各岗亭张贴栏进行公示；

3.5.2 品质部不定期进行6S督导检查和评比，并将检查和评比结果形成简报通报各项目部；

3.5.3 项目部新进员工培训必须包含岗亭6S内容，项目部每月最少开展一次全员6S培训并保存培训记录；

3.5.4 全员养成良好的6S习惯，做到"有物必分类，分类必定置""人走物归位""上不清，下不接""不伤害他人，不被他人伤害"等。

3.6 安全

3.6.1 岗亭安全

（1）检查岗亭内外部设施、设备及岗亭主体部位和装饰部位有无起壳、开裂，岗亭有无漏雨，岗亭外悬挂、放置的空调外机支架和紧固件有无松动和严重锈蚀情况；

（2）检查岗亭设施设备线路有无裸露、老化、私拉乱接等各种安全隐患，如有应第一时间报告安全主管，并及时跟踪解决进度。

（3）确保岗亭门锁完好，人员长时间离开时须关门上锁。

3.6.2 人身安全

（1）遵守公司安全管理要求，确保6S作业中不违规操作；

（2）做到"不伤害他人，不被他人伤害"；

（3）岗亭及设备维修时应做好提醒标识；

（4）预防岗亭因恶劣自然天气被损坏（如暴风、暴雨、冰雪、雷击等）而带来的人身伤害；

（5）所有物流岗和巡逻岗执勤时，必须穿戴反光背心；

（6）检查车辆时，禁止站在车辆前方；在检查货箱和驾驶室时，必须注意上下车安全。

第8章　安全的实施

物业企业开展安全活动就是要消除隐患、排除险情、预防事故的发生，其目的是保障业主、员工的人身安全，确保物业服务的正常开展，减少因安全问题带来的经济损失。

8.1　将安全责任落实到位

"安全生产，人人有责"这个口号在许多企业里喊得很响，标语也贴得满墙都是，但是执行起来却不彻底，当问题发生时，往往就找不到责任人。所以，物业企业在开展安全活动时，最重要的是将安全责任落实到位。比如可以采取召开宣誓大会的方式，召集所有的员工开一个安全方面的专项会议，会议尽量隆重些，企业的重要领导一定要到场，以表明公司从上到下都非常重视这项工作。

宣誓大会要讲安全的重要性，要求全部员工都进行安全宣誓，同时要签下责任书，如以下范本所示。

·····【范本1】▶▶▶ ─────────────────────────────

物业公司安全生产第一责任人任命书

兹任命　　　　　为　　　　　物业公司安全生产第一责任人。

　　　　　　　　　　　签发人（总经理）：

　　　　　　　　　　　公司盖章：

　　　　　　　　　　　　　年　　月　　日

物业公司安全生产第一责任人职责如下。

（1）认真贯彻执行党和国家的安全生产方针、政策和上级有关安全生产的规定、命令、决定、通知、通报等。

（2）全面负责××物业公司的安全管理工作，对安全工作负总责，负责安全责任体系的建设，督促各项安全工作的落实、执行。

（3）领导安全管理部门开展工作，建立健全各项安全管理制度，并监督执行。

（4）组织召开安全管理例会，负责开展全体员工职业安全教育培训工作。

（5）明确安全生产管理责任人，按规定配备安全管理人员。

（6）督促分管安全生产培训工作的副总经理制订并落实安全培训计划，强化安全教育，增强员工安全生产意识，提高安全生产技能。

（7）定期向上级汇报安全生产工作，组织实施公司作出的安全生产决策、决定。

（8）组织参加本职范围内的事故抢救、调查、分析和处理工作，负责处理本职范围内存在的安全事故隐患。

（9）抓好职工的安全生产教育工作，特别是针对特殊工种的技术培训和技术考核。

（10）重视职工的劳动条件和企业的安全、卫生状况，重视女工的劳动保护工作。

本人同意接受上述任命，坚决履行本物业公司第一安全责任人职责，切实抓好、管好本物业公司的安全生产工作。

签名：

日期：　　年　月　日

{范本2} ▶▶▶

小区物业安全生产第一责任人责任书

兹任命　　　　　为　　　　　小区物业安全生产第一责任人。

签发人（总经理）：

公司盖章：

年　月　日

小区物业安全生产第一责任人职责如下。

（1）为××小区安全工作的第一责任人，全面负责××小区各项安全管理工作，负责建立综合性的安全制度，解决安全问题，寻找安全技术支持，综合调度各项安全工作。

（2）认真贯彻执行国家劳动保护及安全生产政策、法规和上级有关文件，审定颁发本单位安全生产管理制度。

（3）组织制定本单位的安全管理规章和措施、安全操作手册、防火安全操作规程和安全防火措施。

（4）向职工和入住人员进行安全、防火宣传教育，组织安排消防活动训练，组织消防工作归口管理人员对小区进行防火巡查，及时发现火灾隐患。

（5）负责督促、检查××小区内各种设备的维护保养，以及水、电、暖的正常供应。

（6）负责做好××小区的安全生产教育宣传活动，提高员工安全防范意识，保证小区入住人员的人身、财产安全。

（7）监督各施工单位在建设项目过程中执行防火规定的情况。

（8）负责所有消防器材的管理和更换，确保在紧急情况下设备能正常使用。

本人同意接受上述任命，坚决履行××小区第一安全责任人职责，切实抓好、管好××小区的安全生产工作。

签名：

日期：　　年　月　日

【范本3】▶▶▶

设备运营与维修主管责任书

设备运营与维修主管安全生产责任如下。

（1）是本岗位安全生产的第一责任人，对本部门的安全生产工作全面负责，负责组织制定本岗位工作人员的安全生产岗位职责，并监督落实。

（2）负责带领本组人员定时定点对所辖范围内的所有设备和管道进行巡回检查，确保所有设备安全运行。

（3）负责组织大型固定设备的选型、配套，以及技术协议签订和设备的到货验收等工作，监督检查设备的使用情况，对使用过程中发现的安全问题及时予以督促和整改。

（4）负责各种设施设备的安全检查工作，建立安全巡检制度，定期对特种设备进行维保、检测。

（5）建立健全雨季三防、冬季防冻的组织检查工作，负责疏通下水道、沉淀井、排水沟，防止洪涝灾害发生。

（6）做好本组人员的自保、互保和联保工作，并及时完成领导交办的其他工作任务。

签发人（小区安全生产第一责任人）：

日期：　　年　月　日

责任人签名：

日期：　　年　月　日

····【范本4】▶▶▶···

安保消防主管安全生产责任书

安保消防主管安全生产责任:

(1)是本岗位安全生产的第一责任人,对本岗位的安全生产工作全面负责,组织制定本岗位工作人员的安全生产岗位职责,并监督落实。

(2)负责公司各生产单位的安全生产监督检查工作,参加安全生产事故的调查和善后处理工作。

(3)落实消防安全责任制,制定本单位的消防安全制度、消防安全操作规程,制定灭火和应急疏散预案。

(4)贯彻执行消防法规,掌握本单位的消防安全情况,确保单位消防安全符合规定;组织防火检查,督促落实火灾隐患整改,及时处理涉及消防安全的重大问题。

(5)组织实施本单位消防设施、灭火器材和消防安全标识的维护保养工作,确保其完好有效。

(6)组织开展消防安全知识、技能的宣传教育和培训工作,组织灭火和应急疏散预案的实施和演练。

(7)负责公司安全保卫队伍的组织、思想、纪律、作风和业务建设工作,不断提高安全保卫队伍的政治觉悟、业务素质和实际工作能力,充分发挥和调动安全保卫队伍的工作积极性,认真履行好自身职责。

(8)负责教育本岗位职工增强安全意识,做好保密、防火、防盗工作。

(9)完成领导交办的其他安全工作。

签发人(小区安全生产第一责任人):

日期: 年 月 日

责任人签名:

日期: 年 月 日

····【范本5】▶▶▶···

库管员安全生产责任书

库管员安全生产责任如下。

(1)负责分管物资材料进库的验收、登账、保管和发放工作;严格把好物资进仓的验收关和各部室领用物资的手续关,保证物资安全完整。

（2）做好仓库设备的保养和维修工作，保证物资的完好无损；保证库房有适宜的温度、湿度、通风，负责库房安全、防火、防盗、防水、防鼠、防虫、防霉、防腐等工作。

（3）做好物品分类管理，并经常检查，防止物品变质；确保库内达到"四无"：无蝇、无尘、无鼠、无蟑螂。

（4）按规定执行以旧换新，定期回收废旧物资和包装并登记保管、定期上交。

（5）认真做好物品出入库过秤、点数工作，确保手续齐全；认真检查验收采购物资，拒绝腐烂变质的物资入库。

签发人（部门安全生产第一责任人）：

日期： 年 月 日

责任人签名：

日期： 年 月 日

【范本6】 ▶▶▶

设备维修工岗位安全生产责任书

设备维修工岗位安全生产责任如下。

（1）负责管辖范围内所有电器设备、线路、设施等的正常安全运行，负责生产系统电气设备的检查和维修工作。

（2）保证所有设备完好。及时发现设备故障隐患，确保不出现设备问题、不影响安全生产。

（3）负责用电安全和节约用电，严格遵守维修工操作规程，严禁违章操作。

（4）必须在工作中保证自身和周围人员的安全，劳保用品穿戴齐全，及时预防安全隐患。

（5）进行必要的技术改造，节能降耗，提高生产效率，降低职工劳动强度。

（6）努力钻研技术，掌握设备的性能、工作原理、技术数据、运行情况等，并要做到会使用、会保养、会维修、会排除故障，管好、用好、修理所负责的电器设备。

（7）按规定使用和保管好电动工具，做好备用设备的维护保养工作。

签发人（部门安全生产第一责任人）：

日期： 年 月 日

责任人签名：

日期： 年 月 日

••••【范本 7】▶▶▶•••

安保消防岗位安全生产责任书

安保消防岗位安全生产责任如下。

（1）负责落实防火、防盗抢、防爆炸、防破坏和防诈骗、防窃密等治安防范措施。

（2）实行防火安全责任制，制定消防安全制度，开展消防安全宣传教育，建立重点防火档案，组织防火检查，及时消除火灾隐患，参与火灾扑救的组织与善后处理，参与事故责任追究。

（3）负责治安巡逻和守卫，积极参加公司安全管理、教育和各项业务技能培训。

（4）组织和参与公司职工队伍的安全教育工作，负责岗位人员的安全培训教育工作。

（5）认真执行消防法规，不在严禁吸烟的场所吸烟。

（6）贯彻执行公司各种消防管理的规章制度和地方政府及消防部门有关消防工作的规定、实施细则和管理办法等。执行上级下达的消防工作任务，并督促落实。

（7）掌握本单位的消防工作情况，收集和整理有关消防安全方面的信息，建立本单位消防档案，为领导决策提供可靠的资料。

（8）认真完成公司交代的其他安全工作。

签发人（部门安全生产第一责任人）：

日期： 年 月 日

责任人签名：

日期： 年 月 日

••••【范本 8】▶▶▶•••

小区物业岗位安全生产责任书

小区物业岗位安全生产责任如下。

（1）协助领导组织并参加定期或不定期的安全生产、文明施工及防火大检查，及时发现、纠正存在的问题，消除隐患。

（2）加强巡回检查，认真维护保养设备，及时消除不安全因素，自己不能消除时应立即向领导反映。

（3）爱护和正确使用消防器材和防护器材。

（4）积极提出有关安全生产、管理的合理化建议，搞好安全文明生产。

（5）认真学习有关安全生产的指示、规定和安全技术知识，熟悉并掌握安全生产基本功。

（6）认真执行安全生产规章制度，有权拒绝违章作业的指令。

（7）随时排除安全隐患，确保生产安全进行。认真保管好所在岗位的安全设施、消防器具、防护用品。

（8）负责岗位标识、标牌的日常管理，做好设备及场地的卫生工作。

签发人（部门安全生产第一责任人）：

日期：　　年　　月　　日

责任人签名：

日期：　　年　　月　　日

·····【范本9】▶▶▶

单元楼管家岗位安全生产责任书

单元楼管家岗位安全生产责任如下。

（1）认真贯彻公司各项安全规章管理制度，加强单元楼管理，使业主有一个整洁、安静、安全、文明的生活居住环境。

（2）不得将单元钥匙随意转交他人，负责人要合理安排值日人员，发现问题及时报告管理人员或保卫值班人员。

（3）单元楼内如发生财物丢失或被盗事件，应及时报告安保人员。

（4）经常对单元楼进行巡查，对私拉电线、使用大功率电器设备和明火装置的情况及时进行阻止、处理，正确行使管理职能。

（5）严格遵守消防制度，定期参加消防检查、教育培训。定期检查公用设备和消防设备，根据部门具体性质，制定具体的岗位防火规定。

（6）做到"三懂""三会"和"四能"（"三懂"是指懂本岗位的火灾危险性，懂得火灾的预防措施，懂得火灾的扑救方法；"三会"是指会报火警，会使用灭火器材，会扑救初起火灾；"四能"是指能宣传，能检查，能及时发现并整改隐患，能有效扑救初起火灾）

（7）必须时刻提高警惕，坚持24小时值班，严防不法分子混入单元楼进行犯罪活动；严格交接班制度，上班时间不离开岗位。

（8）随时检查有无可疑人员将易燃易爆物品、剧毒物品、危险品带入楼内。

（9）出现突发事件、刑事或治安案件、灾害事故时，及时处置、及时报警，并报有关部门，采取积极有效措施，确保业主生命和财产安全。

签发人（部门安全生产第一责任人）：

日期：　　年　　月　　日

责任人签名：

日期：　　年　　月　　日

{ 范本 10 }

监控、消控人员安全生产责任书

监控、消控人员安全生产责任如下。

（1）认真贯彻落实公司规定的各项安全生产管理制度和相关监控、消控的安全应急预案等有关规定，有效防止突发性安全事故的发生，保障职工身体健康和生命安全。

（2）值班人员必须保持充沛的精力，以高度责任感认真履行职责，不得随意泄露监控、消控等资料。

（3）当消控室接到报警后，应立即确认报警点，然后用对讲机通知巡视人员前往确认，并做好值班记录，写明报警原因、处理方法、报警人姓名等。

（4）熟悉小区内的各重点部门、重点区域、要害部位及消防器材配置情况，做到底数清、情况明。

（5）通过监控及时发现问题并及时上报，对发生重大火灾或治安事件的现场，应立即录像取证。查看相关录像资料时须经公司领导批准。

（6）对小区内的消防系统、保安监控系统、紧急广播系统必须全面了解，做到了如指掌，能准确判断出设备上显示的各种信号，并按规程熟练操作。

（7）发现可疑情况和可疑人物应及时上报，不得隐瞒不报或私自处理。

（8）每日应观察火灾自动报警系统和自动灭火系统自检情况，发现故障应及时排除，确保系统正常运行。

（9）爱护设备，保持室内环境整洁及卫生情况良好，不得无故占用火警报警电话及监控室电话。

（10）保证系统电源不间断、视频图像清晰、设备运行正常、探头位置正确。

（11）未经主管领导及技术工程师的同意，严禁修改系统参数或私自拆卸、关闭设备。

（12）每天巡查系统运行情况一次，发现异常立即处理，并记录在当值日志上；监控设备发生故障时应及时联系维修厂家，立即报告领导并做好记录。

（13）熟悉并掌握监控设备的使用流程，保证操作有序、准确迅速。

（14）保证监控机房消防设施、应急照明、器材完好有效，处于正常状态。

（15）严格门禁管理，非工作人员不准进入工作区域。

签发人（部门安全生产第一责任人）：

日期： 年 月 日

责任人签名：

日期： 年 月 日

8.2 开展安全教育

企业应加强物业辖区的安全教育工作。首先要开展安全教育活动来提高物业公司员工的安全意识，例如开展安全专业知识的培训、安全案例的教育以及一些消防演练等，使员工能够时刻保持高度的安全责任意识，并在遇到突发事件时能够正确及时地采取相应的措施，将可能发生的损失降到最低；其次就是通过开展安全教育活动提高辖区内业主的安全意识，使他们能够正确地认识到安全的重要性，知晓安全与自己的生活关系紧密，这样他们才能积极配合物业人员的各项工作，从而共同参与到安全管理工作当中。

8.2.1 在职员工安全教育

（1）物业项目部经理制订公司年度安全生产活动和教育培训计划，由项目部安全员按计划开展培训并形成记录。

（2）物业公司管理人员每年必须按计划接受一至二次的公司级安全教育培训，培训形式为外培或内培（以内培为主），培训时间为全年一次或上下半年各一次，培训内容包括：国家和当地政府的安全生产法律法规；上级部门有关安全生产的规章制度、公司安全生产管理体系文件、具有较大风险危险源的控制措施及应急预案等。必须要有签到表、相关培训资料及记录。

（3）物业项目部每月对员工进行一次安全教育培训，培训内容包括公司职业健康安全体系文件、作业指导书、安全生产操作规程、具有较大风险危险源的清单及控制措施和预案、安全事故案例等，并做好培训记录。

在职员工安全教育培训场景如图 8-1 和图 8-2 所示。

图 8-1　物业管理人员安全知识培训

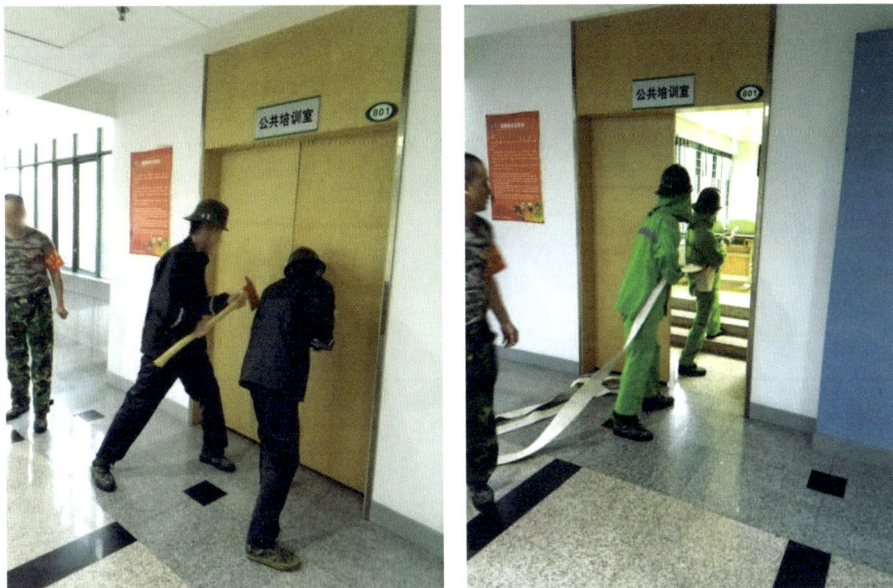

图 8-2　室内开展消防技能培训

8.2.2　新进员工三级培训

新员工进入物业公司后，由公司保安部、部门、班组组织进行安全教育培训，经考试合格后方可上岗。三级培训的内容如表 8-1 所示。

表 8-1　三级培训的内容

序号	级别	安全教育内容
1	公司级	（1）公司概况介绍； （2）安全法律法规教育； （3）公司安全管理制度教育； （4）安全考核制度教育； （5）安全操作规程教育； （6）安全生产技术知识培训； （7）员工安全生产职责培训； （8）安全卫生规章制度及状况培训； （9）劳动纪律和有关事故案例培训； （10）从业人员安全权利和义务培训
2	部门级	（1）工作环境及危险因素教育； （2）所从事工种可能遭受的职业伤害和伤亡事故教育； （3）所从事工种的安全职责、操作技能及强制性标准培训； （4）自救互救、急救方法、疏散和现场紧急情况的处理培训； （5）本部门安全生产状况及规章制度培训； （6）预防事故和职业危害的措施及应注意的安全事项培训； （7）个人防护用品的使用和维护培训； （8）有关事故案例及其他需要培训的内容等

序号	级别	安全教育内容
3	班组级	（1）班组的交接班制度和劳动保护知识培训； （2）消防器材的使用培训； （3）具有较大风险危险源的控制措施和预案培训； （4）班组生产机械电气设备的特点培训； （5）本岗位的工作性质和职责范围、规章制度培训； （6）岗位安全操作规程培训； （7）典型事故案例培训； （8）劳动防护用品（用具）的性能及正确使用方法等内容的培训

8.2.3　违章员工安全教育培训

（1）对违章指挥人员和违章作业员工进行现场教育、纠正并严肃考核。

（2）对屡次违章指挥人员和违章作业员工进行停工教育或调离原工作岗位，经培训合格后重新上岗。

（3）因发生工伤事故而歇工的员工，在复工前由物业项目部安全员按安全操作规程进行安全知识教育培训，经考试合格后才准许复工。

8.2.4　特种作业员工教育培训

（1）对于新机具、新设备、新工艺，应由有关技术部门制定相关规程，并对操作人员进行专门培训，合格后方可进行操作，教育培训记录存档。

（2）凡进入公司场所从事电工、焊工作业等须持证上岗，并定期组织进行复审验证。

8.2.5　复工、转岗安全教育培训

（1）复工员工必须参加公司、部门安全教育，教育内容同新员工一样，经考试合格后方可再次上岗。

（2）对转岗员工进行新岗位相关安全知识的培训，并做好培训记录。

8.3　识别物业管理中的危险源

危险源是指一个系统中具有潜在能量和物质释放危险的、在一定触发因素的作用下可转化为事故的部位、区域、场所、空间、岗位、设备及位置。它是物业管理过程中潜在的不安全因素，如不对其进行防护或预防，有可能导致事故发生。

8.3.1　职业安全类

职业安全类的危险源如表8-2所示。

表 8-2　职业安全类危险源清单

序号	类别	危险源
1	保洁类	（1）消杀工作时防止中毒； （2）清洁光滑作业面时防止摔伤； （3）高空或离开地面作业时防止坠下（如清洁外墙等）； （4）绿化工作时防止被植物或工具刺伤、割伤； （5）搬运物件过程中防止身体伤害（如磕伤、扭伤、砸伤等）； （6）恶劣天气情况下保洁作业时防止身体伤害（如酷暑、寒冬、雷电、台风等天气）； （7）在汽车道、车辆出入口保洁作业时防止身体伤害； （8）清洁下水管井等密闭管井时防止缺氧和中毒； （9）在工程现场工作时防止意外事故发生（如坠物、扎脚等）； （10）防止工作现场的噪声、污染、有害气体等对身体的伤害； （11）防止在保洁工作时触电（如清洁开关面板、插座、灯罩等）； （12）在高空通道使用护栏时防止坠下
2	保安类	（1）训练时防止身体伤害； （2）与客户、外来人员等发生肢体接触时防止身体伤害； （3）恶劣天气情况下执勤时防止身体伤害（如酷暑、寒冬、雷电、台风等天气）； （4）搬运物件过程中防止身体伤害； （5）在汽车道、车辆出入口执勤时防止身体伤害； （6）使用防卫武器时防止伤及他人和自己； （7）进行意外抢险工作时防止身体伤害（如灭火、制止罪犯等）； （8）使用巡逻车辆时防止意外发生； （9）在工程现场工作时防止意外事故发生（如坠物、扎脚等）
3	维修类	（1）特种作业时防止意外事故发生（如电焊、气割等）； （2）使用作业工具时防止被刺伤、割伤、擦伤（如刀、铁锤、砂轮机等）； （3）高空及离开地面作业时防止坠下（如更换楼顶灯、路灯等）； （4）检修电器、机械设备时防止身体伤害； （5）防止劳动防护用具破损失效； （6）恶劣天气情况下作业时防止身体伤害； （7）搬运物件过程中防止身体伤害； （8）在无通风情况的密闭管井中作业时防止缺氧和中毒； （9）在工程现场工作时防止意外事故发生（如坠物、扎脚等）

辨别出职业安全类的危险源后，应在相应场所设置安全标识以示提醒，具体如图 8-3 所示。

图 8-3 在有危险源的地方挂上警示标识

8.3.2 消防管理类

消防管理类的危险源如表 8-3 所示。

表 8-3 消防管理类的危险源

序号	类别	危险源
1	家庭类	煲汤等忘记关火、燃放爆竹、烟头乱扔、阳台堆放易燃杂物、儿童玩火、煤气泄漏、住户装修没有配置灭火器等
2	电气类	电气线路短路、电气设备过载、补偿电容起火、使用电焊时没有在附近配置灭火器等
3	设备类	发电机柴油箱没有接地、设备房有易燃易爆物品、消防报警系统故障等
4	其他类	消火栓等设施不完备、室外煤气泄漏、灭火方法不正确、氧气乙炔瓶间隔距离不够、小区内山体公园没有设置消防水和报警装置

8.3.3 车辆管理类

车辆管理类的危险源如表 8-4 所示。

表 8-4 车辆管理类危险源清单

序号	类别	危险源
1	停车场设施	道闸失灵、误操作、无防砸车装置，没有设置、没有使用出入口活动地桩或地桩上无反光纸或反光漆、地桩强度不够，车场周边没有防止强撞装置和没有形成闭环，交通设施（反光镜、减速坡）数量不够或设置不合理，刷卡设备位置设置不合理，车库出入口排水沟雨箅子不牢固，露天车场出入口没有制作雨雪棚，车库上端管道滴水、渗水到车场
2	车辆交通标识	路口没有配置禁停、限速、限高、导向、分道行驶、人车分行、禁止尾随、转向、价格公示标识，障碍物没有使用反光标识，车场内雨水管没有保护，车辆流向设置不合理
3	车位	车位设置不合理，倒车架位置不合理，车位设置编号不合理，车位朝向影响住户，小车位没有标识

序号	类别	危险源
4	人员操作	安全员指挥不当，车辆进出没有检查（如带入危险品、带出可疑物品、无牌车辆进入）
5	车辆停放	占道停放，跨位停放，占位停放
6	停车场环境	停车场灯光太暗或入口光线太强，影响司机视线
7	车辆防盗	收发卡、收发票管理不善，车辆出入口管理流程不合理

辨别出车辆管理类的危险源后，宜在相应场所设置安全标识以示提醒，具体如图 8-4 和图 8-5 所示。

图 8-4　小区门口严禁停车、设摊的标识

图 8-5　小区入口岗亭设施和监控设施

8.3.4　公共区域安全类

公共区域安全类的危险源主要有以下几种。

（1）路灯／草坪灯柱松动，路灯／草坪灯罩松动或破裂，电线裸露。

（2）井盖、地面不平，易滑地面，路障不合适。

（3）娱乐设施松动、有尖角或局部变形，休闲椅凳松动或有尖角。

（4）公共场地临时施工防护不合理，工具／材料等高空搬运未防护，楼梯扶手或护栏设置不合理，公共场所照明度不合理等。

（5）工具、材料等高空坠落，阳台花盆等物品坠落，病虫害枝、枯枝等意外坠落，带刺绿化植物对人员的伤害，植物散发的气味对人体造成不良感受，特殊季节的台风、暴雨引起的物品坠落等。

（6）电梯轿厢安全呼救按钮设置不合理，轿厢照明度不合理，电梯困人，电梯保养或维修时未设置防护栏及提示标识。

（7）水景区域未放置救生圈，水池边缘／池壁未设置防滑设施或防护栏，未设置救援电话，水景灯未使用安全电压或无防水性。

辨别出公共区域安全类的危险源后，宜在相关场所设置安全标识以示提醒，具体如图8-6所示。

图8-6 在有危险源的相关区域设置各类标识

8.3.5　泳池安全类

泳池安全类的危险源主要有以下几种。

（1）安全提示标识包括禁止酒后、有心脏病和传染病的人员游泳等。

（2）易滑地面，泳池公共照明度包括池底照明不合理，池底照明防水性不达标。

（3）泳池池水清晰度及酸碱度、水质不符合国家规定。

（4）救生员责任心不足，泳池池底及池边设施有尖角，泳池吸污管及吸污杆摆放位置不适当，冲凉房地面过滑，喷淋头不牢固，冲凉房灯罩松脱。

（5）工作人员没有健康证，泳池未按规范配置浸脚池、喷洒装置，四周未封闭。

（6）未设置深水区与浅水区，水深不合理，未设置救生圈、救生杆、救生员，救生员的了望台设置不合理，无法有效观察泳池情况。

8.3.6　治安类

治安类的危险源主要如表 8-5 所示。

表 8-5　治安类的危险源

序号	类别	危险源
1	入室盗窃	（1）作案人员（窃贼可能利用各种身份进行伪装）： ① 住宅区内：租户、家政人员、装修人员、无业人员、业主等； ② 住宅区外：废品收购人员、维修人员、访客等。 （2）作案工具：扳手、钳子、铁棍等。 （3）作案时间：家中无人时、夜晚睡觉时。 （4）盗窃物品：现金、首饰等贵重物品，以及家具、电器等。 （5）安全死角： ① 房屋本体：屋面、阳台、窗台、空调架、空置房等； ② 公共区域：管道井、树丛、消防楼道、设备机房等
2	公共设施盗窃	（1）作案人员：装修人员、废品收购人员等。 （2）盗窃物品： ① 公共设施：金属器件、电气器、配件、小型雕塑、名贵花草等； ② 他人物品：晾晒衣物、临时放置的物品等
3	抢劫	（1）作案人员：无业人员等。 （2）治安死角：偏僻路口、道路、室内等
4	肢体冲突	（1）其他人员和保安员之间发生肢体冲突。 （2）其他人员之间发生肢体冲突

8.4　做好安全标识

安全标识主要是利用颜色刺激人的视觉，达到警示的目的及作为行动的判断标准，以起到预防危险的作用。在企业生产服务中所发生的灾害或事故，大部分是由于人为的疏忽造成的，因此，有必要追究到底是什么原因导致人为的疏忽，并研究如何预防。其中，安全标识是非常有效的一种工具。企业可以将安全标识贴在需要特别注意的部位，具体如图8-7和图8-8所示。

图8-7　设备上的各种安全标识

图8-8　自动扶梯前的安全标识

8.4.1　安全色

安全色的含义和用途如表8-6所示。

表8-6　安全色的含义和用途

序号	颜色	颜色示例	含义和用途
1	红色		红色表示禁止、停止、消防和危险的意思。凡是需要表示禁止、停止和有危险的器件、设备或环境，应涂以红色的标记
2	黄色		黄色表示警示。需警告人们注意的器件、设备或环境，应涂以黄色标记
3	蓝色		蓝色表示指令，即需要遵守的规定
4	绿色		绿色表示通行、安全的意思。在可以通行或安全的情况下，应涂以绿色标记
5	红色和白色相间的条纹		红色与白色相间的条纹，比单独的红色更为醒目，表示禁止通行、禁止跨越的意思，主要用于道路、交通等方面，比如防护栏杆及隔离墩
6	黄色与黑色相间的条纹		黄色与黑色相间的条纹，比单独的黄色更为醒目，表示须特别注意的意思，主要用于危险部位、危险区域
7	蓝色与白色相间的条纹		蓝色与白色相间的条纹，比单独的蓝色更为醒目，表示指示方向，主要用于交通上的指示性导向标
8	白色		标识中的文字、图形、符号和背景色以及安全通道、交通上的标线用白色。标示线、安全线的宽度不小于60毫米
9	黑色		禁止、警告和公共信息标识中的文字、图形都应该用黑色

8.4.2　安全标识

安全标识是由安全色、边框和图形符号或文字构成的标识，用以表达特定的安全信息。安全标识分禁止标识、警告标识、命令标识和提示标识四人类。

1. 禁止标识

禁止标识用于禁止或制止人们做某种动作。禁止标识的基本形式是带斜杠的圆边框，其颜色及示例如表 8-7 和图 8-9 所示。

表 8-7　禁止标识的颜色

部位	颜色
带斜杠的圆边框	红色
图像	黑色
背景	白色

图 8-9　各种禁止标识

2. 警告标识

警告标识的含义是促使人们提防可能发生的危险。警告标识的基本形式是正三角形边框，其颜色及示例如表 8-8 和图 8-10 所示。

表 8-8　警告标识的颜色

部位	颜色
正三角形边框、图像	黑色
背景	黄色

图 8-10　各种警告标识

3.命令标识

命令标识的含义是必须遵守。命令标识的基本形式是圆形边框，其颜色及示例如表 8-9 和图 8-11 所示。

表 8-9　命令标识的颜色

部位	颜色
图像	白色
背景	蓝色

图 8-11　各种命令标识

4.提示标识

提示标识的含义是提供目标所在位置与方向的信息。提示标识的基本形式是矩形边框，其颜色及示例如表 8-10 图 8-12 所示。

表 8-10　提示标识的颜色

部位	颜色
图像、文字	白色
背景	一般提示标识用绿色，消防设备提示标识用红色

图 8-12　各种提示标识

8.4.3　补充标识

补充标识是安全标识的文字说明，必须与安全标识同时使用。

补充标识与安全标识同时使用时，可以连在一起，也可以互相分开。当横写在标识的下方时，其基本形式是矩形边框；当竖写时，则写在标识的上部。补充标识的规定如表 8-11 和图 8-13 所示。

表 8-11　补充标识的规定

补充标识的写法	横写	竖写
背景	禁止标识——红色 警告标识——白色 命令标识——蓝色	白色
文字颜色	禁止标识——白色 警告标识——黑色 命令标识——白色	黑色
字体	黑体	黑体

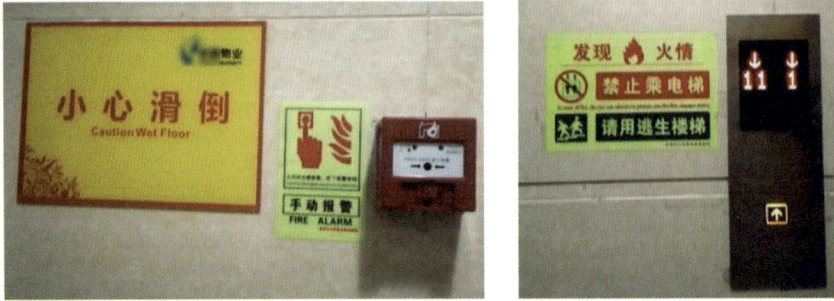

图 8-13　各种补充标识

·····【范本 11】▶▶▶···

各岗位安全提示项及操作标识

类别	事项	安全提示事项	操作标识
客服作业提示	客户服务	管理处门口	在明显处放置"小心地滑"标识
		管理处玻璃门	在玻璃门上张贴"小心玻璃"标识
		管理处门口扶手电梯	在明显处贴上"请勿攀爬"标识
		前台玻璃台面	在前台玻璃台面上张贴"小心玻璃"标识
		财务收费处	在财务室收费处张贴"钱物请当面点清，离柜恕不负责"的标识
		无明显颜色区分的台阶	在台阶处张贴"慢行，请注意台阶"标识
		高空抛物	在各栋楼明显地方张贴"请勿高空抛物"标识；定期在通知栏内张贴"请勿高空抛物"的温馨提示；在小区告示栏内定期进行高空抛物危险的宣传
		人员有可能攀爬到的、距地面2米以上的护栏	在护栏上悬挂"请勿攀爬"标识
		小区水景	在水景处放置"请勿戏水"标识
		鹅卵石	由巡视保安或管理处工作人员口头告知小朋友"请注意安全，勿随意丢弃鹅卵石或将鹅卵石扔向目标物"等类似提示语
		有间隙的木质阶梯	在木质台阶处张贴"请注意阶梯间隙"标识
		业主在小区遛狗	小区保安和管理处工作人员在小区内碰到遛狗业主时提出告知："外出遛狗时请牵好您的狗，以免伤及其他业主"
		恶劣天气时	安排值班人员专门注意天气预报，在恶劣天气来临之前，在通知栏内张贴温馨提示："请关好门窗""请检查下水道是否畅通""请将阳台物品搬至安全地带"等

类别	事项	安全提示事项	操作标识
客服作业提示	儿童娱乐场所	儿童在游乐场所玩耍须由家长陪同	在明显处贴上"儿童玩耍，请家长陪同"的标识及"安全提示"内容牌
	大堂	地面及台阶地滑	在台阶明显处放"小心地滑"标识
	游泳池	泳池周边区域	在明显处放置"小心跌落"标识，以及水深指示牌
	会所	会所台阶地滑	在明显处放置"小心地滑"标识
工程作业提示	强电操作	带电物体及周边区域	在明显处放置"危险，请勿入内"标识
	弱电操作	在作业范围设置警示区	在明显处放置"危险，请勿入内"标识
	设备房	设备房门外	张贴"机房重地，请勿入内"标识
	高空作业	在作业范围设置警示区	在明显处放置"危险，请勿入内"标识
	井盖破损	设置警示区及警示灯	在明显处放置"危险勿近"标识
	道路开挖作业	开挖区域设置警示区及警示灯	在明显处放置"道路施工，行人请绕道"标识
			放置"维修，注意安全"标识
保洁、绿化作业提示	大堂清洁	大堂地面清洁时	放置"地面清洗，小心地滑"标识
	外围清洁	外围地面清洁时	在明显位置放"地面清洗、小心地滑"标识
	乔木修剪	高空作业时	放置"前方高空作业，请车辆、行人绕道而行，不便之处敬请谅解"标识
	喷药	绿化人员打药时	明显处放置"喷药作业，请绕道而行"标识
安全作业提示	门岗	地面及台阶地滑	在台阶明显处放置"小心地滑"标识
		故障或维修	在明显处放置"正在维修，敬请谅解"标识
		封闭路段	在封闭处摆放"雪糕桶"等路障
	巡逻岗	地面及台阶地滑	在台阶明显处放置"小心地滑"标识
		故障或维修	在明显处放置"正在维修，敬请谅解"标识
		有危险隐患部位或区域	布置警示带并张贴警示标识
		公共区域室内吸烟	张贴"禁止烟火"标识
	中控岗	危险部位	危险部位警示标识
	地库巡逻岗	地面及台阶地滑	在台阶明显处放置"小心地滑"标识
		故障或维修	在明显处放置"正在维修，敬请谅解"标识
		禁止停车	禁停区域摆放"雪糕桶"或其他提示语

8.5 加强应急物资的管理

为了保证应急服务过程中能够尽快排除故障和险情，物业项目管理处必须对应急服务的物料进行充分的储备。应急物资应做好归类、定位管理，具体如图8-14至图8-16所示。

图8-14 地下车库防汛沙池配套设施齐全

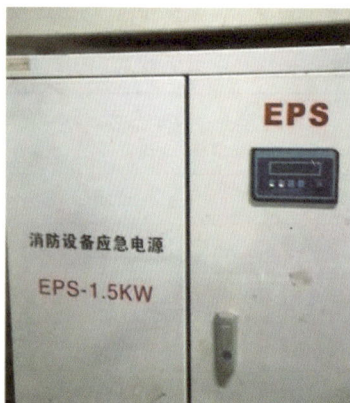

图8-15 消防设备应急电源

图8-16 防汛专用沙袋

8.5.1 何谓应急物资

应急物资是指在紧急状态下人员为了将损失或影响减小而使用的物品和材料。在物业管理工作中，应急物资是必不可少的，利用它，可将紧急状态造成的损失降低。

8.5.2 应急物资的分类

（1）应急物资的分类如表8-12所示。

表 8-12　应急物资的分类

序号	类别	说明
1	工具类	扫把、水桶、铁锹、拖把、铁丝、扳手、老虎钳、螺丝刀、手电筒等
2	警示类	警示标牌、围合板、围合线、雪糕桶等
3	监测类	噪声计、秒表、万用表、摇表、水表、电度表、尺子等
4	消防类	消防斧、消防钩、消防桶、消防沙、消防服、防毒面具、灭火器、水龙带、水枪等
5	防护类	木桩、绳子、沙袋、软垫、抹布等
6	医药类	红药水、碘酒、创可贴、纱布、绷带等
7	通信类	对讲机、应急电话等
8	防身类	警棍、盾牌、防暴叉等
9	客户信息类	职业为医生、护士等救援性人员的业主名单和联系电话等

（2）应急物资按照其正常使用情况分为常用型、应急型两类，具体如图 8-17 所示。

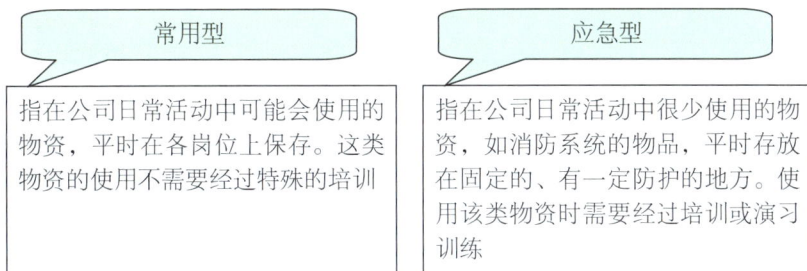

常用型	应急型
指在公司日常活动中可能会使用的物资，平时在各岗位上保存。这类物资的使用不需要经过特殊的培训	指在公司日常活动中很少使用的物资，如消防系统的物品，平时存放在固定的、有一定防护的地方。使用该类物资时需要经过培训或演习训练

图 8-17　应急物资按照其使用情况的分类

8.5.3　应急物资的管理

（1）应急服务物资必须存放在固定的地点，方便拿取，并标有明显的"应急服务物料专用"字样。平时原则上不准动用，动用后应及时补充，以保持规定的储备量。

（2）应急物资应专用于应急服务，不得挪做他用，具体如图 8-18 至图 8-31 所示。

（3）应根据应急物资的用途以及物质特性，确定相应的检查周期。

（4）责任部门应按计划定期对应急物资的数量进行核查，对应急物资的性能进行检测，发现问题及时修复或更新，以保证其完好有效。

图 8-18　对讲机、手电筒定位存放

图 8-19　消防应急专用箱

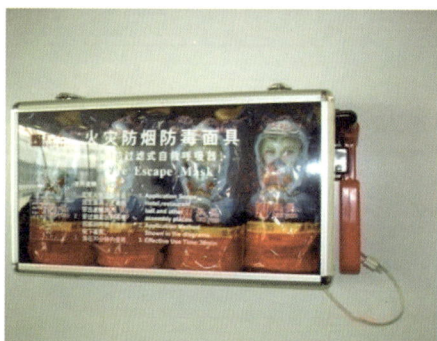

图 8-20　火灾防烟防毒面具固定存放

图 8-21　头盔固定存放

图 8-22　室外消防器材定位存放

图 8-23　应急物资装柜保管

图 8-24　消防应急物资专柜存放

图 8-25　防水鞋专柜存放

图 8-26 消防应急物资固定存放

图 8-27 应急物资柜内存放

图 8-28 消防铲与消防桶定位存放

图 8-29 手电筒及充电器定位存放

图 8-30 防火毯专柜存放

图 8-31 应急物资专柜存放

8.6 定期开展应急演练

预先防范，有备无患。虽然突发安全事件难以预料，但其总是有一定的规律可循，即相似性。这是事前预防的重要突破口。物业公司可以根据管理过程中发现的常见安全隐患，编制安全应急处理预案，组织员工参加培训、演练，以提高突发事件发生时工作人员的紧急应对和事件处理能力。

8.6.1 应急演练的目的

应急演练有五大目的，具体如表8-13所示。

表8-13 应急演练的五大目的

序号	目的	说明
1	检验预案	通过开展应急演练，查找应急预案中存在的问题，进而完善应急预案，提高应急预案的实用性和可操作性
2	完善准备	通过开展应急演练，检查应对突发事件所需应急队伍、物资、装备、技术等方面的准备情况，发现不足及时予以调整和补充，充分做好应急准备工作
3	锻炼队伍	通过开展应急演练，增强演练组织单位、参与单位和人员对应急预案的熟悉程度，提高其应急处置能力
4	磨合机制	通过开展应急演练，进一步明确相关单位和人员的职责任务，完善应急机制
5	科普宣传	通过开展应急演练，普及应急知识，提高职工风险防范意识和应对突发事故时自救互救的能力

8.6.2 应急演练的基本要求

应急演练的基本要求如下。

（1）结合实际，合理定位。物业公司应紧密结合应急管理工作实际，明确演练目的，根据自身资源条件确定演练方式和规模。

（2）着眼实战，讲求实效。物业公司应以提高应急指挥人员的指挥协调能力、应急队伍的实战能力为重点，重视对演练效果及组织工作的评估，总结推广成功经验，及时整改存在的问题。

（3）精心组织，确保安全。物业公司应围绕演练目的，精心策划演练内容，周密组织演练活动，严格遵守相关安全措施，确保演练参与人员及演练装备设施的安全。

（4）各单位要制定出应急演练方案交安全部审核，演练方案应包括演练单位、时间、地点及演练步骤等。

（5）预案演练完成后应对此次演练内容进行评估，填写应急预案评审记录表和应急预案演练登记表后交保安部备案。

物业企业应急演练场景如图8-32至图8-34所示。

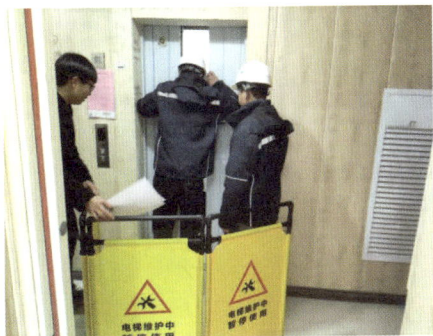

图 8-32　小区电梯救援应急演练

图 8-33　防汛应急演练

图 8-34　应急演练前的集合、讲解

第9章　素养的实施

素养是 6S 工作的重心。它不但是 6S 的"最终结果"，也是企业经营者和各级主管所期望达到的"最终目标"。如果物业企业的每一位员工都形成良好的习惯，并且都能自觉遵守 6S 规章制度，那么物业公司的经营者或管理人员一定非常轻松，工作指令和现场工艺纪律能被严格执行，各项管理工作也能顺利推动，并能迅速取得成效。素养活动目标如图 9-1 所示。

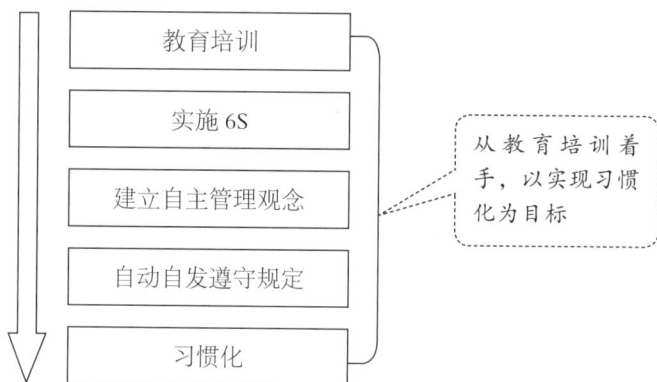

图 9-1　素养活动目标

9.1　素养活动推行过程

素养活动的推行过程如图 9-2 所示。

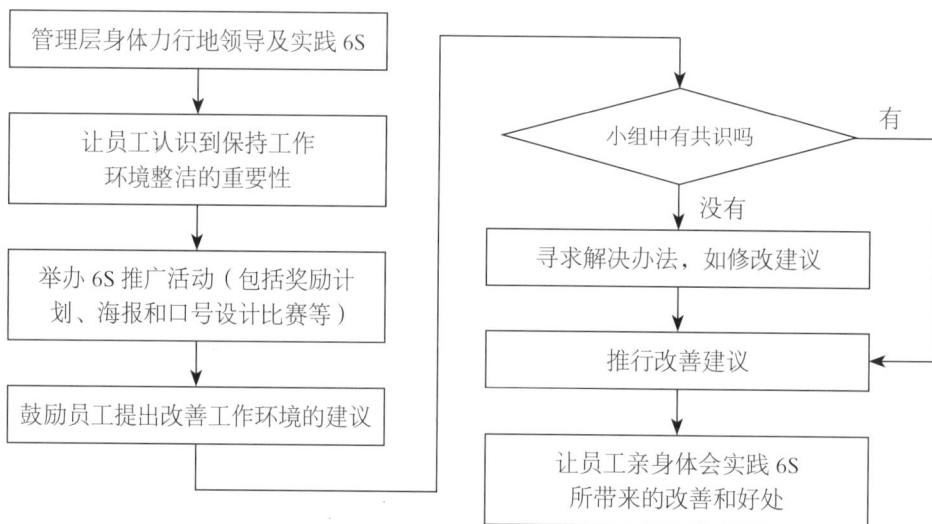

图 9-2　素养活动推行过程

9.2　继续推动前 5S 活动

前 5S 是基本活动，也是手段。物业公司应借此基本活动或手段，使员工在无形中养成良好的习惯。前 5S 没有落实，则 6S（素养）也无法达成。一般而言，6S 活动推动 6 ~ 8 个月即可达到"定型化"的阶段。同时，经过一段时间的运作后，企业必须对 6S 活动进行检讨总结。

9.3　用规章制度来加强素养

9.3.1　建立规章制度

物业企业员工需共同遵守的规章制度主要包括以下几类。

（1）员工行为规则。

（2）各项服务（清洁、绿化、维保、秩序维护）标准。

（3）各项服务（清洁、绿化、维保、秩序维护）的控制要点和重点。

（4）安全卫生守则。

（5）服装仪容规定，具体如图 9-3 和图 9-4 所示。

图 9-3　不同工种的人员穿着不同的服装，同一工种服装统一

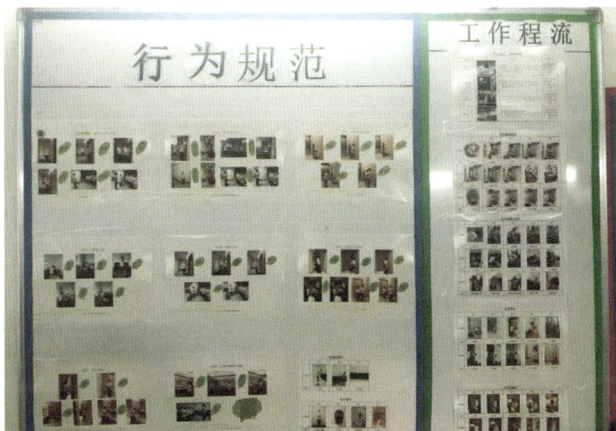

图 9-4　行为规范、工作流程上墙

9.3.2　将各种规章制度目视化

目视化的目的，在于让这些规章制度一目了然、便于了解。规章制度目视化的做法如下。

（1）订成管理手册。

（2）制成图表。

（3）做成标语、看板。

（4）制成卡片。

目视化场所应选择那些明显且容易看见的地点，具体如图9-5所示。

图9-5　制度上墙

9.3.3　违反规章制度的要及时予以纠正

身为主管，发现下属有违反规章制度的行为，要当场予以指正，否则下属可能会一错再错，或把错误当作正确做法继续做下去。在纠正时，应强调对事不对人，并非对人有偏见。

9.4　加强员工教育培训

公司应通过各类培训向员工灌输遵守规章制度、工作纪律的意识，此外，还要创造一个具有良好风气的工作场所。绝大多数员工将以上要求付诸行动的话，个别员工和新员工就会抛弃坏的习惯，转而向好的方面发展。此过程有助于员工养成良好的工作习惯，改变员工只顾及自己、不理会集体和他人的意识，培养员工对公司、部门及同事的热情和责任感。

培训可分岗前培训和在岗培训。

9.4.1　岗前培训

岗前培训就是员工上岗之前所需参加的培训。岗前培训是素养的第一个阶段，从新员工进入公司的那一天起就应该开始，不论是工程维保人员、管理人员、客服人员，还是清洁、绿化人员都必须接受培训。它包括以下几个方面的内容，具体如图9-6所示。

1	学习该岗位所需要的专门技能
2	学习全员应共同遵守的各项规章制度
3	学习待人接物的基本礼仪
4	熟悉物业辖区内的建筑环境、设备设施、通信联络，以及防火逃生的方法等

图 9-6　岗前培训的内容

9.4.2　在岗培训

在岗培训是指为了提高员工的工作技能，在员工开展工作的同时所实施的各种有针对性的培训。

在岗培训是将员工素养提高到更高一个层次的重要手段。不同岗位的在岗培训的侧重点各不相同，常见的在岗培训方法有以下几个，具体如图9-7所示。

1	开展相同岗位间的情报横向交流、参观、评比，以先进带动后进
2	让同一人员在不同工作岗位上轮岗
3	组织员工外出参观、研修，获取新知识、新观点、新方法
4	就某一主题展开活动，如体育活动、演出活动、社交活动等

图 9-7　在岗培训方法

9.5　开展各种提升素养的活动

9.5.1　早会

早会是一种非常好的提升员工文明礼貌素养的方式。物业企业应建立早会制度，这样有利于培养员工的团队精神，使员工保持良好的精神面貌。

早会原则上应于每天正常上班前10分钟开始，一般控制在5～10分钟。早会注意事项如下。

（1）与会人员应准时参加早会。

（2）与会人员应服装整洁，正确佩戴工牌。

（3）与会人员应精神饱满，整齐列队。

（4）指定早会主持人员，或以轮值的方式让员工轮流主持早会。

（5）早会主持人针对工作计划、工作效率、工作品质、工作中应注意的内容、公司推行事项等进行简要的传达和交流。

物业企业的早会场景如图9-8至图9-10所示。

图9-8　小区物业服务人员早会

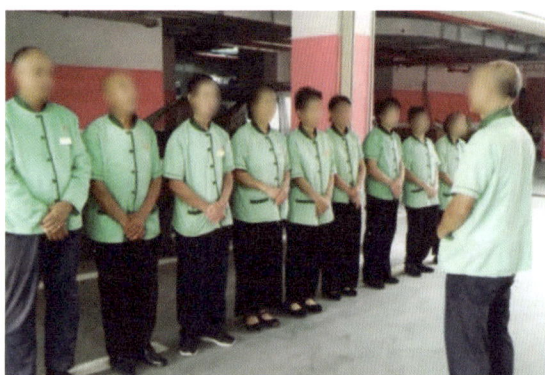

图9-9　保洁班早会

图9-10　早会中进行礼仪训练

以下是某物业企业的早会制度，供读者参考。

·····【范本1】▶▶▶···

某物业服务中心早会制度

1. 目的

为提高物业企业员工的综合素质，加强规范化科学管理，追求"每天一总结，每天一反省，每天一进步"的精益敬业工作境界，促进"日事日毕，日清日结"的落实执行，提高员工工作效率，决定在全公司所有物业项目中推行早会制度。

2. 适用范围

本制度适用于××物业服务有限公司各物业分公司所有物业服务项目。

3. 定义

早会是指每天早上（利用上班前5～10分钟）将员工集合在一起，以互相问候、案例分析、交流信息和安排工作为主要内容的一种会议形式。

4. 职责和权限

4.1　分公司经理每月至少参加一次早会。

4.2　物业服务中心经理负责对会议进行统筹、监督。

4.3　各部门员工按照会议工作要求履行自身职责。

5. 管理规定

5.1　会议时间：每天早上上班前5～10分钟，或者员工较齐全的时间。

5.2　会议地点：须选择在室外人流较多的地方，不得在室内举行（特殊天气除外）。

5.3　与会人员：分公司经理、物业服务中心经理、物业服务中心在岗人员。

5.4　会议内容：执行物业服务中心"早会八步曲"。

5.4.1　早会第一步：唱响晨曲。

上班前提前播放或由员工共同演唱一段励志歌曲，用音乐把清晨的睡意和懒洋洋的情绪一扫而光。主持人（经理/值班经理）进行会前集合整队，员工可站成一排或围成圆圈。

5.4.2　早会第二步：开场问候。

主持人通过一句问候开始每天的早会，如"各位伙伴、各位同事大家早上好"。

5.4.3　早会第三步：放松运动。

比如，向左转，后面的伙伴将手搭在前面伙伴的肩膀上，按肩膀、按太阳穴、捶背；然后向右转，后面的伙伴将手搭在前面伙伴的肩膀上，重复以上动作，放松身体。

5.4.4　早会第四步：礼仪互检。

员工互检仪容仪表，包括：发型是否整齐；妆容是否到位；衣裤是否干净；鞋袜搭配是否符合要求；是否佩戴工卡；精神状态是否正常等。

5.4.5　早会第五步：微笑赞美。

主持人宣布所有员工把自己的好心情、积极的正能量以微笑的形式传递给身边的每一个人，跟旁边的伙伴握手并说一句赞美他/她的话语，如"你今天的状态看起来很棒"。

5.4.6　早会第六步：岗前展示。

整体与会人员进行礼仪形象展示，包括但不限于：微笑演练、站姿和走姿展示、鞠躬礼仪、指引礼仪，以及标准服务用语演练。

5.4.7　早会第七步：工作讲评。

主持人针对前一日的工作进行总结，并安排当天工作任务；通报公司重要制度或重要事务；进行简短的业务培训；各同事进行日常工作简短沟通；管家服务及催费情况讲评；案例分享。

5.4.8 早会第八步：快乐宣言。

诵读物业服务中心快乐宣言，强化团队的共识，统一员工的目标。参考如下：

（1）客户无小事，服务无尽头！我们的字典里没有"不知道""办不到""没希望"等字眼，我永远不会对业主说"不"！

（2）所有的优秀都开始于思想，所有的改变都可以在瞬间完成，我深信：勤奋一定会让明天更美好！

5.5 纪律要求

5.5.1 与会人员必须准时到达早会地点，不可迟到早退，中途不得无故离开。

5.5.2 早会期间，不可嬉戏、打闹、吸烟、吃零食、大声喧哗。

5.5.3 早会期间，将手机调成震动、静音或者关闭。

5.6 会议要求

5.6.1 物业服务中心经理安排会议记录人做好相关准备。

5.6.2 会议记录人组织所有与会人员在"物业服务中心会议签到表"上签到，对会场情况进行拍照，做好"物业服务中心会议纪要"，并交由物业服务中心经理签阅。

5.6.3 物业服务中心所有员工传阅"物业服务中心会议纪要"并签名。

5.6.4 档案管理员做好会议相关资料的存档工作。

9.5.2 征文比赛

物业企业可开展6S活动征文比赛，进一步加深广大员工对6S活动的理解和认识，让每位员工分享6S活动所带来的成就感，从而有利于活动更持久有效地开展。以下是一份征文大赛通知，供读者参考。

····【范本2】▶▶▶

关于开展6S征文大赛的通知

全体同事：

为了进一步宣传6S理念，加强企业6S管理，提高员工综合素质，使大家对6S有更加全面、深刻的认识，经研究决定，在全公司范围内开展一次6S征文活动。

一、征文主题

以"我与6S"为主题，可叙述公司6S活动中的感人事迹，可畅谈推进6S的感受，可阐述对6S理念的新认识，以及对推进6S活动的好建议等。文体不限，题目自拟，字数在1500字左右（诗歌在30～50行）。打印稿用16K或A4纸，书写稿用16K稿纸。在题目下方正中署明部门、班组、姓名（必须手写）。

二、奖项设置

设一、二、三等奖各 1～2 名、3～5 名、5～8 名。

三、投稿办法

作品直接送 6S 推进委员会。

四、投稿截止时间

×× 月 ×× 日

×× 物业管理公司

×××× 年 ×× 月 ×× 日

9.5.3　6S 知识竞赛活动

开展 6S 知识竞赛活动，目的是在全公司范围内强化宣传、普及 6S 管理知识，营造良好的 6S 推进氛围，为员工提供一个直接参与和展示学习成果的机会，交流学习 6S 管理推进的先进经验，强化 6S 管理意识，深化全体员工对 6S 管理内涵的理解。

以下是某企业 6S 知识竞赛活动方案，供读者参考。

····【范本 3】▶▶··

6S 知识竞赛活动方案

公司总部、各物业项目部：

为营造全员参与 6S 活动的良好氛围，提高员工的参与程度和意识，培养员工的良好习惯，逐步营造高效率的管理环境，经公司研究决定，特举办首届 6S 知识竞赛，现将知识竞赛活动方案公布如下。

一、时间安排

拟定于 8 月举行。

二、队员组成

总部及各物业项目部共 × 个代表队参加，每队由 3 人组成。

三、比赛规则

1. 由各队领队抽签决定分组。

2. 竞赛题型包括必答题、抢答题和风险题三种。

3. 必答题包括参赛队"指定必答"和"共同必答"两种，答题时间为 30 秒。"指定必答"由各参赛队的每名选手按座次依次回答，每轮每队的每名队员独立回答一题，其他队员不得补充或帮助，共进行一轮。每题的分值为 10 分，答对加 10 分，答错或未回答的不得分。"共同必答"由每个代表队依次选题回答，每题的分值为 10 分，答对加 10 分，答错或未回答的不得分。

4. 抢答题共 24 题，每轮八题，由主持人读完题并说"开始"后，参赛队员方可按抢答器进行抢答，答题时间不得超过 30 秒，答对一题加 10 分，答错或超时每题扣 10 分，主持人未读完题或未说"开始"就按抢答器的，扣 10 分，且该题作废。

5. 风险题由各队自行选择答题分值，答题时间为一分钟（也可放弃答题）。答题顺序按当时得分由高到低的顺序排列（如出现同分，按抽签顺序排列）。题目分值与难度对应，分别为 10 分、20 分和 30 分，由任意一名队员回答，其他队员可以在规定的时间内予以补充。答对加相应的分值，答题内容不完整、答错或未回答的倒扣所选题目对应的分值。放弃答题不扣分。

6. 竞赛中如有名次并列且影响到决定胜出队的情况时，名次并列的队将采取加赛抢答题的方式决出名次。加赛中先得分者胜出，加赛题目分值为 10 分。

7. 本次竞赛每支队伍基础分为 100 分，由主持人当场判定加分或减分。主持人不能确认参赛选手回答是否正确时，请评委会现场裁定。评委会的现场裁定为最终裁定。

8. 为了扩大参与面，调动现场气氛，活动现场穿插观众有奖竞答环节，分两轮，共 12 题，答对题的观众可获得纪念品。

四、要求

1. 各物业项目部的代表队人员名单请于 × 月 × 日前交总经办。

2. 每个代表队上场三名选手，要求统一服装，参赛选手在竞赛中途不得随意退场。

3. 各参赛队按抽签确定的顺序依次入座，并由主持人向观众介绍各队的参赛人员情况。

4. 参赛选手要集中注意力听主持人读题，如主持人读题不清楚，选手可以要求复读一遍（抢答题除外）。参赛队员答题时必须口齿清晰、讲普通话、声音响亮，以便主持人和评委评判。

5. 允许商议时，由参赛选手在台上讨论决定，其他人员不得在台下指挥。

6. 比赛不得作弊。凡发现参赛队员有翻阅资料等作弊行为时，每发现一次扣 20 分。

五、奖项设置

一等奖一名，二等奖两名，优秀奖三名。

9.5.4　6S 之星评选活动

6S 之星的评选活动可以在物业企业全公司范围内举行，物业项目的"点"宣传与公司的"面"宣传共同进行，达到点面结合的宣传效果。

以下是某企业的"6S 之星"评选方案，供读者参考。

····【范本4】▶▶▶···

"6S之星"评选方案

1. 目的

为更好地建立6S管理体系，巩固6S推行的工作成果，并进一步维护××物业公司的形象，特制定此评选活动方案。

2. 职能

2.1 主任委员：负责审批、确认评选方案并监督其执行情况。

2.2 物业公司总经理及行政经理：行政经理负责向员工宣导此方案及配合方案实施，物业公司总经理负责监督各物业项目的6S宣导工作。

2.3 推行干事：统计评比结果、组织委员会讨论审核、组织颁奖事项。

2.4 各委员：负责对评比结果进行民意调查并提出意见，在调查中要做到公平、公正、公开，记录要具体详细，同时对评选结果进行宣传。

（1）在周例会上公布获奖者名单。

（2）在每个管理看板上对获奖者进行通报表扬，并适当给予物质奖励。

（3）在公司App上公布获奖者名单及其事迹。

3. 评选对象

物业公司总部及物业项目处全体员工。

4. 评选期限及名额

每月一次，总名额14名（管理人员7名、普通员工7名）

5. 评比程序

5.1 召开实施评选的动员大会。

5.2 6S委员每周两次定期检查，推行干事对结果进行整理。

5.3 各物业项目经理每月19日把推荐的员工报到推行干事处，逾期不候。

5.4 每月推行委员会人员将不定时到各物业项目处调查了解情况。

5.5 推行干事对调查实情及一个月的总体情况进行整理，并完成获奖名单的确认、上报和公布等事项。

5.6 在周例会上进行颁奖（证书、奖品等）。

5.7 对评选结果进行存档管理。

6. 评选标准草案

6.1 能模范遵守物业公司的各项规章制度，服从上级领导指挥，团队意识强。

6.2 所属部门（物业项目管理处、班组）成员没有受到公司任何处分。

6.3 评选分三块进行：物业设施设备房为第一块；仓库、保洁工具房、垃圾房等为第二块；办公室为第三块。

6.4 各块名额为：第一块 10 名（其中管理人员和普通员工各 5 名）；第二块为 2 名（其中管理人员和普通员工各 1 名）；第三块为 2 名（其中管理人员和普通员工各 1 名）。

6.5 物业项目整月的 6S 平均分排在前六名且不低于 95 分，坚持宁缺毋滥原则。

6.6 能悉心听取 6S 委员对现场的整改意见。

6.7 能履行好 6S 推行委员会的决议。

6.8 每个部门（工程部、绿化部、保洁部、秩序维护部、客服中心）推荐 1～2 名基层服务员工参与评选，同时 6S 委员会要对被推荐者进行民意调查并加以考核确认。

6.9 能对 6S 工作提出建设性意见。

6.10 积极配合 6S 检查工作，没有重复不良项。

6.11 6S 培训学习认真、考试优秀者。

6.12 对于 6S 月平均分没有达到前六名的各物业项目，各部门经理也可推荐 1～2 名本部门 6S 工作表现突出的员工参加 6S 之星评选，但部门主管以上人员不能参加。

6S 推行委员会

×× 年 ×× 月 ×× 日

3

应用篇

第 10 章　物业区域各房间 6S 应用

10.1　设备房 6S 通用管理标准

10.1.1　设备房类别

设备房主要包括生活 / 消防配电房、水泵房、发电机房、换热站、控制中心、电梯机房和风机房，具体如表 10-1 所示。

表 10-1　设备房类别

序号	类别	位置
1	配电房（高压 / 低压）	设置在地下室
2	水泵房（消防 / 生活）	消防水泵房可与生活水泵房分开设置，也可合并设置
3	发电机房	设置在地下室
4	换热站	设置在地下室
5	控制中心（消防 / 监控）	高层楼宇将消防控制中心和监控中心同处设置，并有空间划分，便于管理
6	电梯机房	（1）高层楼宇一般在顶层 （2）多层商用楼宇一般会设置无机房电梯，如观光电梯
7	风机房（消防）	设置在地下室

各设备房展示如图 10-1 至图 10-5 所示。

图 10-1　监控室设备房

图 10-2　二次加压水泵房

图 10-3 高压配电房

图 10-4 消防水泵房

图 10-5 中控室设备房

10.1.2 设备房标识

（1）设备房的房门上须张贴设备房标识，标识内容包括设备房名称和相关安全警示。

（2）设备房名称与设备房类别须一致，如有多个同类设备房，须在设备房名称后以编号区分，如二次加压房 1、二次加压房 2 等。

（3）安全警示标识内容包括"机房重地，闲人免进""非工作人员请勿进入"等。

（4）所有独立设备须粘贴设备卡，设备卡包括设备类别、设备名称、规格型号、主要参数、设备责任人等内容。

（5）设备必须悬挂"常开""常闭"等标识牌。

设备房的标识展示如图 10-6 至图 10-10 所示。

图 10-6 房门张贴设备房标识

图 10-7 机房安全标识——机房重地，闲人莫入

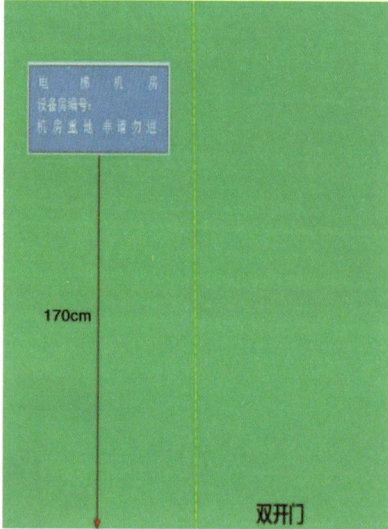

图 10-8　设备房门左上角张贴标识

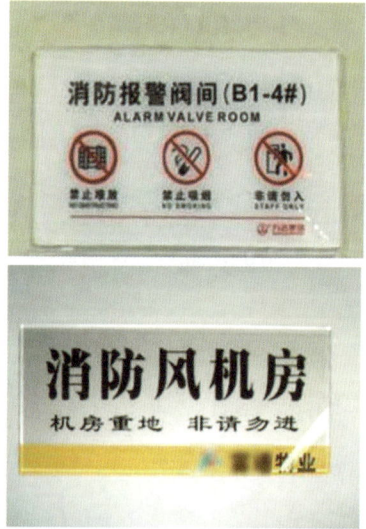

图 10-9　设备房名称

图 10-10　设备必须悬挂"常开""常闭"等标识牌

10.1.3　设备房门前

（1）设备房门外环境整洁，无堆放杂物、乱停放车辆等堵塞通道现象。

（2）设备房门外划警戒线，并标上"禁止停放车辆及堆放杂物"字样。

设备房门前展示如图 10-11 和图 10-12 所示。

图 10-11 设备房门前画开门线

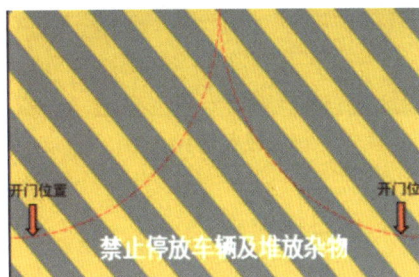

图 10-12 设备房门前安全警示标识

10.1.4 设备房门窗

（1）设备房门窗完好，无变形、脱漆、生锈现象，开关灵活，具体如图 10-13 所示。

（2）门窗整洁，框边无装修污染，线条平直，具体如图 10-14 所示。

（3）设备房门上锁，监控中心存放备用钥匙，具体如图 10-15 和图 10-16 所示。

图 10-13 设备房门窗完好，并有各类标识

图 10-14 门窗整洁，框边无装修污染

图 10-15　设备房门上锁

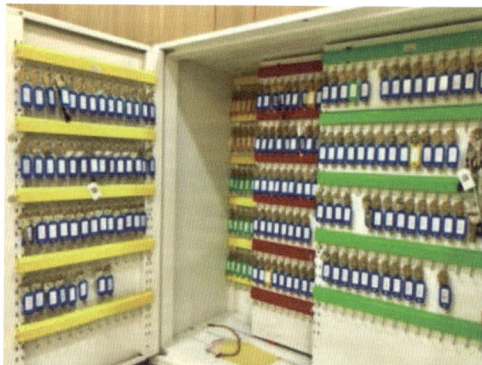

图 10-16　钥匙存放

10.1.5　门口挡鼠板

（1）挡鼠板安装在设备房出入口处。

（2）安装高度 50 厘米，厚 1 厘米，宽度与门宽相等，材质为 PVC 胶板或不锈钢板，可抽除。

（3）防鼠板两面顶部中间位置设置双排文字"防鼠挡板，小心跨越"标识。

（4）挡鼠板周边设置 5 厘米宽黄黑相间警界线。

（5）防鼠板要求完好、整洁、无生锈、安装牢固。具体如图 10-17 所示。

图 10-17　设备房前防鼠板

10.1.6　设备房地面

（1）设备房地面铺防滑地砖或刷绿色／灰色地坪漆，具体如图 10-18 和图 10-19 所示。

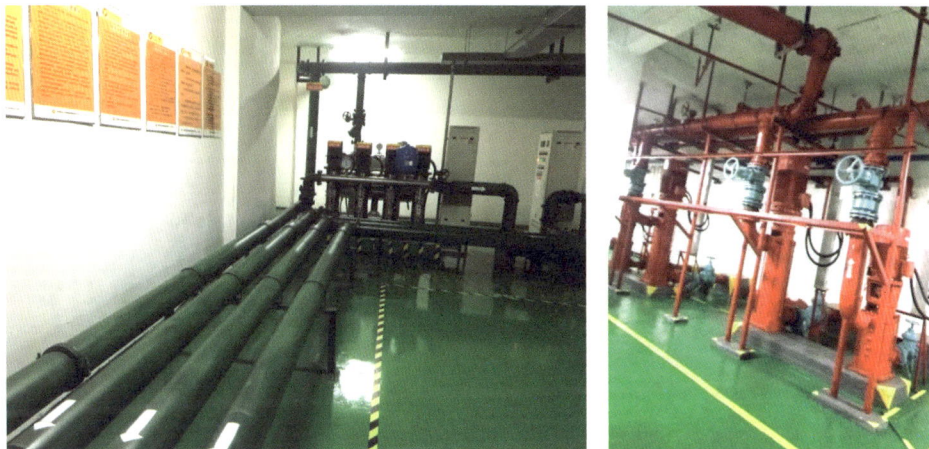

图 10-18　地板刷上绿色地坪漆

图 10-19　地砖铺贴平整

（2）地砖要求铺贴平整，无明显高低差（接缝高低差：0～0.5 毫米），地面砖与墙面之间收口缝隙顺直、严密，地砖无严重色差、无破损、无空鼓。

（3）刷地坪漆前要先用水泥沙浆找平、压光，确保无脱漆、无污染、不返沙。

（4）地面整洁、无污渍。

（5）设备房内设备本体及可移动设备均须明确摆放位置，并划出定位带。

（6）如设备房内设置电源控制柜（如低压配电房、电梯机房、水泵房等），控制柜前须铺设绝缘垫（见图 10-20），绝缘垫标准为厚度 5 毫米，宽度 60 厘米。

图 10-20 控制柜前须铺设绝缘垫

（7）设备房接地带设置要求：扁铁宽度为 25 毫米，底边距地面高度为 25 厘米，沿墙体铺设焊接，涂刷黄绿相间油漆。

（8）在各电源控制柜外围地面，距柜子 10 厘米的位置设置定位带（如设置绝缘垫，则定位带须在绝缘垫外围），具体如图 10-21 所示。

图 10-21 设置定位带

（9）定位带宽度为 5 厘米，颜色为黄色或黄黑相间；定位带可以使用油漆（路标漆）涂刷，也可以使用黄色反光膜。

10.1.7 警戒划线、物品定位线

（1）在距离设备 70 厘米处设置黄黑相间警戒线，并设置"非专业人员请勿入内"警示标识，具体如图 10-22 所示。

图 10-22 警戒划线及警戒标识

（2）警戒线宽 10 厘米，黄黑相间警界线要求黄黑线宽 5 厘米，45°倾斜，可采用油漆刷涂或警示胶带粘贴。

10.1.8 墙面、天花板

（1）设备房墙面刷白色乳胶漆，表面平整、明亮，色泽均匀、无色差，墙面整洁，无发霉、泛黄和污渍，无裂纹，无起皮掉灰。

（2）在墙面距地面 15 厘米处铺贴黄色瓷砖或刷深灰色踢脚线。

（3）墙面阴阳角顺直、方正。

（4）墙面和天花板无渗水、漏水现象。具体如图 10-23 所示。

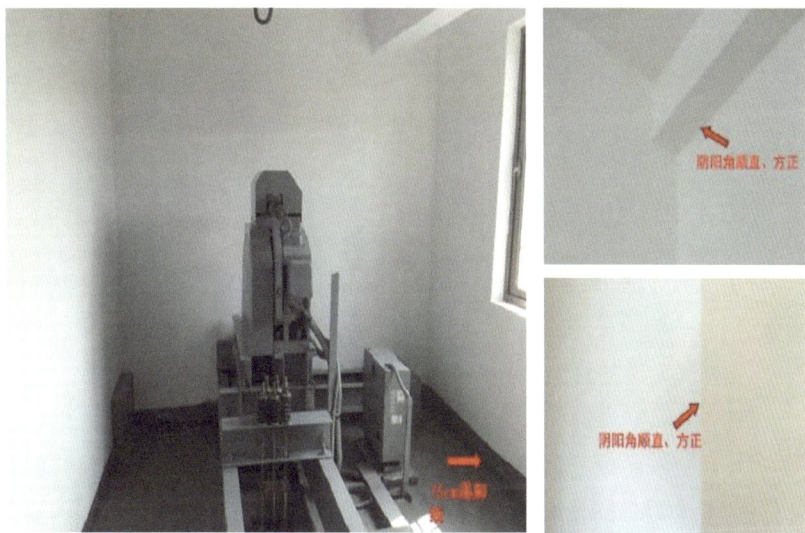

图 10-23 墙面、天花板

10.1.9 消防器材

（1）机房内消防电话功能正常、语音清晰，正上方张贴"消防电话"标识，标识牌上有电话编号。

（2）水泵房、电梯机房、监控中心、消防风机房等一般性设备机房配置ABC干粉灭火器，每个机房至少配1瓶，面积超过15平方米的按2千克/15平方米配备；大型配电房、发电机房、网络机房需配置七氟丙烷或手推车式干粉灭火器。

（3）灭火器摆放在便于取用的位置，其正上方墙上张贴"消防器材，非火灾严禁挪用"标识牌。

（4）要求每月检查一次，确保灭火器在有效期内且能正常使用。

设备房内消防器材布置如图10-24所示。

图10-24　设备房内的消防设施

10.1.10 机房通风

（1）机房通风良好，有对流通风口，通风设备（或空调）运行正常，具体如图10-25所示。

（2）通风设备设独立控制开关，不得与照明灯共用开关。

（3）通向室外的排气扇出风口需安装防雨罩，且有不锈钢护网。

（4）设备房须配备温湿度计（消防风机室除外），温湿度计最好选择电子计数式仪器，具体如图10-26所示。

（5）机房的温度通常要求低于30℃，相对湿度保持在40%～70%。

图 10-25　机房通风设备

图 10-26　温湿度计、责任人、巡检记录

10.1.11　机房照明、应急照明

（1）机房照明灯具完好，光线充足，灯具安装位置合理，灯光无遮挡，具体如图 10-27 所示。

（2）机房内有应急照明或安装双头应急灯，具体如图 10-28 所示。

（3）单个机房配置应急灯不少于 1 盏，机房面积大于 20 平方米的需配置 2 盏及以上。

图 10-27　机房照明灯具完好、光线充足

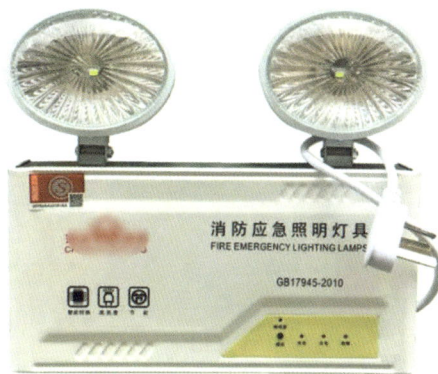

图 10-28　应急照明灯具

（4）要求功能完好，外表整洁，无生锈，安装稳固。

（5）应急灯安装高度为 2.2～2.5 米，并确保能够利用应急光源进行紧急作业。

10.1.12　上墙文件

（1）底边距地面高度为 1.5 米。

（2）上墙制度包括一般故障处理流程、突发故障处理流程、设备房出入管理规定、责任人制度、设备房巡视检查制度等，具体如图 10-29 所示。

图 10-29　设备房管理制度上墙

10.1.13　记录表格

（1）悬挂在上墙文件下方，底边离地 1.2 米，文件夹吊装，具体如图 10-30 所示。

（2）采用 A4 纸表格加封面，封面有公司 Logo。

（3）按三标文件要求记录，包括"设备房巡查记录表""设备运行记录表""设备保养记录表""外来人员登记表"。

（4）表格记录整洁、无涂改，字迹清晰、不潦草。

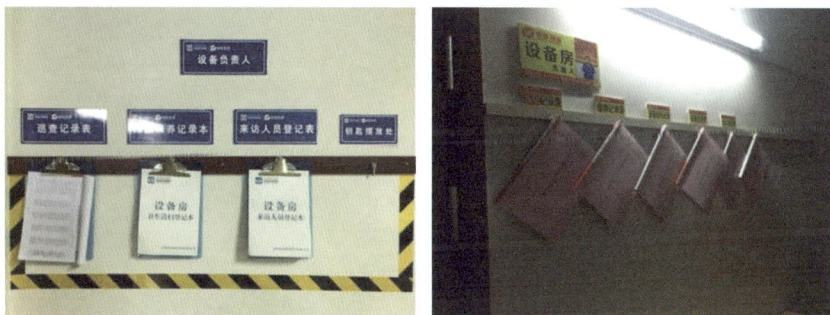

图 10-30 设备房记录表格

10.1.14 设备房责任人信息

（1）责任人 3 寸相片。

（2）责任人姓名、联系电话。

（3）责任人相关上岗证复印件。

（4）标识牌清晰、无损坏，不贴重复及多余标识牌。

设备房责任人信息标识如图 10-31 至图 10-34 所示。

图 10-31 设备房责任人卡片

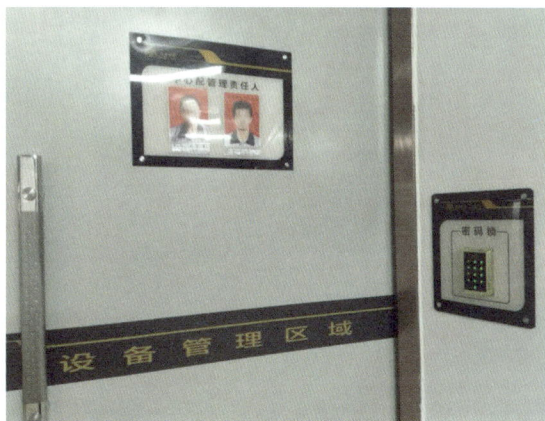

图 10-32 设备房人员配置及密码锁

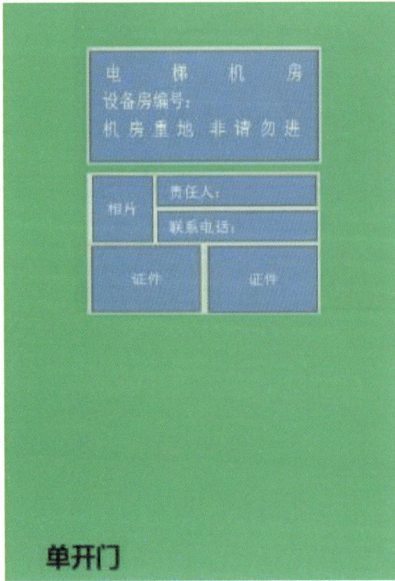

图 10-33　单开门责任人卡片标识

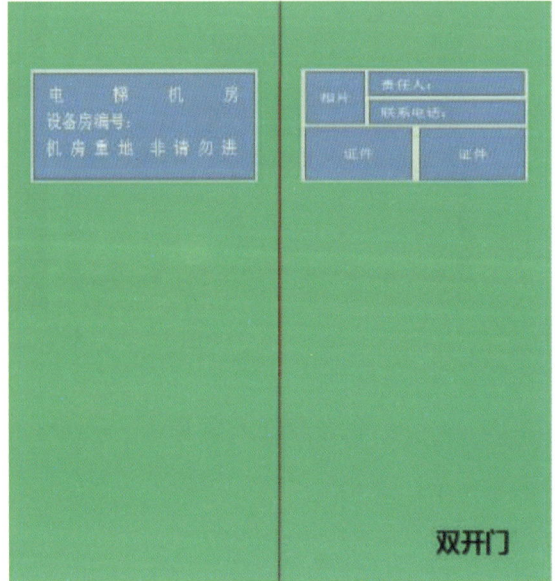

图 10-34　双开门责任人卡片标识

10.1.15　线管、线槽

（1）设备房内所有电线必须走线管或线槽，不得外露，具体如图 10-35 所示。

（2）线管、线槽走向横平坚直，布线整齐不凌乱。

（3）线管、线槽外观完好、整洁，无脱漆、生锈，无装修污染。

（4）线槽盖无缺失、安装牢固。

（5）突出地面的线槽应刷黄黑相间警戒线。

图 10-35　发电机房安装线槽保护供电电缆

10.1.16 设备基座

（1）设备安装基座刷深灰色／绿色油漆或用瓷砖铺贴。

（2）瓷砖要求铺贴平整，无明显高低差（接缝高低差：0～0.5毫米）；油漆要求先用水泥沙浆找平、压光后再刷。

（3）基座边角刷黄色油漆标识。

（4）设备基座表面应平整、方正，外观干净、无污渍，油漆／瓷砖完好，色泽光亮。

设备基座的标识如图 10-36 和图 10-37 所示。

图 10-36　设备基座边角用黄色油漆标识　　　图 10-37　基座表面平整、方正

10.1.17 设备和环境卫生

（1）设备干净、无灰尘、无污渍。

（2）设备油漆完好、色泽光亮，无脱漆、生锈现象。

（3）设备房环境整洁，严禁堆放易燃、易爆物品及杂物，具体如图 10-38 和图 10-39 所示。

图 10-38　设备机房环境干净整洁、标识清晰

图 10-39　发电机房设备、环境干净，管理规程、运行记录上墙

10.1.18　标识牌、设备卡

（1）设备上应粘贴相应的设备名称标识牌、设备卡和运行状态标识牌，具体如图 10-40 和图 10-41 所示。

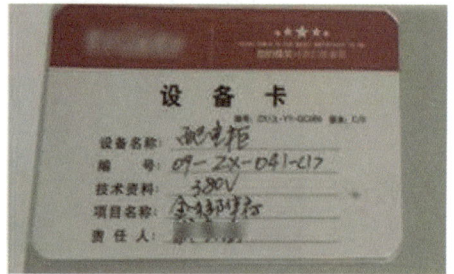

图 10-40　设备卡

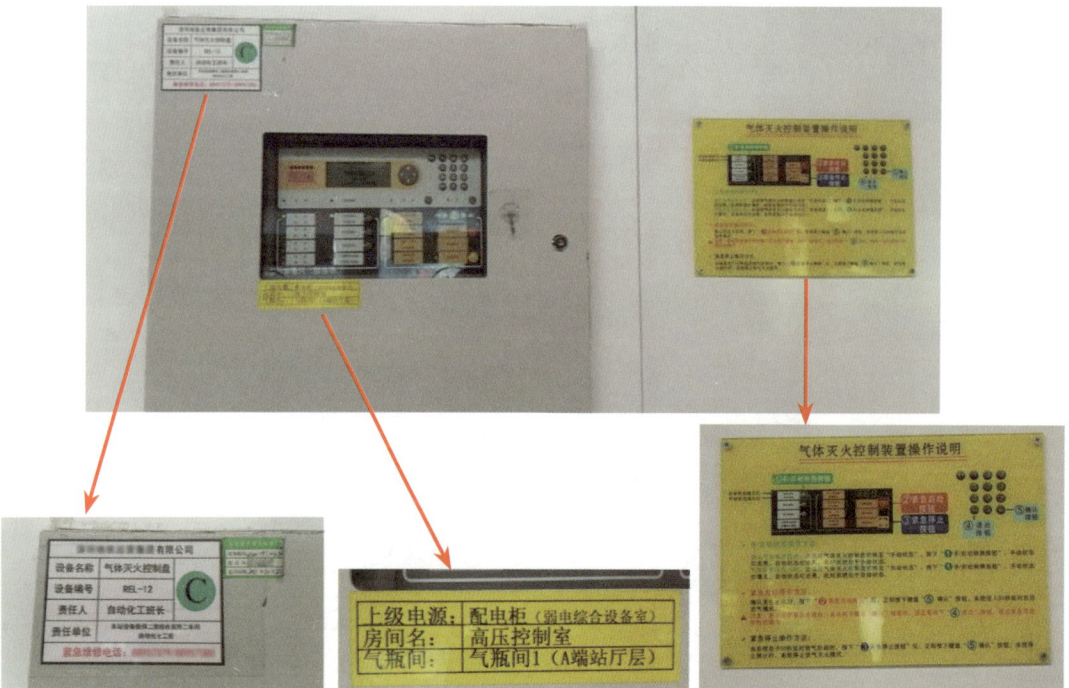

图 10-41　设备上贴的各种标识牌、设备卡

（2）设备名称和运行状态标识牌应粘贴于设备正面显眼位置；水泵类设备的名称标识牌粘贴于电机风罩上，设备卡粘贴于电机接线盒盖子上；配电柜、控制柜、控制箱类设备的名称标识牌粘贴于柜体／箱体的正上方，设备卡粘贴于右上角。

（3）设备标识、标牌粘贴整齐美观，同类标识高度一致。

（4）所有设备标识按公司 VI 手册要求制作，不得采用打印过塑的方式，设备名称标识牌和设备卡应采用背胶粘贴，运行状态标识牌采用磁条磁贴。

10.1.19　设备房工具柜

（1）配电房、水泵房等一般须配备工具柜，用于存放应急处理所需工具、标识等，具体如图 10-42 至图 10-44 所示。

（2）配电房、控制中心等设备房可以将鞋套存放柜与工具柜合并使用。

图 10-42　安全工具柜

图 10-43　鞋套存放柜

图 10-44　配电房内的应急工具柜

10.1.20 设备房清洁工具

（1）机房须配备清洁工具，如清洁桶、拖把、扫把、垃圾斗、抹布等。

（2）清洁工具统一摆放在机房内不影响机房使用及通行的角落，并设置定位带。

设备房清洁工具摆放如图10-45所示。

图 10-45 设备房清洁卫生和清洁工具定位摆放

10.2 保洁工具房 6S 管理标准

10.2.1 保洁工具房的总体要求

通过清洁、清理、整顿，对保洁工具房进行分区管理，实现独立办公、休息、仓储的功能；目视整洁、美观，工具取用方便，以提高整体工作效率。

（1）工具房划分不同功能区域：工具摆放区、物料摆放区、办公区、休息区。

（2）不同功能区域的地面用刷不同颜色的漆进行划分。

（3）应保持地面干净整洁、无灰尘、无杂物。

某物业保洁工具房如图10-46所示。

图 10-46 某物业保洁工具房

10.2.2　工具房门口

（1）工具房门口应保持无杂物，地面无灰尘、洁净光亮，天花板无蜘蛛网，墙壁挂饰整洁。

（2）工具房门上应张贴醒目标识牌，具体如图 10-47 所示。

图 10-47　工具房门口

10.2.3　工具摆放

按照场地实际情况，设置工具摆放区，用于定位摆放清洁用具。大型机器如洗地机放在门口外侧，小型的板车、水管等放置室内，拖把、扫把经过清洁后悬挂在墙上。

（1）工具摆放区用于定位摆放各种清洁机器、用具。

（2）工具摆放遵循由大到小、由高到矮的顺序，使用频率高的放置在方便取放处，要求干净、整洁、美观。

（3）所有工具使用完毕后应及时归位，拖把等清洁工具悬挂前需先进行清洁及沥干水分，避免污染墙面及其他相邻的工具。

保洁房内各类工具的摆放如图 10-48 至图 10-53 所示。

图 10-48　洗地机的定位摆放

图 10-49　垃圾桶的定位摆放

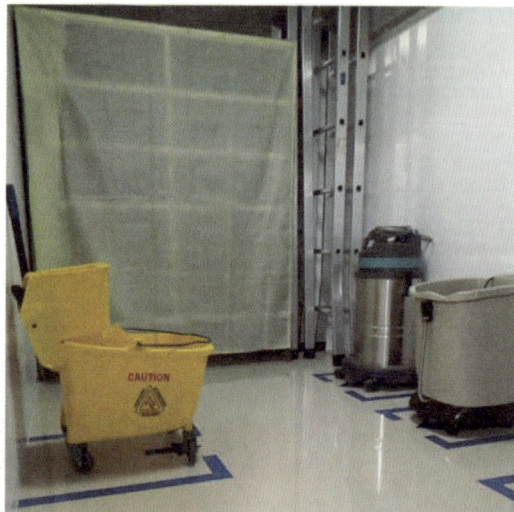

图 10-50　洗地工具的定位摆放

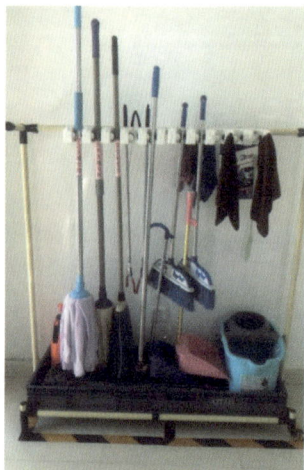

图 10-51　清洁工具靠墙摆放

图 10-52　清洁工具悬挂摆放

图 10-53　清洁工具定位摆放

10.2.4 物料摆放

物料摆放区要求根据不同的物品设置分类区域分架存放（见图10-54）：重物、桶装药水等放置在搁物架的下层；纸品、手巾等放置在上层；遵循干湿分离的放置原则，避免污染；使用频率高的、消耗量大的物料放置在方便取用的区域。

（1）划分专门区域用于放置药水和清洁剂，与其他区域进行隔离并上锁，设置专门的管理员。

（2）在对应的位置粘贴标识牌，标示物料的名称、用途。

（3）按物品名称摆放整齐，确保无杂物和乱摆放现象，防止药水混用。

（4）定期对物料进行盘点，根据物料的保质期安排使用顺序；物料进出须登记。

图 10-54 清洁物料分类摆放，标识明确

10.2.5 办公区

（1）设置一张办公桌用于日常办公，桌面保持干净，只保留办公所用物品，其他无关物品一律入柜（如图10-55和图10-56所示）。

（2）遵守用电规则，墙面电线插排走线规则，置入线管中，严禁裸露布线，严禁超负荷用电。

（3）人离开后办公椅要及时归位，紧靠办公台面放置。

（4）公告栏划分为三部分：通知栏，用于张贴各类通知通告；考勤栏，用于张贴员工排班表及人员动态；其他栏，用于张贴其他告示或文字资料（如图10-57所示）。

图 10-55　办公区

图 10-56　桌面文件

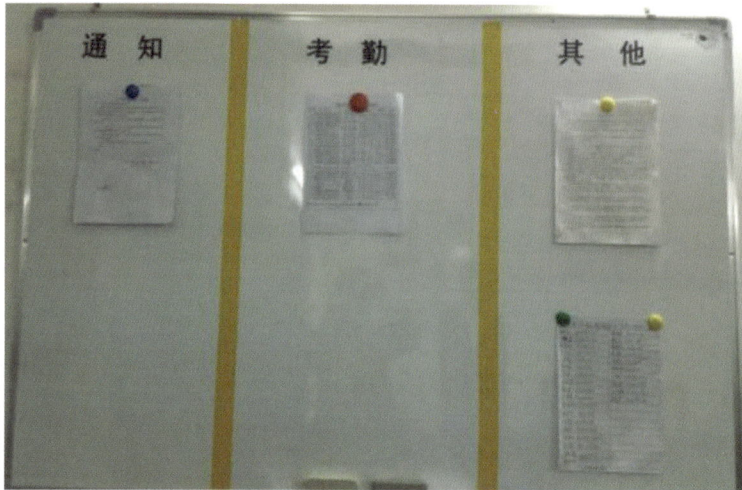

图 10-57　公告栏

10.2.6　休息区

为方便员工，员工休息区应配备合适的电器，设置独立的洗漱区。

（1）设立专门区域用作休息区，靠墙摆放沙发或桌椅，供清洁人员休息与用餐。

（2）可配备冰箱、微波炉、饮水机等生活电器，并与清洁用品隔开摆放，避免卫生污染。

休息区示例如图 10-58 和图 10-59 所示。

图 10-58 员工休息区

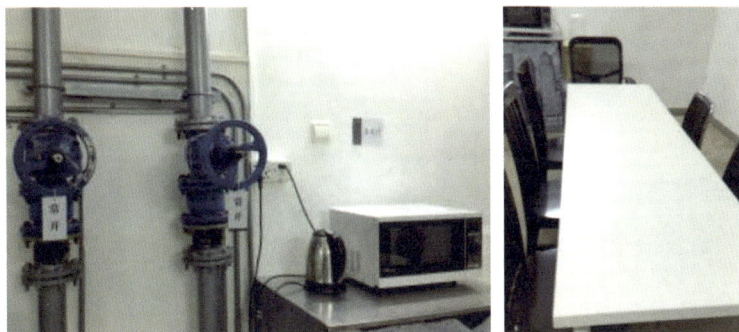

图 10-59 注意用电安全、杂物入柜

10.2.7 制度上墙

（1）工具房墙面划分专门区域用于张贴相关管理规定，规定用 A3 纸打印，放入亚克力框架中，按顺序排列，悬挂在目视高度。

（2）上墙内容包括责任人、巡查监督表、操作流程、药水使用说明、紧急事件处理流程和方法等。

制度上墙示例如图 10-60 和图 10-61 所示。

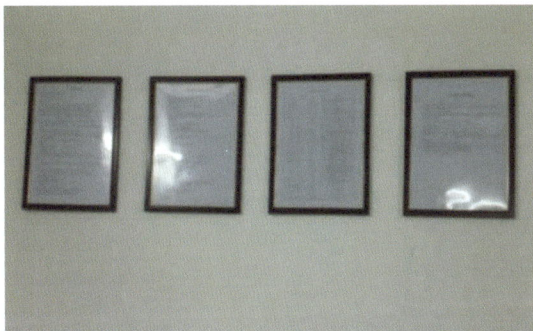

图 10-60 管理制度与操作规程

图 10-61 相关宣传资料

10.3 垃圾房 6S 应用

10.3.1 垃圾房的总体要求

（1）区别要和不要的东西，只保留有用的东西，清除不需要的东西；垃圾房用于暂时存放生活垃圾与建筑垃圾，供中转，不允许长时间堆放杂物和回收垃圾，严禁住人，如图10-62所示。

（2）把要用的东西按规定位置摆放整齐，并做好标识进行管理；生活垃圾与建筑垃圾应设置不同的存放区域；建筑垃圾可统一放置，生活垃圾房内须划分垃圾摆放区、物品工具摆放区、清洗区，如图10-63所示。

（3）将不需要的东西清除掉，保持工作现场无垃圾、无污秽。

（4）维持以上整理、整顿、清扫后的局面，使工作人员觉得整洁、卫生。

（5）相关制度上墙，定期对员工进行培训，让每个员工都自觉遵守各项规章制度，养成良好的工作习惯。

图 10-62　垃圾房外观

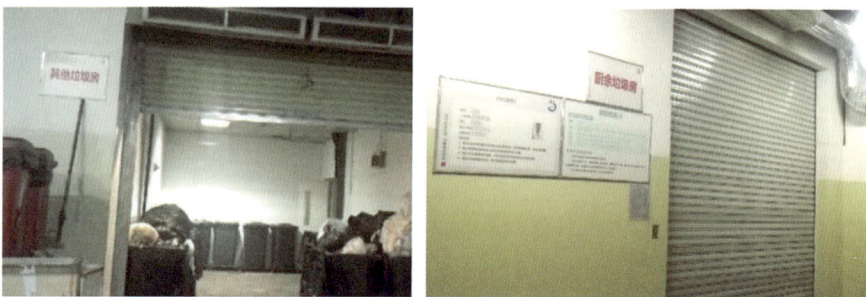

图 10-63　分类设置垃圾房

10.3.2 垃圾房门口——地面

（1）垃圾房门口设专用的作业区域并涂刷地坪漆，以方便清洁，避免污染路面。

（2）作业区域地面边界刷黄黑相间并行斜线进行提醒。

（3）确保地面无污染、无树叶、无杂物、无污水等（如图10-64所示）。

图 10-64　垃圾房门口干净整洁

10.3.3　垃圾房门口——设置

（1）对不同种类的垃圾进行区分，设置生活垃圾和装修垃圾两大类垃圾房，房门上方设置相应的名称标识。

（2）房门选用双开式大门，方便运入垃圾和装车运走垃圾。

（3）在不运送垃圾时房门应上锁，防止异味散出，并便于管理。

（4）垃圾房门口张贴温馨提示，注明清理时间、清运要求、联系人和电话。

10.3.4　管理标准

1.整体区域划分

（1）设置并划分垃圾桶摆放区域，统一靠墙整齐摆放。

（2）张贴各类垃圾桶摆放区域标识，共分为厨余垃圾、生活垃圾、可回收垃圾、有害垃圾四种。

（3）垃圾桶应保持加盖，防止异味散发。

（4）禁止垃圾桶混乱摆放。

垃圾桶定位示例如图 10-65 所示。

图 10-65　垃圾桶定位

2. 清洗区

（1）设置并划分清洗区域，制作专门的清洗池，便于取水清洁以及排放污水。

（2）清洗区需张贴区域标识。

（3）软管清洗完毕后应卷起，避免散乱堆放在地面。

3. 清洁工具摆放区

（1）垃圾房内设置工具摆放区，区域上方张贴标识牌。

（2）所有工具应靠墙悬挂，并在每个工具的上方张贴标识，标识内容为工具名称、用途，确保专物专用，避免工具混用。

（3）工具悬挂遵循一定顺序，如由大到小、由高到低，使用频率高的挂在方便取放处，要求干净、整洁、美观。

（4）所有工具使用完毕后应及时归位，悬挂前需先进行清洁并沥干水分，避免污染墙面及其他相邻的工具。

清洁工具摆放区示例如图 10-66 和图 10-67 所示。

图 10-66　清洗区

图 10-67　清洁工具摆放区

4. 清洁用品摆放区

（1）设置专门区域用于放置清洁药水和清洁剂，对应位置张贴标识牌。

（2）所有物品靠墙摆放，遵循由大到小、由高到低、方便取用的原则。瓶口须加盖拧紧，严禁敞口放置。

（3）张贴对应的标识牌，标示内容为名称、用途、开封日期、有效期、禁忌及注意事项。

（4）按物品名称摆放整齐，确保无杂物和乱摆放现象，防止药水混用。

清洁用品摆放示例如图 10-68 所示。

5. 制度上墙

工具房墙面张贴相关管理规定，包括责任人、巡查监督表、操作流程、药水使用说明、紧急事件处理流程和方法等。

制度上墙示例如图 10-69 所示。

图 10-68 清洁用品摆放区

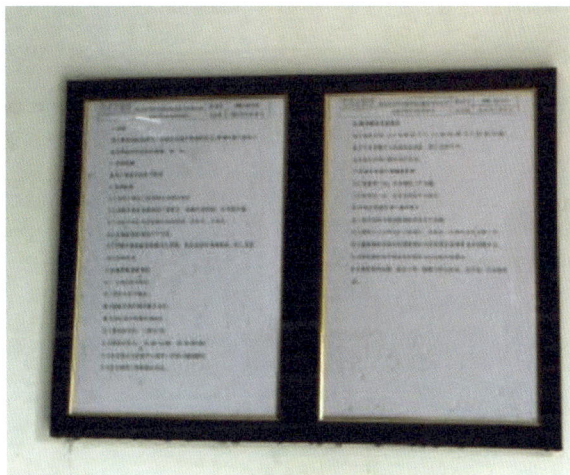

图 10-69 制度上墙

10.4 仓库 6S 应用

10.4.1 物业库房分类

物业库房分类建议如表 10-2 所示。

表 10-2 物业库房分类

类别	保管负责人	保管范围	设置建议
行政库房	人事行政专员	办公用品、工装、社区活动用品、印刷品等	靠近办公场所
食堂库房	人事行政专员、食堂负责人	大米、食用油、副食品等	靠近食堂
综合物资库房	人事行政专员、综合库管员	维修工具及材料、回收材料、绿化养护设备及材料	靠近作业班组休息位置
危险品库房	人事行政专员、维修兼职库管	油漆、油料、农药等	隐蔽区域、地下空间

如物业用房允许，各类库房可建在一起，但必须保证各库房之间进行墙体分割，以保证库存物资之间无交叉污染或危险因素影响。如果保洁、绿化分包，则需与分包单位协调单独设置库房。具体如图 10-70 所示。

图 10-70　做好库房区域划分，便于物资整理与摆放

10.4.2　物业库房场地选择

物业库房场地一般有三种选择，具体如下。

第一种：库房设置在地上，面积为 100 平方米左右，通风、干燥，可分区隔断，离物业办公室或者班组休息室较近。

第二种：利用办公用房解决行政库房、食堂库房的场地问题；工程、绿化、保洁、安管库房可组成综合库房，设置于班组休息室附近，场地一般选择地下设备夹层。

第三种：利用办公用房解决行政库房的场地问题；食堂、工程、绿化、保洁、安管等部门库房分开设置，但不利于整体管控，场地大多选择地下设备夹层。

10.4.3　管理要求

（1）仓库管理员必须按照存放物品的类别合理设置物业公司库房的总台账图，将所有库房编号管理，并按规定将物品分类入库。

（2）库房内绘制并张挂物品存放位置图、保管账簿，做到库内存放物品与所建账簿的顺序、编号、数量一致。

（3）各独立区域须设门禁，并加装门锁（如图 10-71 所示）；有毒物品及指定物品要求单独存放，并执行双人双锁管理。

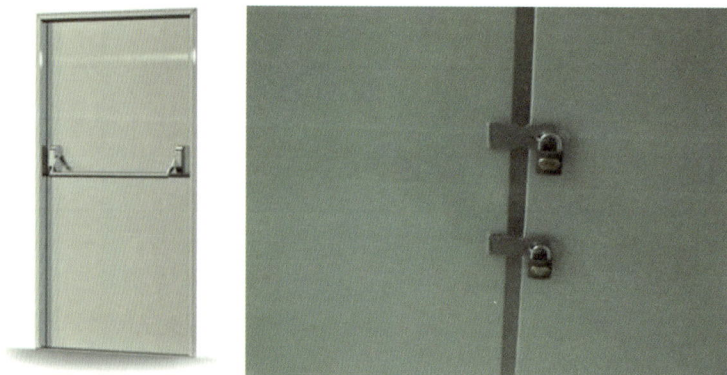

图 10-71　门上加双锁

（4）须保持库房内温度、湿度在限定范围之内（如图 10-72 和图 10-73 所示），以免食品物资因潮湿、高温等原因变质，塑料类物资在高温状态下变形变质，汽油、油漆、农药等在高温状态下变质，服装、工装物资在潮湿环境下发霉、生虫，印刷品、办公用品等受潮影响使用，以及密封装液体在低温状态下结冰膨胀等。

图 10-72 装上温湿度计

图 10-73 配备工业风扇

（5）消防设施：照明灯采用防爆灯，避免灯被碰坏或者碎裂等造成消防隐患；开关采用防爆开关，避免出现短路等情况；配置灭火器，灭火器种类根据库房储存材料的种类确定，以干粉灭火器为主。

（6）制度展板：库房管理制度、仓库安全管理制度、仓库管理员岗位职责等要上墙。

（7）储存货架：整体考虑各类物资的量及规格，货架分层高度可有差异；对于无法上架的工具物料，可采用分区放置，能够立着放置的尽量立着放置，以提高空间利用率；灵活使用货架挂件。

（8）货品标牌：按品种分规格进行配置。

（9）管理标识：库房识别标识、库房管理标识、安全标识、照明使用标识等配备齐全。

（10）灭鼠设施：配备防鼠挡板、灭鼠笼等。

（12）防汛设施：配备防汛沙袋、防汛挡板等。

具体如图 10-74 至图 10-85 所示。

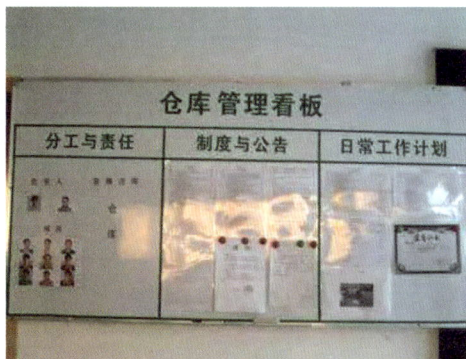

图 10-74 仓库管理看板

图 10-75 仓库管理制度上墙

图 10-76　仓库安全标识

图 10-77　灭鼠笼

图 10-78　防汛挡板

图 10-79　仓库的货架定位及库存卡

图 10-80　货架单层物品区域划分线

图 10-81　用整理箱／整理框进行物品分类

图 10-82　工程物料、工具悬挂放置

图 10-83 每个物品都有自己的物料卡

图 10-84 同类物资分属不同部门的
可用油漆涂装色环以示区别

图 10-85 食堂库房各类调料、冷鲜食品、粮食、蔬菜分类摆放

10.5 监控中心（室）6S 应用

（1）独立设置的消防控制室，其耐火等级不应低于二级；附设在建筑物内的消防控制室，应设置在首层或地下一层，并采用耐火极限不低于 2 小时的隔墙和不低于 1.5 小时的楼板与其他部位隔开，隔墙上的门应为乙级防火门，并设置直通室外的安全出口。

（2）消防控制室的入口处应设置明显标识。

（3）控制器的电源不能用插头连接，应用压线端子，与消防控制室无关的电气线路和管路严禁穿越。

（4）消防控制室室内照明不低于 200Lx，事故照明应能保证正常工作。

（5）消防控制室应设置不需总机接转的外线电话。

（6）监控室应配置消防设备，如消防服、消防头盔、消防靴、防烟罩、消防沙桶、消防铲等。

（7）制度上墙。上墙制度及图表内容包括以下几种。

① 消防控制室管理及应急程序。

② 火灾报警处置程序。

③ 重要电话号码表，包括公安、供水、供电、供气、医疗救护等公共应急救援服务机构的电话号码，本单位主要负责人和各部门负责人的电话号码，以及各部门值班人员的电话号码。

④ 消防控制室值班人员岗位职责。

（8）监控操作控制台上不允许放置与监控工作无关的物品（如茶杯、书报、香烟、打火机及其他影响监控工作与设备的物品）。

（9）中央监控室内只允许放置与监控人员相同数量的工作椅，并应按固定的位置摆放对讲机、充电器。

具体如图 10-86 至图 10-100 所示。

图 10-86　消防监控中心门外环境整洁

图 10-87　监控中心清扫工具、消防物资区域

图 10-88　监控系统的设备管理卡参数齐全

图 10-89　机房门上张贴"消防监控机房"及"机房重地，闲人免进"等标识标牌，并张贴机房责任示意图

图 10-90 消控室配置微型消防站设施：水枪、水带、消火栓扳手、干粉灭火器、过滤式防毒面具等

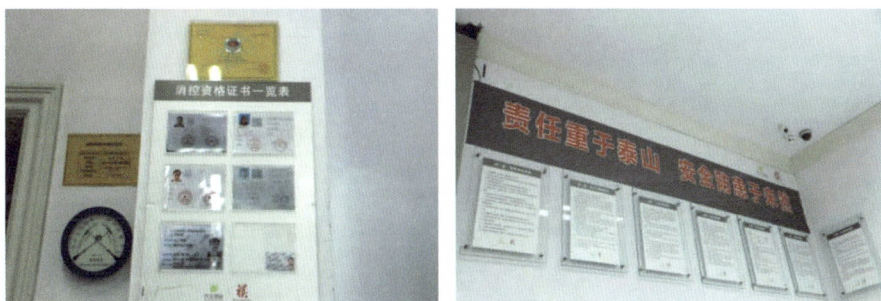

图 10-91 消防监控室机房需要人员 100% 持证上岗，并配置空调及温湿度计量表

图 10-92 监控中心设备定位划线

图 10-93　办公台上计算机定位摆放

图 10-94　不放与工作无关物品

图 10-95　工作人员统一着装

图 10-96　监控中心各项记录

图 10-97　火灾处理流程、消防疏散图上墙

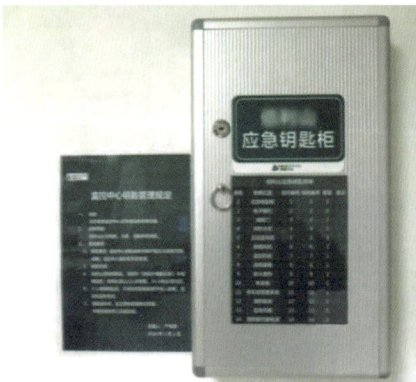

图 10-98　监控中心钥匙柜标识与记录清晰，钥匙摆放整齐

图 10-99 紧急救助电话上墙

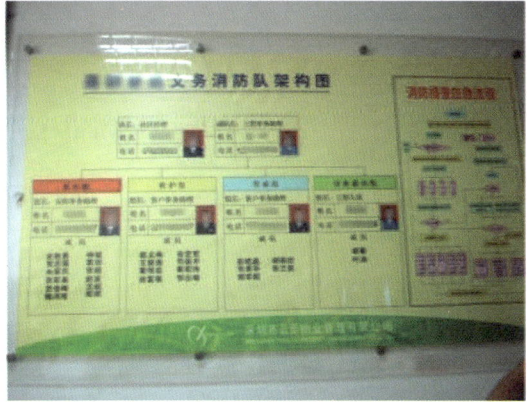

图 10-100 物业小区义务消防队架构图上墙

第11章 物业设施设备管理6S应用

本章主要讲述供配电系统、给排水系统、中央空调系统、电梯系统,其中机房(即设备房)管理的通用要求请参照本书第10章的内容,但各系统中设备房的一些6S应用图片也相应有所展示。

11.1 供配电系统6S应用

供配电系统主要包括高低压配电房、楼层配电室及其他专用配电室和备用发电机组机房。图11-1和图11-2为高压配电房、配电间内景。

图11-1 高压配电房内景

图11-2 配电间内景

11.1.1　供配电系统标识要求

（1）高低压配电房主要出入口外应设置"高压配电室""低压配电室""机房重地，闲人免进"等白底红字的标识牌。

（2）高压进线如设在配电室内或室外，且是开放式安装的，则要在护栏上或导线上挂上"高压危险"标识牌。

（3）在高压配电柜的进线柜的正面和背面，要在适当的位置上标识进线回路的名称，如"水荫 F9""阳明 F4"等，并与系统图上的标识保持一致。

（4）对已经送电的高压开关和已退出运行的高压开关，要挂统一的"投入""正在工作，严禁合闸"标识牌。

（5）高低压配电柜的顶部应明确标识该柜在系统中的编号，且必须和竣工图上的标号相一致。有条件的情况下还应标明该柜的功能和用途，如"联络柜""计量柜""馈电柜"等。

（6）在低压配电柜的所有送电开关的面板上，应该用统一的字样表示该路开关的回路名称。

（7）在低压配电送电的母线槽电缆上应挂有已经标注回路名称的金属牌；在同一回路不同的适当位置挂上统一的标识牌。

（8）楼层配电室及专用管井应该有明确的标识牌。

（9）高低压配电室及其他独立的配电室内的接地点，应有明确统一的接地点标识。

供配电系统标识要求如图 11-3 至图 11-11 所示。

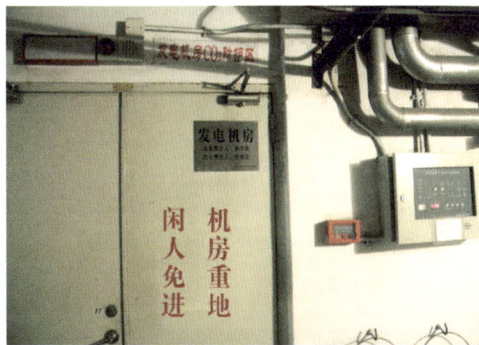

图 11-3　发电机房门上的标识

图 11-4　低压电房门上的标识

图 11-5　配电柜前地面标识

图 11-6　设备控制柜布局合理，桥架母线标识清晰

图 11-7　配电室专用文件柜、安全工具柜设置规范

图 11-8　配电室设置管理信息公示牌、运行信息公示牌

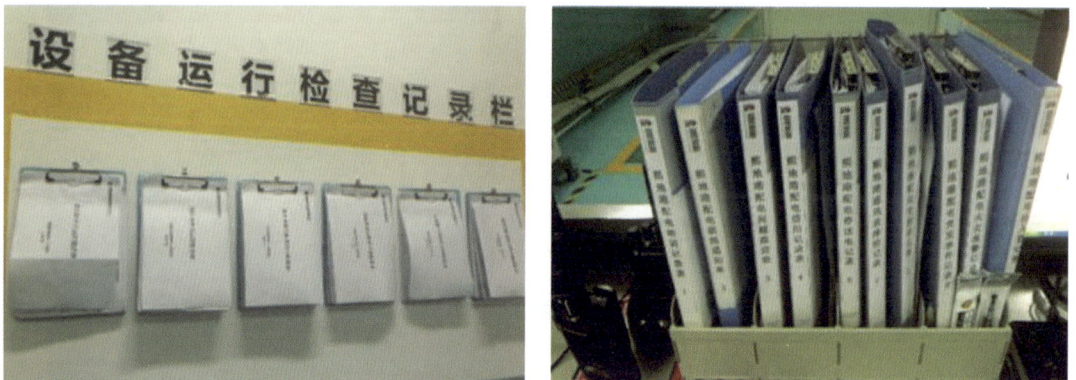

图 11-9　设备运行记录规范、统一

图 11-10　室外配电柜前画出安全工作区域

图 11-11　室外电箱安全标识和管理卡

11.1.2　高低压配电房运行的 6S 环境要求

（1）高低压配电房运行的 6S 管理要求见表 11-1。

表 11-1　高低压配电房运行的 6S 管理要求

序号	项目	环境要求
1	门	（1）外开，门洞有防鼠防小动物装置，门扇有通风百叶，门内侧装有防火自动垂帘（或其他防火隔断措施）； （2）防火门及金属门应保持完好，防腐油漆定期翻新； （3）门外应有明显的标识，如"高低压配电室"或"机房重地、闲人免进"
2	墙身	刷白色或灰色，无施工遗留痕迹（如图 11-12 所示），无明显的凹凸不平及挂尘的现象。墙身只允许挂"系统图"及"规章制度"
3	天花板	刷白，无漏水痕迹，无蜘蛛网

序号	项目	环境要求
4	地板	可根据实际情况选择以下某种处理方法： （1）水泥地板全部刷灰色地板漆； （2）铺防潮、防滑地砖； （3）用阻燃夹板作为地板。 不管采用上述哪种方式，都要在距离配电柜50厘米处用黄色油漆画上10～15厘米宽的警戒线，并在操作范围内铺上对应电压等级的绝缘胶垫

图 11-12　地面采用环氧地坪，墙面涂刷灰色防水墙裙

（2）楼层配电室及其他专用配电室（含配电专用管井）的要求与高低压配电室相同。对穿过楼板的母线槽、电缆桥架，必须做好防水浸的拦水基，要求设置具有阻水功能的防水门槛。

（3）备用发电机组机房的6S管理要求如下。

① 地面应做好防尘处理。

② 发电机台架应高于地面，在距离台架20厘米处应画有黄色警戒线。

③ 发电机组的槽钢底座不应有锈蚀现象。

④ 水冷发电机组的台架四周应有完整的排水沟，其宽度不宜超过15厘米。

⑤ 发电机组的日用油箱应设在有门的独立房间，门外侧应有明显的"严禁烟火"警示牌。

⑥ 发电机组的启动电池应放置在专用的台架上。

⑦ 发电机房的照明、通风、冷却、泵油设备的用电应接入回路，以保证发电机组送电后这些设备的安全运行。

高低压配电房运行的6S要求展示如图11-13至图11-24所示。

图 11-13　配电房门外标识规范、警示线明确

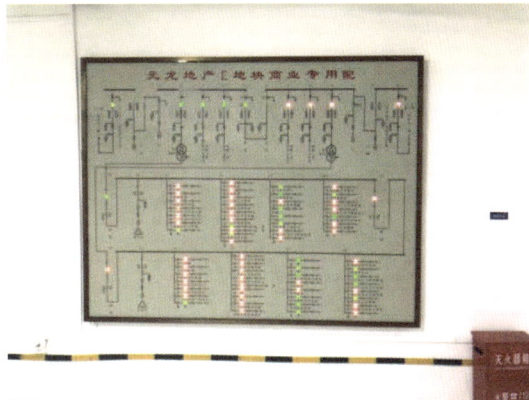

图 11-14　配电设备模拟运行情况

图 11-15　发电机储油罐油位标识清晰

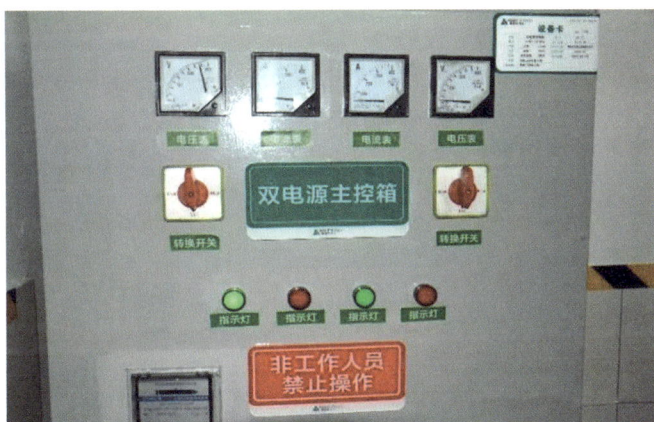

图 11-16　双电源主控箱标识牌、设备卡规范粘贴

图 11-17　电源箱标识规范、整齐划一

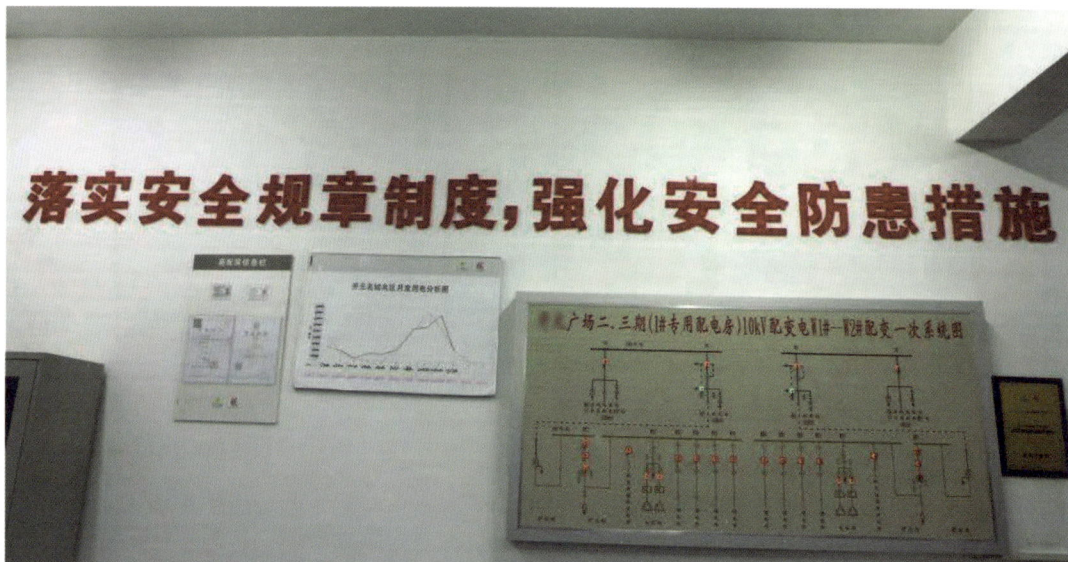

图 11-18　安全标语和各种管理用图上墙

图 11-19　配电房制度公示

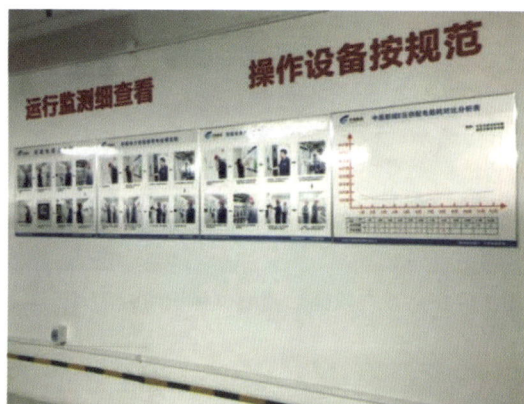

图 11-20　配电房图示标准化

图 11-21　"禁止合闸"挂牌

图 11-22　配电房绝缘胶垫及高低压配电柜

图 11-23　变压器（室内安全保护）

图 11-24　变压器（室外安全保护）

11.2　给排水系统 6S 应用

11.2.1　给排水系统的标识

（1）所有的水泵房（见图 11-25 和图 11-26）、减压阀房、排污泵房、管井房等门口应有房间功能标识牌，具体如图 11-27 所示。

图 11-25　水泵房场景

图 11-26　生活水泵房

图 11-27　房间功能标识牌

（2）水泵房内应将供水示意图悬挂在墙上，具体如图 11-28 所示。

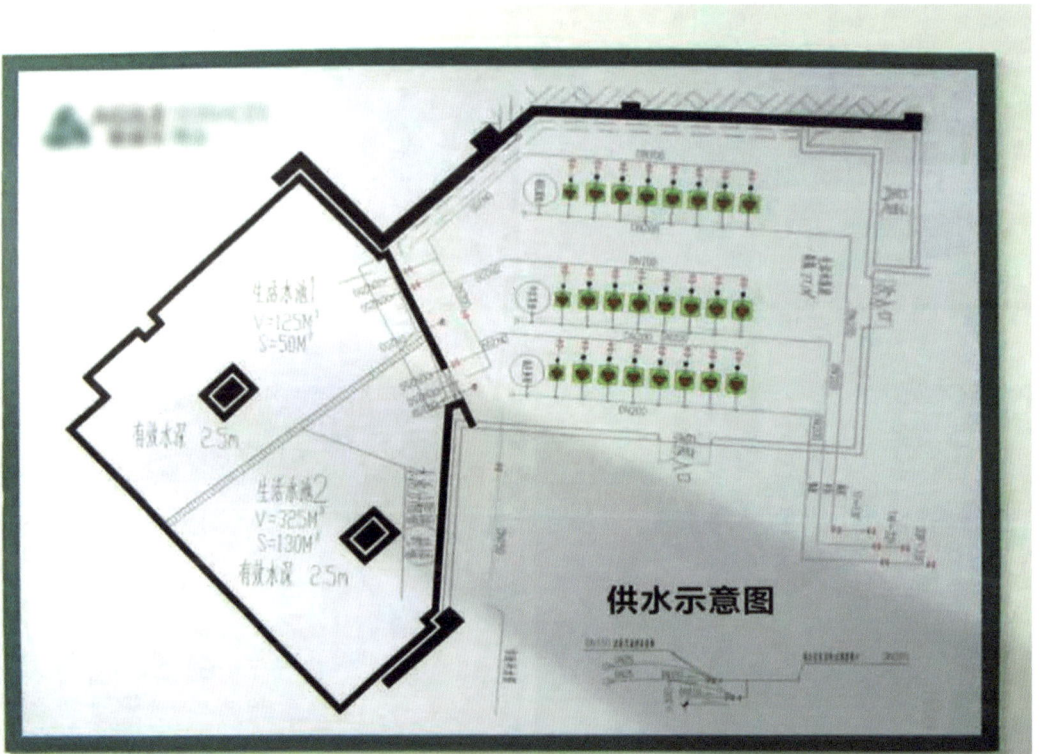

图 11-28　供水示意图上墙

（3）系统内所有水泵、阀门、管道等关键位置要设置标识牌，具体如图11-29至图11-32所示。

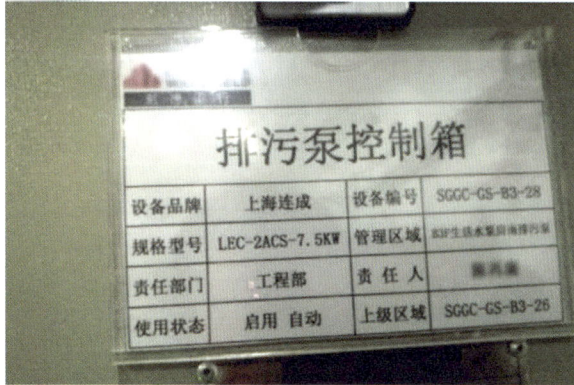

图 11-29 设备管理卡参数信息完善

图 11-30 水泵房设备标识规范整齐

图 11-31 供水管、排水沟渠刷油漆且标识清晰

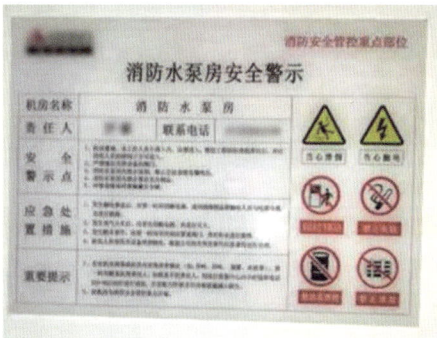

图 11-32 安全警示标识

11.2.2 给排水系统设备间 6S 要求

给排水系统设备间 6S 要求如表 11-2 所示。

表 11-2　给排水系统设备间 6S 要求

序号	设备间类别	6S 要求
1	生活水泵房	（1）生活水泵房的天花板、墙身刷白（如泵房噪声对外有干扰，应使用吸音设施）； （2）房内不准放置杂物，照明良好，并有应急灯装置； （3）门扇为外开防火门；地面做好防滑、防水处理； （4）水泵基座应高于地面，基座周围应有通至地漏或集水井的排水明沟； （5）泵房内管道应喷上防腐油漆，并用箭头标明水流方向；阀门应挂上用耐用材料做成的标识牌，标识牌应标明该阀门正常工作时应处的状态； （6）水泵的泵体、电机外壳支架和水泵的电源箱（柜）或控制柜的保护油漆面应保持良好，不应有锈蚀；电机的表面油漆不宜过厚，避免造成散热不良
2	减压阀房	（1）减压阀房的天花板、墙身刷白；房内不准放置杂物，且照明良好；门扇为外开门，并设置不低于 10 厘米的防水门坎；地面做好防滑、防水处理；地面应有通至地漏的排水明沟； （2）减压阀阀体油漆应保持良好，不得有锈蚀，并挂有用耐用材料做成的标识牌；标识牌上要标明阀前压力和阀后压力等重要技术指标；在阀前或阀后压力表上应在设定值的位置上用红油漆划上明显的警戒红线； （3）减压阀房内管道应喷上防腐油漆，并标注明水流方向
3	水表房	（1）水表房的天花板、墙身刷白；不准放置任何杂物，且照明良好；门扇完好，门前不应放置障碍物； （2）水表房内所有阀门无漏水现象，水表油漆良好无锈蚀，在干管管道上应喷有指示水流流向的箭头； （3）水表面板无积尘，表内数字清晰易读
4	楼层管井房	（1）管井照明灯具完好；管井门为外开防火门，无破损，门板油漆保持良好，门栓、门锁完好；水管井应设置不低于 10 厘米的防水门坎； （2）地面整洁、无杂物，管道支架上没有遗留的施工垃圾；管道卡码完好，金属管道的防腐油漆覆盖完好并有正确的分色； （3）各类阀门完好，无漏水、锈斑，压力表显示清晰、正确
5	排污泵房	（1）排污泵房的集水井应有可站人的铁栅上盖，铁栅应保持油漆覆盖，不应有锈蚀； （2）集水井内无废胶袋、木块等杂物； （3）控制电箱整洁无尘，并能正常工作； （4）液位控制器上不附着杂物； （5）阀门上应挂状态标识牌

给排水系统设备间 6S 活动后图片示范如图 11-33 至图 11-61 所示。

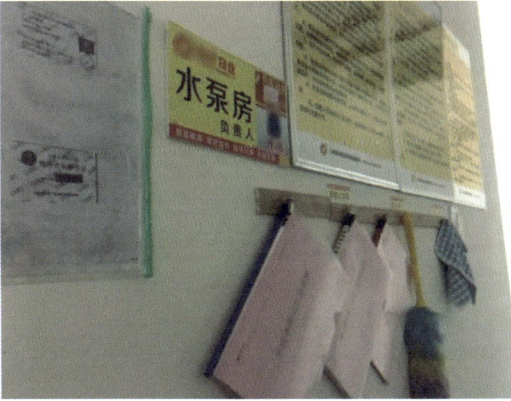

图 11-33　水泵房名、制度、记录

图 11-34　制度上墙、管道箭头、地面油漆

图 11-35　机房配温湿度计

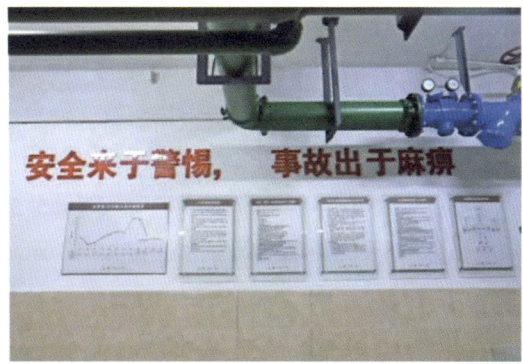

图 11-36　机房警示标语

图 11-37　水泵房信息栏

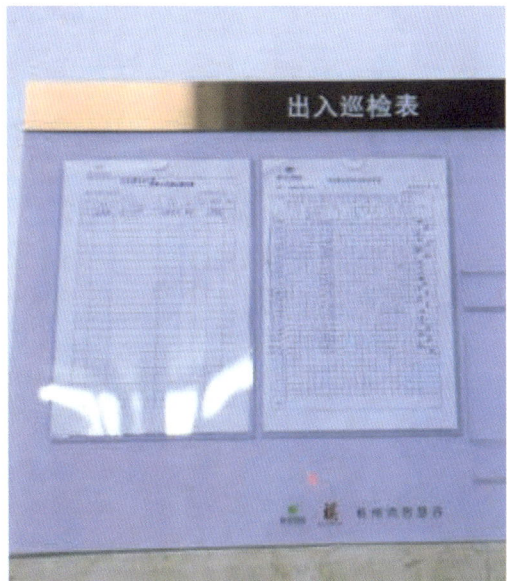

图 11-38　水泵房出入巡检表

图 11-39　灭火器、清洁工具、设备等定位放置

图 11-40　水泵智能控制柜柜面

图 11-41　水泵房各压力表指示正确

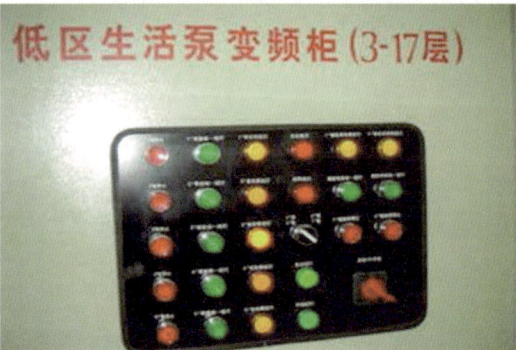

图 11-42　设备名标识清晰

图 11-43　设备卡、状态标识清晰

图 11-44　基座（地砖和警示）

图 11-45　设备安全保护（网罩和标识）

图 11-46　管道（油漆和标识）

图 11-47　管道（流向标识）

图 11-48　油漆和标识（水池刻度）

图 11-49　设备标识

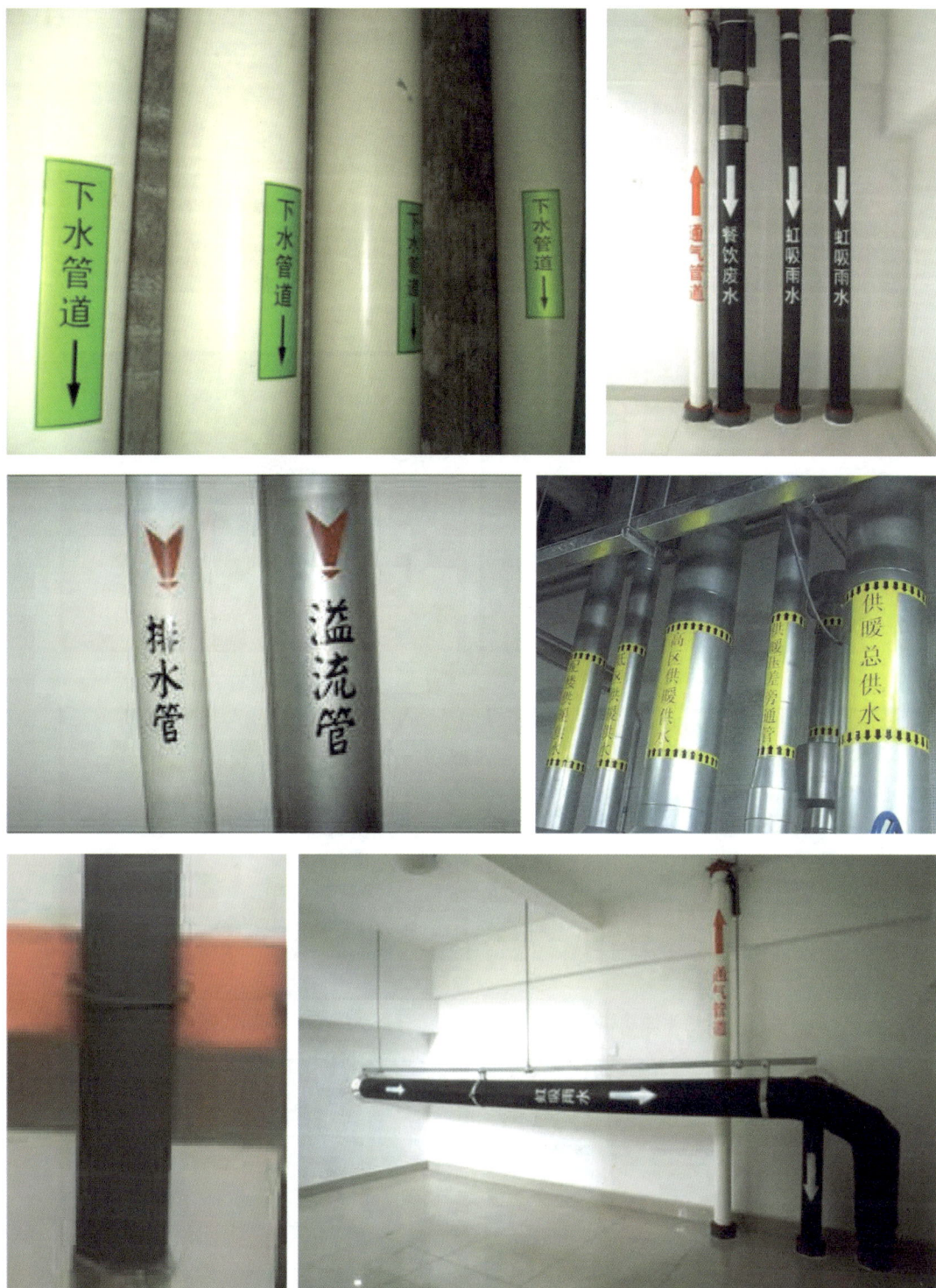

图 11-50　管道流向标识

图 11-51　常开状态标识

图 11-52　警示标识与警示语

图11-53 设备标识(油漆+标识+保护)

图11-54 设备标识(设备名+状态)

图11-55 管道涂上油漆防腐

图11-56 巡视(查)路线和起点标识

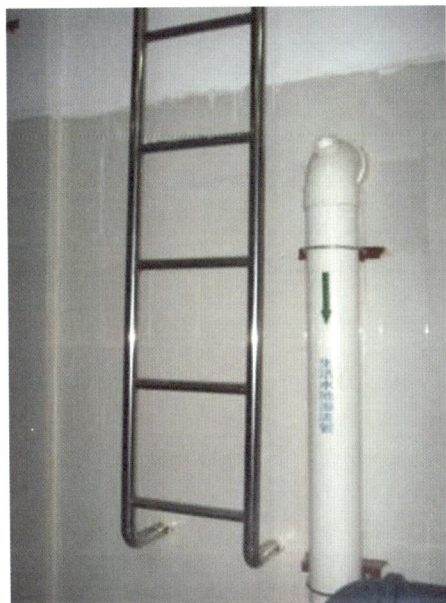

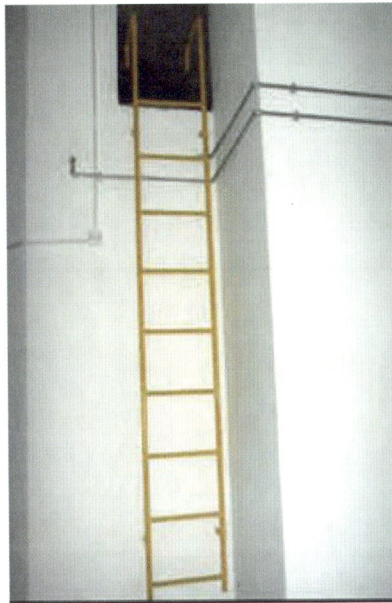

图 11-57　水泵房内的梯子

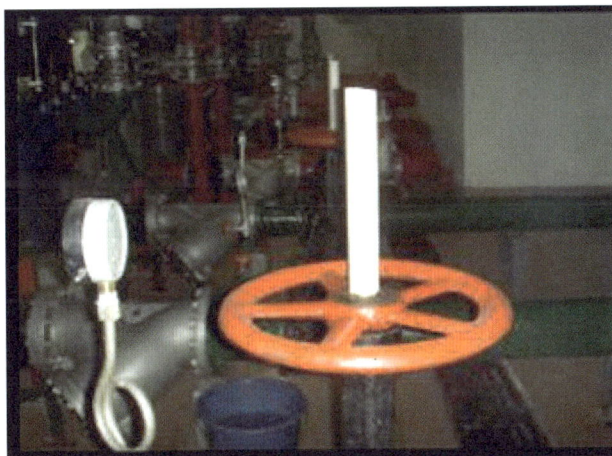

图 11-58　设备开关保护

图 11-59　潜水泵保护

图 11-60　设备保护（转向标识）

图 11-61　阀门、螺栓用 PVC 套管防腐

11.3 中央空调系统 6S 应用

11.3.1 中央空调系统运行环境要求

中央空调系统设备间运行的具体环境要求见表 11-3。

表 11-3 中央空调系统设备间运行的环境要求

序号	设备间类别	环境要求
1	中央空调系统主机房	（1）天花板、墙身刷白； （2）在对外部可能形成噪声影响的机房的门、墙及天花板等地方做好吸音隔噪措施； （3）地面宜做防尘的油漆处理，并应做好疏水、防水处理； （4）冷却系统、冷冻水系统的管道上应喷上明显的标识，并用不同的颜色标示出其介质流向，如"冷却上水管""冷却回水管""冷冻上水管""冷冻回水管"等； （5）所有阀门应挂上用比较耐用的材料做成的标识牌。标识牌上应有对应设备的相关技术数据及其在系统内的功能、正常情况下的状态等内容； （6）主机台架应高于地面，在 Y 形过滤器及放水阀门位置的地面应有排水明沟； （7）属于冷冻水系统的设备、管道（含冷冻水泵的泵体），其保温效果应该良好；冷冻水泵及冷却水泵的泵轴的轴向漏水应有专门的排水通道；泵基础、泵台架应保持清洁、干燥
2	新风机房及空气处理机（风柜）房	（1）设备房门应外开，门槛应为不低于 10 厘米高的防水地槛；基座四周应设置排水明沟，且地漏完好；新风进口、回风百叶应洁净无尘； （2）设备房内的维修照明完好，并设置有维修用的专用插座
3	二次冷冻泵及热交换器机房	要求同中央空调系统主机房
4	排风机房	（1）机身应喷涂防锈漆（非镀锌机件）； （2）风机机座和风管支撑件均要做防潮防腐处理，用水泥制作的基座墩应用专用的地板漆进行覆盖； （3）应悬挂排风机的标识牌（包括技术数据、功能、状态等内容）； （4）设备和设备附件以及房间的墙身、天花板应保持清洁、干燥
5	露天的加压送风机及排烟风机	（1）对于露天的加压送风机及排烟风机，在有条件的情况下应加装防雨篷架； （2）机身应喷涂防锈漆和外层保护漆（建议银灰色），风机机座和风管支撑件均要做防水防腐处理； （3）在适当的位置悬挂标识牌（包括技术数据、功能、状态等内容）； （4）设备和设备附件应保持清洁、干燥； （5）带电、旋转部件及进（出）风口应有安全警示标识

中央空调系统设备间运行的环境要求如图 11-62 至图 11-67 所示。

图 11-62　二次热交换机房地面平整、涂上绿漆

图 11-63　换热机房定位、标识清晰

图 11-64　风机房内景、外景

图 11-65　地面采用环氧地坪，设备周边涂刷警戒线标识，介质流向标识明确

图 11-66　空调机房冷冻水管采用镀锌铁皮包覆，保温又整洁、美观

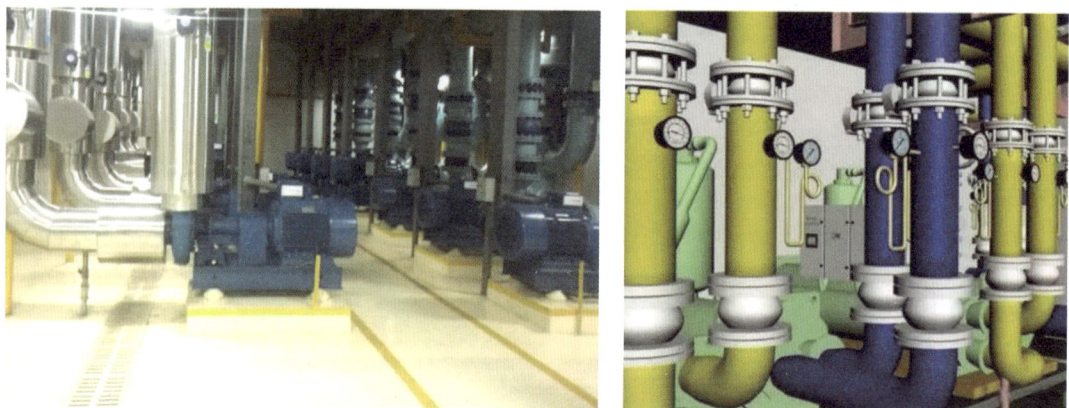

图 11-67　不同管道用不同颜色区分

11.3.2　维护好系统的标识

（1）在空调设备地应有"主机房（冷冻站）""二次热交换机房""新风机房""空调机房""空调系统配电房（柜）"等功能性标识牌。

（2）机房设备的主供电导线上应有分相标准（红色、黄色、绿色）的色彩识别，安全区域边缘应有黄色的安全警戒线，旋转部件、易触电位置等必须悬挂警示牌。

（3）必须在冷冻（却）水管路系统的明显、关键位置设置水流方向和供水区域的标识。

（4）冷冻（却）水管路系统的控制阀上必须悬挂包括系统唯一编号和功能的标识牌（隶属系统、型号、功能等）及启闭状态标识牌。

（5）空调配电柜在相关回路位置悬挂其运行状态标识牌和警示牌。

中央空调系统标识示例如图 11-68 至图 11-76 所示。

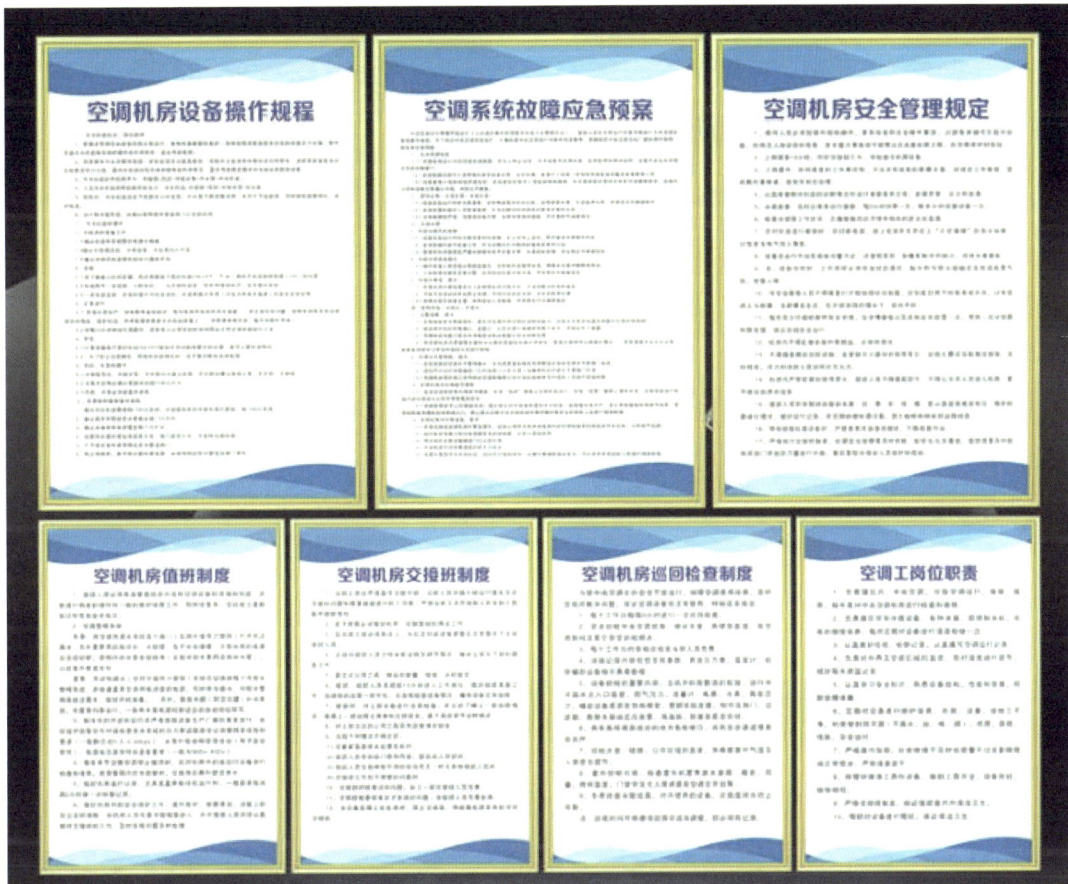

图 11-68 空调机房制度上墙

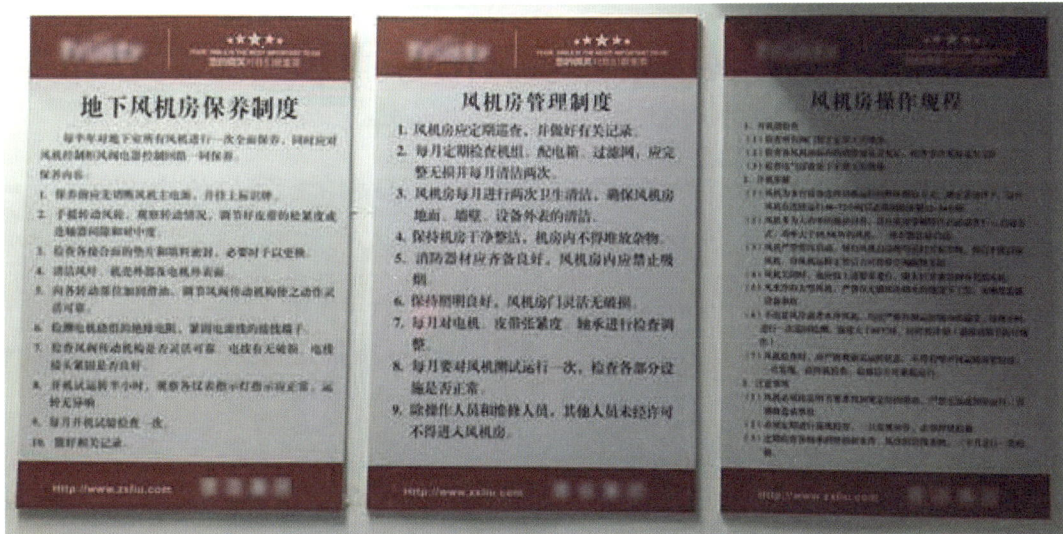

图 11-69 风机房制度上墙

图 11-70　风机房门上各样标识

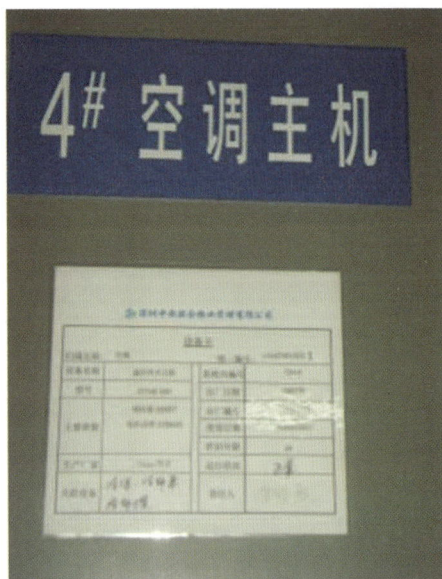

图 11-71　空调主机的名称及设备卡

图 11-72　各类管道油漆＋标识

图 11-73　管道文字标识及流向箭头

图 11-74　管道涂色、名称标识

图 11-75 设备名称标识

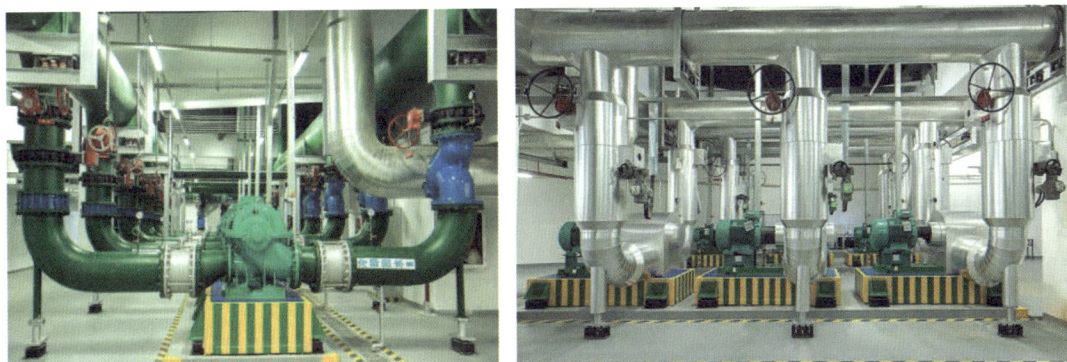

图 11-76 基座定位、画上老虎标记线

11.4 电梯系统 6S 应用

11.4.1 电梯系统标识

（1）电梯机房主要出入门外应有"电梯机房""机房重地，闲人免进"等标识。

（2）首层电梯厅门外应有电梯的编号。轿厢内挂有表示电梯载重量的标识牌、电梯安全使用规则，并有质量技术监督部门颁发的有效的年检合格证。

（3）如果外墙用的提升设备多于一台，应做好编号。在其电源箱或控制箱的表面，应有"非操作人员严禁开启"的警示。

电梯系统标识展示如图 11-77 至图 11-83 所示。

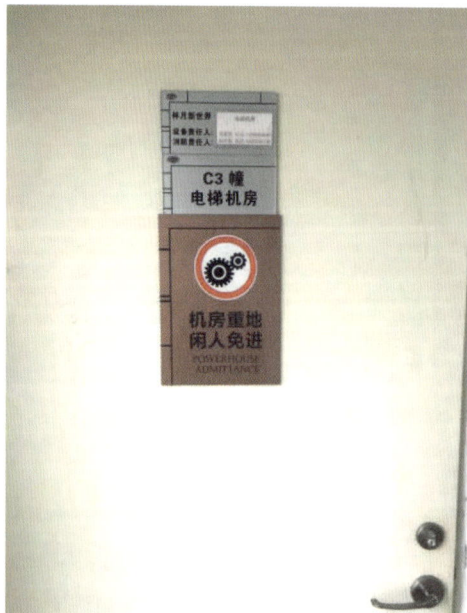

图 11-77　电梯机房门口标识

图 11-78　电梯机房防鼠板

图 11-79　电梯机房内各类标识齐全

图 11-80　每部电梯有编号标识

图 11-81　警示标识

图 11-82 操作区与警示标识明确

图 11-83 限吊标识清晰

11.4.2 电梯机房 6S 要求

（1）电梯机房的天花板、墙身刷白，无漏水、渗水现象；地面采用专用地板漆油漆（灰色）或铺防潮、防滑地砖；控制柜、主机周围画黄色警戒线。

（2）门外开，并有锁闭装置；门上应有明显标识，如"电梯机房""机房重地，闲人免进"。

（3）机房内不应存放无关的设备、杂物和易燃性液体，并应设置手提灭火装置。

（4）机房内应有良好通风，保证室内最高温度不超过 40℃；当使用排风扇通风时，如安装高度较低，应设防护网；曳引绳、限速器钢丝绳、选层器钢带穿过楼板孔时，四周应筑有不低于 10 厘米的永久性防水围栏。

（5）主机上方的承重吊钩不应有锈蚀现象，涂黄色油漆，并在吊钩所在的承重梁上标明最大允许载荷。

（6）盘车工具齐全，并应挂在对应主机附近的墙上，便于取用；在盘车的手轮或电机的后端盖易于看到的位置，用明显的箭头标出盘车轮的转动方向与轿厢运动方向一致的标识。

（7）电梯机房内应设有详细说明，指出当电梯发生故障时应遵循的操作规程，包括电梯困人的解救步骤等。

（8）当同一机房内设置有数台曳引机时，各主开关与照明开关均应设置标明各开关所对应的电梯编号及对应控制设备名称的标牌。

电梯机房 6S 要求展示如图 11-84 至图 11-98 所示。

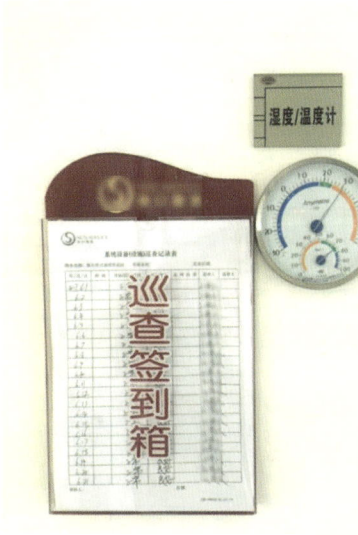

图 11-84 配备温湿度计和巡查签到箱

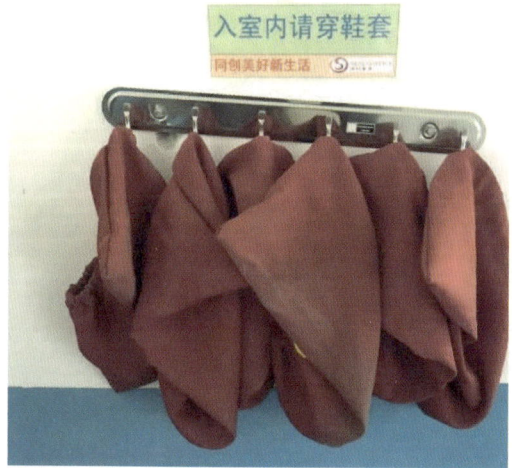

图 11-85 "入室内请穿鞋套"标识与鞋套定位

图 11-86 机房内每台设备有设备编号及责任人卡片

图 11-87 电梯机房标识清晰，操作规程规范上墙

图 11-88 电梯机房管理制度上墙，责任人、温湿度计、各类记录等规范整齐

图 11-89 机房地坪刷上地坪漆

图 11-90　机房安全标语

图 11-91　电梯机房配备应急工具

图 11-92　机房线槽刷上老虎线并贴相关安全标识

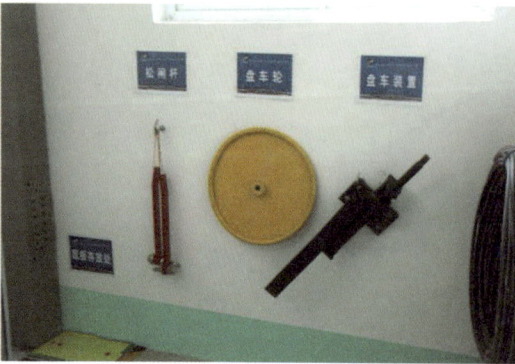

图 11-93　电梯机房内盘车工具

图 11-94　机房照明自动装置

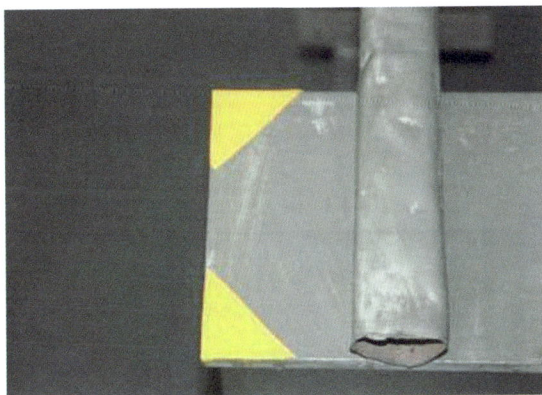

图 11-95 防撞角须涂刷黄色标记

图 11-96 钢丝绳孔须涂刷黄色

图 11-97 平层区标识

图 11-98 机房内须摆放灭火器，定期检查

11.4.3 电梯轿厢 6S 要求

（1）轿厢照明正常，天花板及地板清洁无破损；风扇运行可靠且无噪声和异常振动；操作面板、电话、对讲机、监视器、应急灯、警铃、超载报警等均运行良好。

（2）轿厢应挂有标有本梯限载的标识牌及电梯使用须知，并有质量技术监督部门颁发的有效的年检合格证。

（3）厅门和轿门地坎的导槽应保持清洁、无杂物。

电梯轿厢 6S 管理示例如图 11-99 至图 11-101 所示。

图 11-99　电梯安全提示

图 11-100　电梯使用须知

图 11-101　电梯内标识齐全

11.4.4 维保信息看板

维保信息看板按公司统一模版制作，材质为 PVC，插页盒盖为有机玻璃。

看板须张贴在机房醒目位置，建议设置在机房一进门左手边墙上，左边为电梯维保人员的信息，包括姓名、员工号、联系方式等；右边为年度保养工作计划表，记录每次维保情况。

电梯维保信息看板如图 11-102 至图 11-105 所示。

图 11-102　电梯房配温湿度计及运行记录

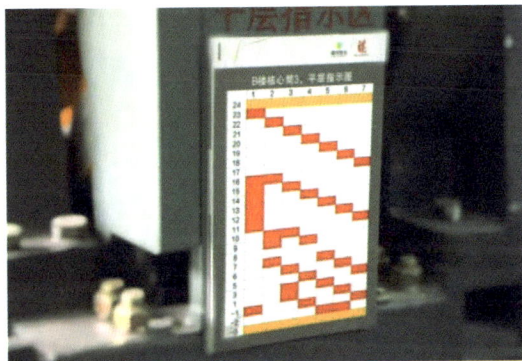

图 11-103　电梯平层标识

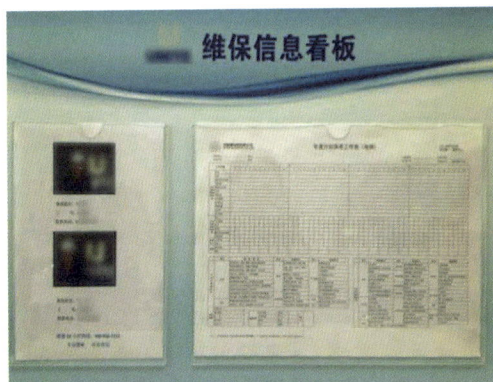

图 11-104　机房内张贴设备房职责示意

图 11-105　机房进门醒目位置贴上维保信息看板

第 12 章   各部门 6S 应用

12.1   办公区域 6S 应用

12.1.1   制度上墙公示

（1）公示牌须洁净、整齐、无破损。公示牌底边边缘距地面高度不宜超过 1.5 米，方便人们阅读，具体如图 12-1 所示。

（2）制度类公示用液晶屏滚动播放，包含物业管理服务标准、服务内容、收费标准、业务办理流程等，具体如图 12-2 所示。

图 12-1   办公室制度上墙

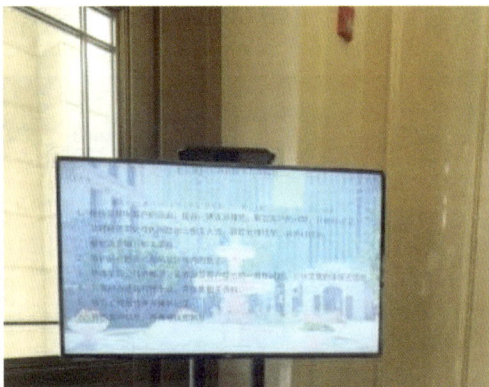

图 12-2   制度类公示滚动播放

12.1.2   办公桌面的管理要点

（1）办公桌面上可长期放置的物品主要有文件夹、电话机（传真机、打印机）、计算机、笔筒、台历、水杯等。长期放置的物品应加以定位，具体如图 12-3 所示。

（2）允许张贴电话通讯录或与工作有关的参考资料。

（3）文件夹要求有明确的标识（如待处理、处理中、已处理等）。

（4）要求全部物品必须有定位线。

图 12-3　办公桌上的物品定位放置

12.1.3　办公文具的整理、整顿

1. 制定部门及个人的持有标准

确定各部门（部、科、班组等）和员工个人可以持有的文具种类及数量，避免不必要的重复持有（多层持有），用完之后才可以补充。

2. 清点多余的办公用品

对照标准，清点所有的办公用品，将那些不用的或不常用的物品集中回收到办公用品管理员处或公司仓库。每天工作中经常用到的办公用品可留下来，由员工个人持有或作为部门的公用物品。图 12-4 为某企业职员的办公文具示例。

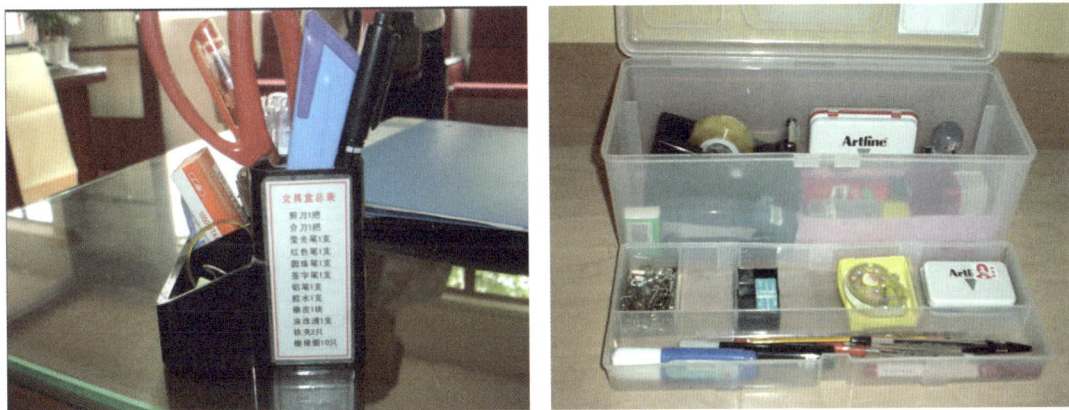

图 12-4　办公文具示例

12.1.4　办公用品的摆放

办公用品应合理摆放，做好定位管理，其示意如图 12-5 所示。

图 12-5　办公用品定位管理

12.1.5　文件架（盒）、文件夹的管理

（1）文件架、文件夹的规格依据企业自身情况而定。

（2）文件夹的标签应包含编号、文件名称、所属部门等内容。

（3）文件架的标签应包括所属部门、文件类别、责任人等内容。

（4）标签要按公司要求进行制作。

办公桌面文件架（盒）、文件夹的示意如图 12-6 和图 12-7 所示。

图 12-6　办公桌面文件夹

图 12-7　设置文件清单，清单与文件分开放置

12.1.6　抽屉的管理

（1）抽屉内物品要做好分类；抽屉外面要有标识，让人看一眼就知道里面放的是什么东西。

（2）办公用品放置有序，常用的放置在上层，不常用的或个人用品放置在下层。

抽屉的管理示意如图 12-8 至图 12-10 所示。

图 12-8 抽屉上贴上储物名称标签

图 12-9 抽屉内物品分类放置

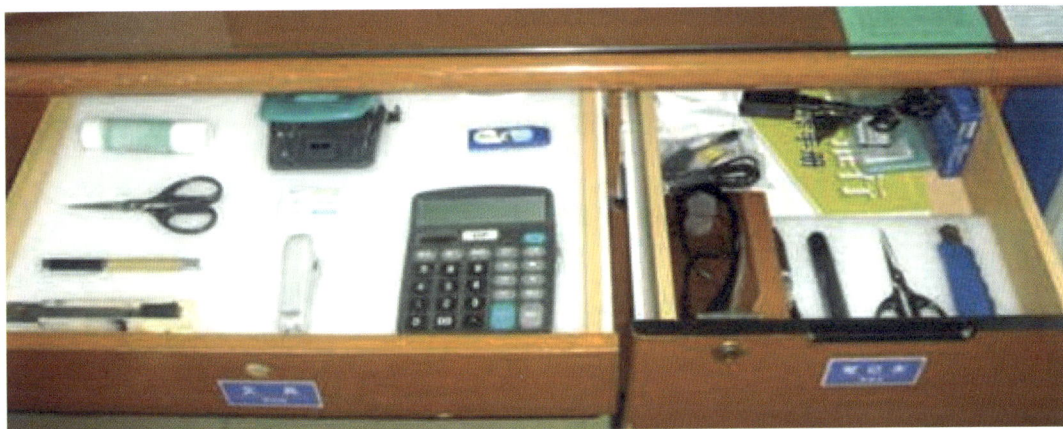

图 12-10 抽屉内物品放置得井然有序

12.1.7 储物柜的管理

（1）储物柜应定位放置。

（2）储物柜门要有标识，同一区域的标识风格必须统一。

（3）公用的储物柜要有管理责任者标识。

储物柜的管理示意如图 12-11 和图 12-12 所示。

图 12-11　储物柜上有名称及数量标签

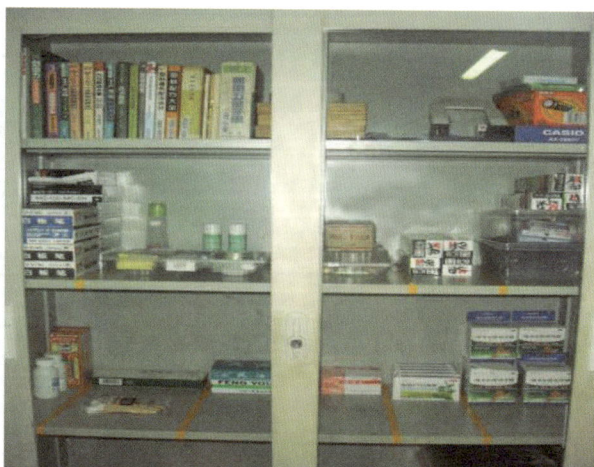

图 12-12　柜子装上透明的玻璃

12.1.8　文件柜内文件管理

（1）所有的文件柜都需要编号，并且文件柜的编号要标在文件夹侧脊上。

（2）同层文件要按顺序编制序号，与文件柜号同列在上面；同一系列文件要有序列号，标在下面。

（3）各层文件夹通过颜色区分，其示意如图 12-13 和图 12-14 所示。

图 12-13　文件夹整齐摆放

图 12-14　文件夹侧脊编号

12.1.9　公共区域管理

（1）地面、角落清扫干净，无积尘（徒手抹过无灰尘）、纸屑；天花板无积尘、蜘蛛网。

（2）墙壁整洁，无乱涂乱画、乱张贴。

（3）窗台、窗帘干净无尘（徒手抹过无灰尘）。

（4）各公共设施、设备（如桌椅、台柜、打印机、复印机、传真机等）整洁、无积尘。

（5）所有体积较小、易移动且须长期固定放置的物品要有定位线及定位标识，其示意如图 12-15 所示。

（6）物品摆放整齐、标识清晰并有明确的负责人，其示意如图 12-16 所示。

图 12-15 空调与花盆定位

图 12-16 打印机和文件筐定位

12.2 员工宿舍 6S 应用

12.2.1 员工宿舍人员与物资管理

（1）明确员工宿舍责任人（寝室长），制作员工宿舍一览表，并贴上墙，其示意如图 12-17 所示。

（2）员工宿舍的物资应列明清单，其示意如图 12-18 所示。

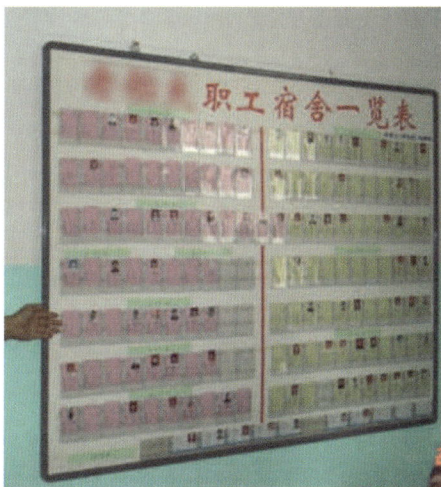
图 12-17 设置员工宿舍一览表

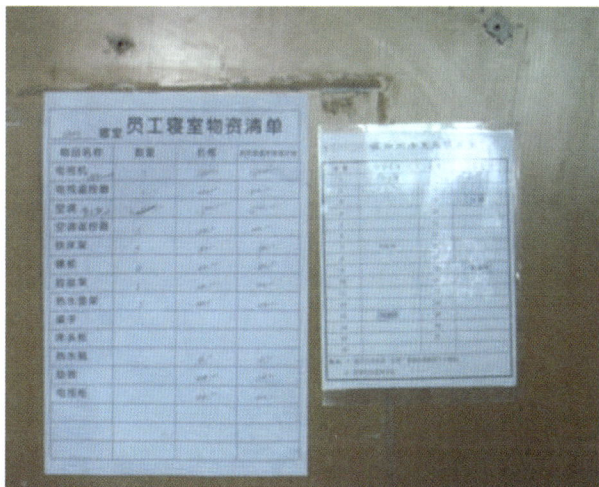
图 12-18 员工宿舍物资清单

12.2.2　鞋子的摆放标准

（1）所有鞋子统一定位摆放于床底，其示意如图12-19所示。

（2）所有鞋子整齐摆放成一条直线。

图12-19　鞋子定位划线

12.2.3　床上用品的摆放标准

（1）床上的棉被应整齐叠放，枕头摆放于被子侧面，其示意如图12-20所示。

（2）床上禁止摆放排插等电器设备，防止漏电引发火灾。

（3）床上用品定期清洗，保持床上用品的干净整洁。

图12-20　宿舍床上用品的摆放

12.2.4　空床位的使用标准

宿舍部分床位暂无人使用时，应保持床板完好无损，床位上无杂物，不能摆放其他私人物品，其示意如图12-21所示。

图 12-21 空床位使用标准

12.2.5 宿舍衣柜的使用标准

（1）每人一个衣柜，标上编号及使用者的信息卡，其示意如图 12-22 所示。

（2）衣柜内所有衣服用衣架挂起或整齐叠放，其示意如图 12-23 所示。

（3）衣柜底层可存放书本、纸巾、化妆品等小件物品，应整齐有序摆放。

图 12-22 每人一个固定衣柜

图 12-23 衣柜内衣服摆放整齐

12.2.6 洗漱用品的摆放标准

（1）所有毛巾用衣架撑起，整齐悬挂在阳台铁丝上，其示意如图 12-24 所示。

（2）牙膏牙刷等私人物品定位存放，其示意如图12-25所示。

图12-24 毛巾悬挂在阳台铁丝上

图12-25 牙膏牙刷定位存放

12.2.7 洗漱台的清洁标准

（1）时刻保持洗漱台的洁净，确保洗漱台表面无污渍、灰尘及其他杂物。

（2）保持水龙头完好无损，无漏水现象，如有破损应及时报修。

（3）保持洗漱台附近地面干净、无积水，其示意如图12-26所示。

图12-26 洗漱台表面无污渍、灰尘、杂物等

12.2.8 阳台水桶及脸盆的摆放标准

（1）所有水桶摆放于阳台上，靠阳台的防护墙依次摆放，其示意如图12-27所示。

（2）脸盆可以摆放于水桶上。

（3）保持阳台地面干净、无积水、无其他杂物。

图 12-27 水桶摆放于阳台上

12.2.9 洗手间地面清洁标准

（1）保持洗手间地面干净、无垃圾、无异味，定期清理便池，保持便池无污垢等，其示意如图 10-28 和图 10-29 所示。

（2）保持冲凉房内的设施完好无损，如有破损需及时报修。

图 12-28 定期清理便池

图 12-29 洗手间地面干净

12.2.10 洗澡房清洗用品的摆放标准

（1）清洗用品统一摆放于洗澡房储物架上，保持储物架干净，及时清理储物架上的空瓶，合理利用现有资源，其示意如图 12-30 所示。

（2）保持洗澡房墙面清洁、无污垢。

图 12-30　洗澡房清洗用品的摆放

12.2.11　宿舍垃圾篓、清洁工具的摆放标准

（1）宿舍内的垃圾篓及清洁工具统一摆放于定位处，其示意如图 12-31 所示。

（2）及时清理垃圾篓内的垃圾，保持垃圾篓及清洁工具完好无损。

图 12-31　垃圾篓、水桶及清洁工具定位摆放

12.3　员工食堂 6S 应用

12.3.1　厨房工具及用具管理

（1）所有厨房工具及用具（如菜刀、砧板、工作台、菜筐等）都要有专人负责，做到物物有人管、人人有物管。

（2）确保厨房工具、用具的卫生及完好。

厨房工具及用具的 6S 应用如图 12-32 至图 12-35 所示。

图 12-32　水产砧板和肉类砧板分类存放

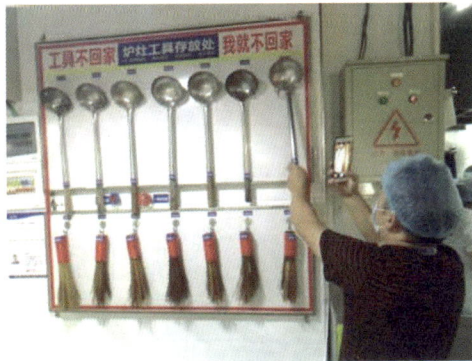

图 12-33　烹饪工具定位放置

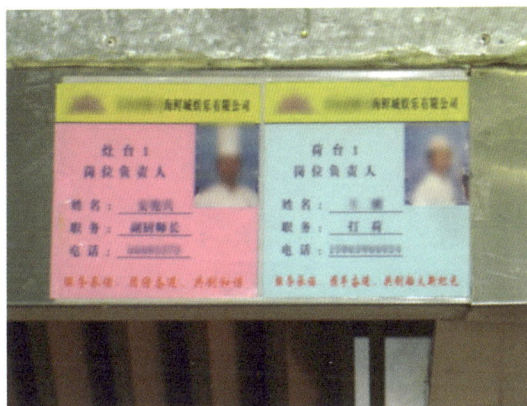

图 12-34　灶台、荷台责任卡

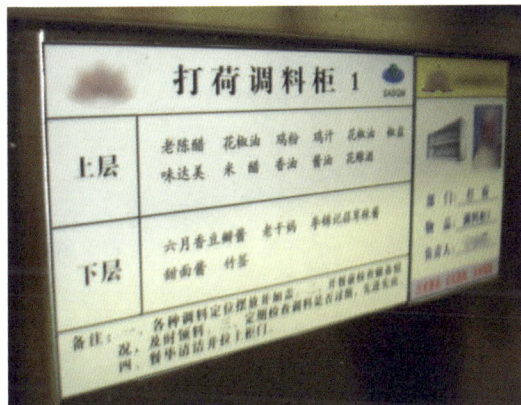

图 12-35　打荷调料柜存放物品及责任卡

12.3.2　餐具管理

集中和定位摆放餐具的目的在于方便员工拿取，避免因凌乱而造成损失。

餐具定位摆放的管理要求如下。

（1）各类餐具分类放置，标明"取筷处""餐盘取用处"等字样。

（2）餐具应使用消过毒的器具盛放。

（3）各种餐具集中放置，摆放整齐。

（4）员工不得将企业提供的餐具带出食堂。

（5）餐具使用完毕应集中放置。

餐具的 6S 应用如图 12-36 至图 12-39 所示。

图 12-36　取筷处标识

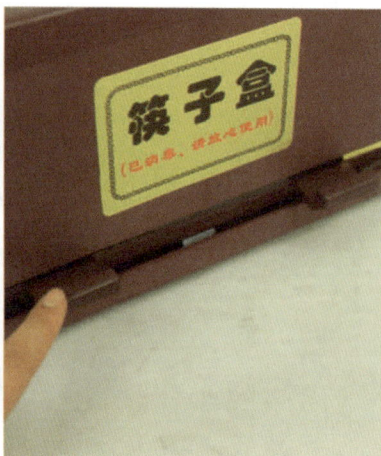

图 12-37　筷子盒

图 12-38　"餐具已消毒"标识

图 12-39　餐具集中摆放

12.3.3　清洁工具及用具管理

（1）所有清洁工具及用具（包括拖把、扫帚、抹布、玻璃刷等）必须存放在指定地点，使用完毕要清洁干净后再放回原处。

（2）按照不同的岗位划分卫生区域，确保及时清洁，所有人员都必须参加星期五的卫生大扫除。

（3）定人定时检查厨房泔水桶及用具的清洁工作。

清洁工具及用具管理的 6S 应用如图 12-40 至图 12-43 所示。

图 12-40　毛巾定位摆放

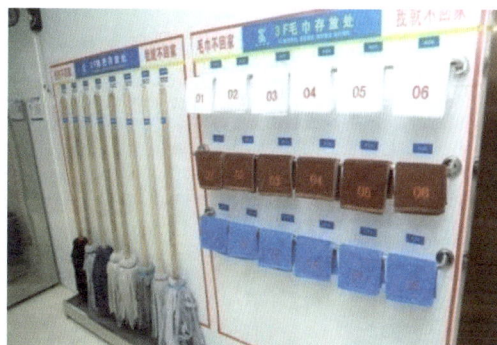

图 12-41　用悬挂的方式来摆放清洁工具及用具

图 12-42　清扫工具及用具集中管理

图 12-43　拖把、毛巾存放处有接水盘

12.3.4　原材料管理

（1）各类食品原料入库前须登记入册，详细记录原料的生产日期及保质期，仔细检查原料入库前的色、香、味、形等是否符合标准，包装食品须检查标签是否齐全。

（2）成品、半成品及食品原料应分区放置，并按高、中、低用量分区、分架、分层存放。

（3）各类食品存放于规定区域，不得超过"三线"，严格按标签名称整齐规范摆放，存取物品以左进右出为序。

（4）食品进出仓库应做到勤进勤出、先进先出，定期检查清仓，防止食品过期、变质、长虫，严禁有毒有害物品及个人物品进入仓库，及时将不符合卫生要求的食品清理出库。

（5）保持仓库卫生、整洁，每周对仓库进行彻底打扫。

原材料管理的 6S 应用如图 12-44 至图 12-48 所示。

图 12-44　各类干货装箱存放、分门别类，且防潮变质

图 12-45　新鲜的当日用的蔬菜用袋或框分类装起来存放

图 12-46　各类食材都有自己的存储区位，并且按左进右出的顺序摆放

图 12-47　各类物品分类摆放

图 12-48　定期对储存的食材进行盘点

12.3.5　食品留样 6S 要点

（1）重大活动宴请以及 10 桌以上聚餐时应进行食品留样，以备查验。

（2）每份菜肴留样不少于 100 克，置于经消毒后有盖（或加膜）的容器内。

（3）留样的菜肴及时存放于专用冰箱内，在 0～10℃条件下保留 48 小时。

（4）每餐留样菜肴均须标明留样日期、餐次、留样人等内容。

（5）留样由专人负责，留样菜肴不得再继续食用，用完后及时清理，并保持留样冰箱清洁、无其他物品。

食品留样的 6S 应用如图 12-49 至图 12-51 所示。

图 12-49　放于留样柜的样品

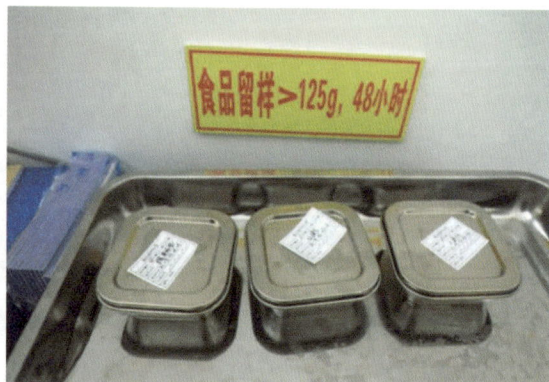

图 12-50　食品留样重量及时间标识清晰

图 12-51　留样柜标识明确并责任到人

第 13 章　物业服务礼仪规范

13.1　仪容仪表规范

13.1.1　着装

员工上班必须穿着工装，工装应干净、平整、无污迹、无破损；不可擅自改变工装的穿着形式，不允许自行增加饰物，不允许敞开外衣、卷起裤脚、衣袖；工装外不得显露个人物品，衣、裤口袋整理平整，不能有明显鼓起的现象；纽扣须扣好，不应有掉扣的现象；皮鞋光亮无尘。具体如图 13-1 和图 13-2 所示。

面容：面部干净、清新，不留胡须，无眼垢耳垢，鼻毛不得外漏，禁止涂脂抹粉

口腔：保持口腔卫生、牙齿清洁，岗前不食用有刺激性气味的食品

身体卫生：保持身体清洁、无异味

饰物：可戴一只样式不夸张的手表（表盘直径不超过4cm，表带宽度不超过2.5cm）或一枚婚戒，不允许佩戴手链等饰品

工装：穿着干净整洁的制服，无破损或污迹，口袋内不放大件物品，按规定佩戴工号牌

袜：着黑色或深灰色袜子，干净无破损

图 13-1　男士整体着装要求

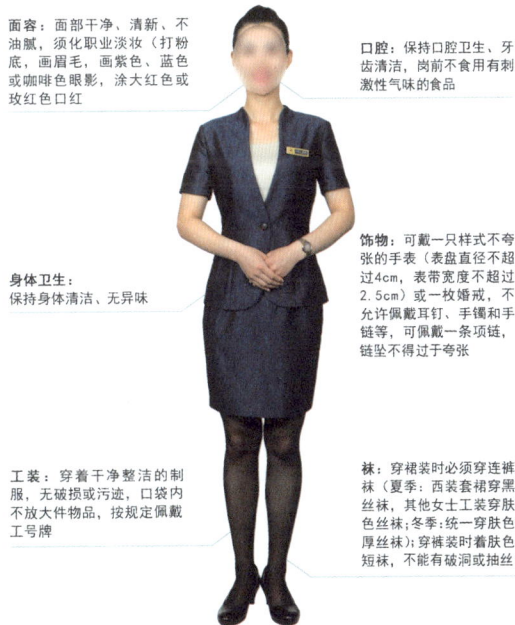

面容：面部干净、清新、不油腻，须化职业淡妆（打粉底、画眉毛、画紫色、蓝色或咖啡色眼影，涂大红色或玫红色口红

口腔：保持口腔卫生、牙齿清洁，岗前不食用有刺激性气味的食品

饰物：可戴一只样式不夸张的手表（表盘直径不超过4cm，表带宽度不超过2.5cm）或一枚婚戒，不允许佩戴耳钉、手镯和手链等，可佩戴一条项链，链坠不得过于夸张

身体卫生：保持身体清洁、无异味

工装：穿着干净整洁的制服，无破损或污迹，口袋内不放大件物品，按规定佩戴工号牌

袜：穿裙装时必须穿连裤袜（夏季：西装套裙穿黑丝袜，其他女士工装穿肤色丝袜；冬季：统一穿肤色厚丝袜）；穿裤装时着肤色短袜，不能有破洞或抽丝

图 13-2　女士整体着装要求

13.1.2　工牌

整体要求：工牌不可乱戴、歪斜、破损；严禁佩戴别人的工牌，不允许将工牌借给他人。

（1）男员工将工牌统一佩戴在左胸工装上口袋处，工牌下沿与口袋上沿一致，左边沿与口袋左竖线对齐，具体如图 13-3 所示。

（2）女员工佩戴在左胸上方适当位置，具体如图 13-4 所示。

图 13-3 男员工戴工牌

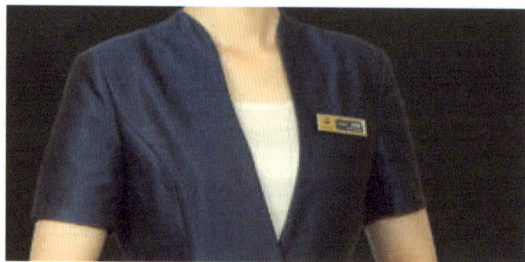

图 13-4 女员工戴工牌

13.1.3 发式

整体要求：头发保持整齐清洁，不得有异味；发型应朴实大方，不烫发、染发或留怪异发型。

（1）女员工如留长发应以黑色发网束起，中长发、短发梳到耳后，具体如图 13-5 所示。

（2）男员工不得留长发，前发不过眉，侧发不盖耳，后发不触后衣领，禁止剃光头、烫发及留胡须，具体如图 13-6 所示。

图 13-5 女员工发式

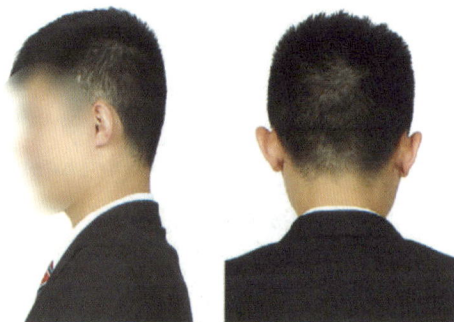

图 13-6 男员工发式

13.1.4 领带

宽度应为 8～9 厘米，长度应保持在皮带扣的位置。领带应整洁、无褶皱，紧凑吻合衬衣领口，具体如图 13-7 所示。

13.1.5 化妆、饰品

整体要求：不能当众化妆或补妆，补妆要到洗手间或化妆间进行。

（1）女员工上班应化淡妆，不可浓妆艳抹或使用气味浓烈的

图 13-7 领带

化妆品；如使用香水，以清雅香味为主；男员工不得化妆。具体如图 13-8 所示。

（2）上班时间一律不允许戴戒指（结婚戒指除外）、项链、耳饰、手镯、手链等饰物，具体如图 13-9 所示。

图 13-8　面部妆容效果

图 13-9　手上不允许戴饰物

13.1.6　个人卫生

（1）注重个人卫生，常洗澡、漱口、修面，衬衣、鞋袜勤换洗，保持衣物清洁、身体无异味，特别是衣领、袖口处不允许有污渍。

（2）保持指甲清洁，内无污垢，指甲长度不得超过 0.5 厘米，不允许涂有色指甲油，具体如图 13-10 所示。

（3）上班前不吃葱、蒜等有异味的食品，不喝含酒精的饮料，保持口腔清洁，鼻毛应剪短。

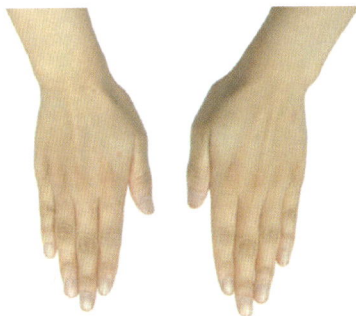

图 13-10　指甲长度不得超过 0.5 厘米

13.2　行为举止规范

员工在面对客户时，行为举止应端庄、稳重、落落大方。

13.2.1 微笑

面对客户时应保持微笑，面部表情甜美、亲切，自然地露出 6～8 颗牙齿，嘴角微微上翘；应目光友善，眼神柔和，亲切坦然，不左顾右盼、心不在焉。微笑时应充满自信，迎着客户的眼神进行目光交流，传递你的真诚、友善、亲和力。其示意如图 13-11 和图 13-12所示。

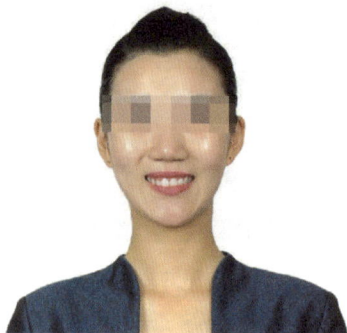

图 13-11 微笑（女士）

图 13-12 微笑（男士）

13.2.2 站姿

1. 前腹式站姿

左脚的脚跟轻轻靠拢在右脚内侧约 3/4 的位置，双脚尖微向外展，上半身保持向正前方，重心平稳，面带微笑，下颌微微收紧，目光平视；后腰收紧，骨盆上提，腿部肌肉绷紧，膝盖内侧夹紧；右手在上、左手在下，双手交叉相握放在身前小腹处，保持一种自然平衡的姿态。前腹式站姿如图 13-13 所示。

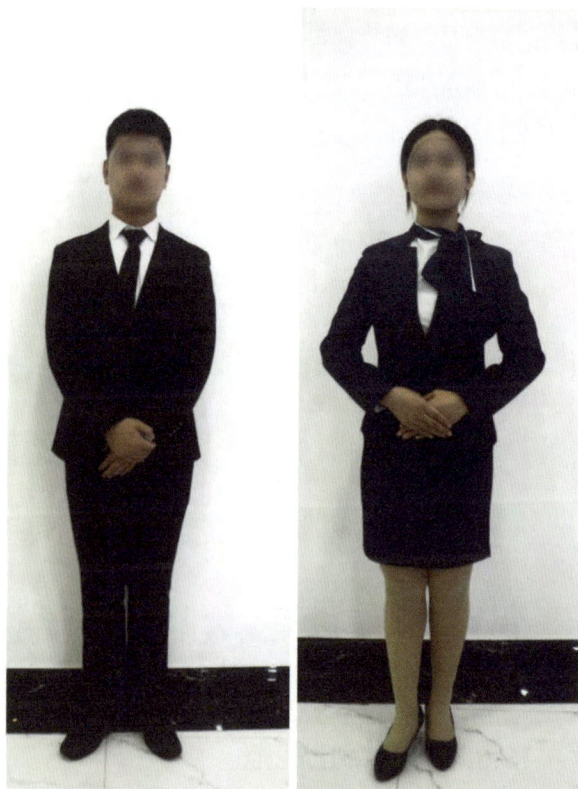

图 13-13 前腹式站姿

2. 丁字式站姿

左脚在前，右脚在后，左脚跟靠于右脚中部，双脚尖略向外展开，双手自然腹前相交，目光平视，面带微笑（只限女性使用）。丁字式站姿如图 13-14 所示。

3. 跨立式站姿

两脚分开与肩同宽，两腿平行，重心放在两腿之间，双手放在背后相握，挺胸收腹，两眼平视前方（只限男性使用）。跨立式站姿如图 13-15 所示。

图 13-14　丁字式站姿

图 13-15　跨立式站姿

4. 侧放式站姿

双脚脚跟并拢，脚掌呈 V 字形分开，成 45°～60° 夹角，双腿挺直；双手自然下垂，放在腿部两侧；挺胸收腹，两眼平视前方，具体如图 13-16 所示。

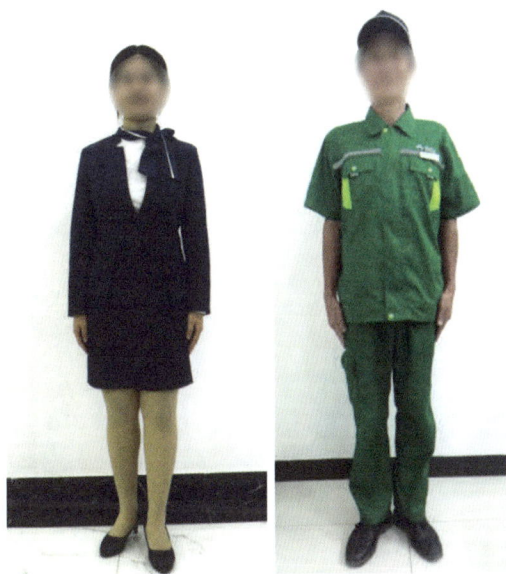

图 13-16　侧放式站姿

13.2.3 坐姿

1. 女士坐姿

姿势端正，腰背挺直，胸稍前挺，双肩平正放松；目光平视，表情自然；坐时只应坐满椅子的2/3，两腿并拢，双脚可同时向左或向右放，两手叠放于腿上，具体如图13-17所示。

不能坐在椅子上前俯后仰、摇腿、跷腿或跨座在椅子上。

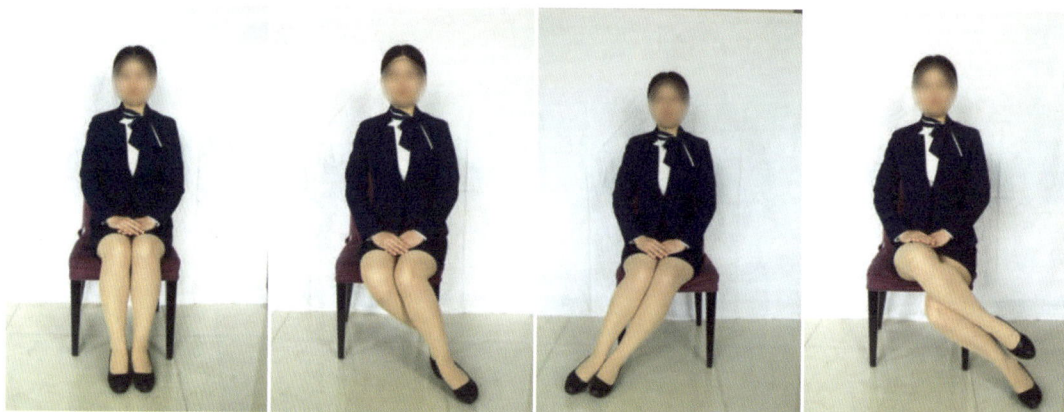

图 13-17　女士坐姿

2. 男士坐姿

身体挺直端正，不要前倾或后仰；抬头、挺胸、直腰，双手舒展或轻握放于膝盖上；双脚平行，间隔一个拳头的距离，大腿与小腿成90°，具体如图13-18所示。

图 13-18　男士坐姿

13.2.4　走姿

1. 女士走姿

面带微笑，两眼平视；抬头挺胸，肩放松，上身正直不动，肩平不摇；双手腹前相交或自然摆动，幅度不可太大；步伐自然、不僵硬，两脚落地一线；宜走一字步，步幅适中均匀。

2. 男士走姿

抬头挺胸，身体保持平衡协调；肩放松，上身正直不动，肩平不摇；自然摆臂，幅度不可太大；步幅适中均匀，步履稳健、自信，避免八字步。

走姿如图 13-19 所示。

图 13-19　走姿

13.2.5　蹲姿

头、胸、膝关节在一个角度上，左脚在前，右脚稍后（不重叠），左脚全脚着地，小腿基本垂直于地面，右脚脚跟提起，脚掌着地。右膝低于左膝，右膝内侧靠于左小腿内侧，形成左膝高右膝低的姿式，臀部向下，基本上以右腿支撑身体，具体如图 13-20 所示。

13.2.6　指引手势

双脚自然站立，上身微倾，面带微笑，目视指引方向；左手手臂微曲，四指并拢，大拇指自然弯曲，掌心内侧向上，自然伸向指引的方向。不得用手指、头部或物品指向客户或为客户指示方向，具体如图 13-21 所示。

图 13-20　蹲姿

图 13-21　指引手势

13.2.7　躬身礼

双脚自然站立，脚尖稍向外展，双手交叉放于小腹部，身体前倾 15°～30°，面带微笑，眼往下看，动作自然、不生硬。礼毕起身时，双目应有礼貌地注视对方，具体如图 13-22 所示。

图 13-22　躬身礼

13.2.8 握手礼

上身稍前倾，伸出右手，四指并拢拇指张开，力度适中地与对方手掌相握，一般以 2～3 秒为宜。同时注视对方，微笑致意。

长幼之间，应当待长者伸手后，幼者再及时地伸手相握；上下级之间，上级主动伸手后，下级方可伸手；男女之间，女士先伸手，男士再伸手，且只握女士手的 1/3，具体如图 13-23 所示。

行握手礼时要注意力集中，不要左顾右盼，切忌一边握手一边跟其他人打招呼。

男与男握手   男与女握手   女与女握手

图 13-23 握手礼

扫码听课

通过学习本书内容，想必您已经了解和掌握了不少相关知识，为了巩固您对本书内容的理解，便于今后工作中的应用，达到学以致用的目的，我们特意录制了相关视频课程，您可以扫描下面的二维码进行观看。

1

2

3

4

5

6

7

8